千年风雅
宋韵芳华

梦回南宋

——重拾真实的南宋文化

余耀华 / 著

中国书籍出版社
China Book Press

图书在版编目（CIP）数据

梦回南宋：重拾真实的南宋文化 / 余耀华著. --
北京：中国书籍出版社, 2024.6
ISBN 978-7-5068-9523-1

Ⅰ.①梦… Ⅱ.①余… Ⅲ.①中国历史—南宋 Ⅳ.
①K245

中国国家版本馆CIP数据核字(2023)第146371号

梦回南宋：重拾真实的南宋文化

余耀华　著

图书策划	王星舒　张国东
责任编辑	马丽雅　王　淼
责任印制	孙马飞　马　芝
封面设计	东方美迪
出版发行	中国书籍出版社
地　　址	北京市丰台区三路居路97号（邮编：100073）
电　　话	（010）52257143（总编室）　（010）52257140（发行部）
电子邮箱	eo@chinabp.com.cn
经　　销	全国新华书店
印　　刷	三河市富华印刷包装有限公司
开　　本	787毫米×1092毫米　1/16
字　　数	412千字
印　　张	31
版　　次	2024年6月第1版　2024年6月第1次印刷
书　　号	ISBN 978-7-5068-9523-1
定　　价	82.00元

版权所有　翻印必究

缘 起

写《梦回南宋——重拾真实的南宋文化》这本书，缘之于杭州张桐溯先生的诱惑（大笑），纯属偶然。

张桐溯先生一直在为中国传统文化的传承而奔走，欲将中国传统文化转化为可以落地的商业文化，品牌文化，构建中国传统文化资本，为产业赋能，重新定义中国商品的文化属性与内涵，提升商品价值。为此，他还专门注册成立了杭州梦回南宋文旅产业发展有限公司，只是寻求理想中尊重历史和真实的文学作品而未遇，缺乏一个载体。

机缘巧合，去年夏天，张桐溯先生赴湖北武汉游学，一个偶然的机会，认识了我的女儿余净玲，获知我的一些信息，于是专程来湖北鄂州寒舍，登门造访。

鄙人退休之后，窝居书斋，在故纸堆里淘金，在电脑边敲键盘，甚少与外人交往，非故意与世隔绝，乃和者寡之故。然与张桐溯先生一席谈，居然没有什么障碍，甚为诧异。

张桐溯先生畅谈了他对传统文化的认知，特别是南宋文化的认知，毅然放弃某外企高管的职位和高薪，义无反顾地投身于传承传统文化的漫漫之路，拳拳之心，赤子之怀，可敬、可佩。

鄙人虽至暮年，且力有不逮，仍欲为传承中华传统文化略尽微薄之力，撰写这部《梦回南宋——重拾真实的南宋文化》，助力张桐溯先生，让他在推广中华传统文化的道路上，向前迈出坚实的一大步。

鄙人一生致力于历史研究，著有《中国价格史》《中国廉政制度史》等学术专著，出版了《春秋首霸》《范蠡：从兵家奇才到东方商圣》《大宋帝国》《这才是南宋史》《五代那些事儿》等数十部历史著作，写《梦回南宋——重拾真实的南宋文化》这类具有浓厚的时代气息、且富有诗情画意的作品，非我所长，其中一定有不妥之处，甚或谬误，敬请方家指正。

作者：余耀华

（四次入围茅盾文学奖作家，2004年获"薛暮桥价格研究奖"史学专家、受时任国务院副总理曾培炎接见并亲自颁奖）

重拾真实的南宋文化
（代序）

余耀华

说南宋，人们自然会想起南宋人林升的《题临安邸》：

> 山外青山楼外楼，
> 西湖歌舞几时休？
> 暖风熏得游人醉，
> 直把杭州作汴州。

南宋其实并没有人们想象的那么糟糕，其立国一百五十三年，岂可用偏安一隅、苟且偷安、积贫积弱、纸醉金迷、不思进取的偏安小朝廷来定义？

有宋一代，无论经济、文化、科技等，都足以引人注目、心生向往。其辉煌成就，前所未有，极尽一时之繁华。

近代思想家严复认为：中国所以成于今日现象者，为善为恶，姑且不论，而为宋人所造就什八九，可断言也。

英国著名科技史学家李约瑟甚至说："谈到11世纪，我们犹如来到最伟大的时期。"

无独有偶，法国著名汉学家贾克·谢和耐教授在其所著《南宋社会生活史》一书中认为：

中国史并不是静止的一成不变的，却是一连串激烈的变革冲击和动荡。从6世纪直到10世纪，中国历经了一个使它变得全然不可辨认的时期。……蒙古人入侵前夕，中国文明在许多方面正达灿烂的巅峰……中国是当时世界上首屈一指的国家，其自豪足以认为世界其他各地皆为化外之邦。

英国史学家汤因比甚至说：如果让我选择，我愿意活在中国的宋朝。

因此，我们既要看到南宋王朝负面的影响，更要肯定南宋的历史地位与历史影响，只有这样，才能"还原一个真实的南宋"，而当你梦回南宋，那个文明而富庶的朝代正缓缓向我们走来。

一　生活情趣

南宋人注重衣冠打扮，讲究生活品位，饮酒、品茶、焚香、插花，琴棋书画，自在悠闲。这不仅反映了南宋富裕的经济，同时也表现出了当时文人雅士的艺术品位。

南宋人爱吃，追求饮食的精致、时令，无论是街头小吃还是豪华宴请，都是种类丰富、变化多样的。

南宋人爱酒，因此南宋酒的产量极大，见诸记载的酒名就有六十多种。

南宋人爱茶，都城临安茶肆林立，有着分别适合文人士大夫聚会、富家子弟娱乐、各行各业交易、三教九流往来的茶馆。

南宋人爱美，在服饰制度有严格的等级划分情况下，追求时尚的南宋人以热切的爱美之心冲破了贵贱等级的阶级堤防。无论士族庶人，衣着皆崇尚绮罗靡丽、时样奇巧，人人都是追求时髦的时尚达人。

南宋人秉着疯狂庆祝每一个节日的原则不动摇，逢年过节便要好好娱乐一番，比起现在主要以"吃"来过节的单调，南宋人过节的形式可就丰富多了。新年放爆竹贴桃符，元宵观灯猜灯谜，寒食节、清明节插柳踏春，端午节悬挂午时符，七夕乞巧，中秋赏月放水灯，重阳登高赏菊，除夕驱傩守岁……

此外，还有焚香、插花、弈棋、百戏、西湖泛舟、钱塘观潮等等。无论是富家巨室，还是陋巷贫民，无不蜂拥而上，不亦乐乎！

二　经济状况

一直以来，人们有一种误解，认为南宋从立国之日起，就存在着从北宋带来的"积贫积弱"老毛病。确实，南宋王朝由于长期处于前金后蒙的威胁之下，迫使他们不得不以加强皇权统治作为核心利益，在对外关系上，以牺牲本国的经济利益为代价，采取称臣、割地、赔款等手段换取王朝政权的安定。正因为如此，也在一定程度上影响了南宋的经济发展。但更应该看到的是，由于大量北方人口南下，给南宋带来了充足的劳动力，先进的生产技术和丰富的生产经验，再加上统治者出台了一些积极措施，使得南宋的经济，无论是农业、手工业、商业，还是外贸等，都取得了突出的成就。

农业方面，由于大量劳动力的流入，南宋政府采取鼓励农耕的政策，使得江浙地区成为中国农业最为发达的地区，并出现了中国南粮北调的新格局。

随着北方手工业者的大批南下和生产技术的传入，手工业迎来了南北技艺相互碰撞、融合创新的崭新局面。一是纺织业的规模和技术大大超过了同时代的金朝，南方自此成为中国丝织业最发达的地区；二是瓷器制造业中心从北方转移到南方，景德镇的青白瓷、临安官窑的青瓷、龙泉青瓷的烧制技术，都达到了新的高峰。

丰饶的物产、发达的手工业、便利的水陆交通、繁华的城镇集市以及开放的经济政策，极大地促进了商品经济的发展。

南宋开辟了中国东西方交流的新纪元，通过官办和私营两种途径大大扩展了海外贸易，形成了南宋万余里海岸线全面开放的新格局，通商的海外国家与地区约六十余处，范围从南洋、西洋直至波斯湾、地中海和东非海岸。进口商品以原材料与初级制品为主，而出口商品则以手工业成品为主，表明其外向型经济在发展程度上高于其外贸伙伴。

三　科技

英国学者李约瑟说："每当人们在中国的文献中查找一种具体的科技史料时，往往会发现它的焦点在宋代。"

中国古代四大发明中的三项——印刷术、指南针、火药，在南宋时期获得进一步的完善和发展，并开始大规模实际应用。

印刷

南宋社会读书应举氛围浓厚，印刷技术发展，版印书籍在数量和质量上远胜前朝。中央和地方官府、学宫、寺院、私家和书坊都从事雕版印刷，在追求经济效益的同时崇尚学问，推广文化。

指南针

指南针在航海上的应用，始见于北宋末期，南宋时的指南针已从简单的指针发展成为比较简易的罗盘针，并将其应用于航海上，这是一种具有世界意义的重大发明。李约瑟指出：指南针在航海中的应用和推广，是"航海技艺方面的巨大改革"，"预示计量航海时代的来临"。

火药

中国古代火药与火药武器的大规模使用与推广始于南宋。南宋时期发明了管形火器——突火枪，开创了人类作战史的新阶段。

造船业

宋代的发明使航海技术跨入了海洋时代，远洋的商船可装载一千多人，航行于世界各地，令世界各国惊叹不已。举世瞩目的南宋商船"南海一号"在广东阳江海域打捞出水，在世界航海史上堪称一大奇迹，还原了南宋"海上丝绸之路"的历史。

四 文学艺术

南宋文学的繁荣，主要表现为：一是宋词的兴盛。词的繁荣始于北宋，鼎盛于南宋。辛弃疾是南宋最伟大的爱国词人，豪放派的最高代表，南宋词坛第一人，其与北宋苏东坡同为宋词最为杰出的代表。陆游既是爱国诗人，也是词坛巨匠，其与辛弃疾一起，把宋词推向了艺术高峰。李清照是婉约派的代表，形成了别具一格的"易安体"，对后世也产生了很大的影响。二是宋诗的繁荣。宋诗的新境界，有资格在中国诗史上与唐诗双峰并峙，两水并流。三是话本的兴起。四是南戏的出现。五是绘画的高峰。宋代是中国绘画史上的鼎盛时期，有研究者认为"吾国画法，至宋而始全"。南宋绘画以山水画最为突出，对后世的影响极大。南宋时画家称西湖景色最为突出者有十，这就是著名"西湖十景"的由来。

近代史学大师陈寅恪先生说："华夏民族之文化，历数千年之演进，造极于赵宋之世。"相对轻松的政治环境和舆论氛围，造就了文化上"百花齐放、百家争鸣"的局面。南宋时期文化成就璀璨夺目，被誉为"东方文艺复兴"时期。

人们在评价南宋时往往将南宋朝廷作为对象，认为其腐败、积弱。其实所谓南宋，并不仅仅是指朝代，更是指那个特定的历史阶段。今人应该从"人民群众是历史主人"的观点出发，全面辩证地评述南宋，南宋的辉煌和伟大不应被否认。

目录
CONTENTS

缘　起 ……………………………………………… 1

重拾真实的南宋文化（代序）……………………… 3

第一篇　饮食篇

第一章　食的风尚 ……………………………… 3

第一节　穿越不糊涂 …………………………… 3
一　宋朝吃不到的食物 …………………………… 3
二　从一日二餐到三餐 …………………………… 7
三　羊肉在宋朝是稀罕物 ………………………… 9

第二节　人间天堂 ……………………………… 10
一　直把杭州作汴州 ……………………………… 10
二　京城饮食中心 ………………………………… 13

第三节　杭州尚食 ……………………………… 17
一　北食和南食的融合 …………………………… 17
二　烹饪技艺的进步 ……………………………… 21
三　主食、菜肴和点心 …………………………… 25
四　饮食上的奢侈之风 …………………………… 48
五　南宋女厨很吃香 ……………………………… 51
六　诗情画意的节令食品 ………………………… 55

七　叫卖是一门艺术 …………………………………… 66

第二章　饮酒风尚 …………………………………… 73

第一节　酒之缘 …………………………………… 73
　　一　宋与酒的不解之缘 ………………………………… 73
　　二　酒是专卖品 ………………………………………… 74

第二节　南宋酒文化 …………………………………… 79
　　一　青旗酒楼三百家 …………………………………… 79
　　二　迎酒——杭州酒文化节 …………………………… 89
　　三　酒楼服务与消费 …………………………………… 90
　　四　饮酒器具有讲究 …………………………………… 96
　　五　诗情画意的酒文化 ………………………………… 100
　　六　备受欢迎的羊羔酒 ………………………………… 109

第三章　饮茶风尚 …………………………………… 114

第一节　茶业之鼎盛 …………………………………… 114
　　一　茶盛于宋 …………………………………………… 114
　　二　诗情画意的茶文化 ………………………………… 116

第二节　饮茶风尚 …………………………………… 123
　　一　江湖茶坊 …………………………………………… 123
　　二　茶艺——点茶与分茶 ……………………………… 137
　　三　品茶竞技场——斗茶 ……………………………… 145
　　四　西湖龙井探踪 ……………………………………… 151
　　五　品西湖龙井，悟茶之真味 ………………………… 158
　　六　饮茶器具有讲究 …………………………………… 167
　　七　养身怡性的汤饮 …………………………………… 172

第二篇　服饰篇

第一章　南宋人的服饰风尚 …………………………… 179
　　第一节　冠服制度 ……………………………………… 179
　　第二节　日新月异的服饰风尚 ………………………… 181

第二章　帝后服饰 ……………………………………… 186
　　第一节　皇帝服饰 ……………………………………… 186
　　第二节　皇后服饰 ……………………………………… 189

第三章　官员服饰 ……………………………………… 192
　　第一节　朝服 …………………………………………… 192
　　第二节　常服 …………………………………………… 194

第四章　军戎服饰 ……………………………………… 198
　　第一节　铠甲 …………………………………………… 198
　　第二节　袍、袄 ………………………………………… 199

第五章　男子服饰 ……………………………………… 201
　　第一节　魏晋遗风 ……………………………………… 201
　　第二节　流行时装 ……………………………………… 202
　　第三节　衣裳 …………………………………………… 206
　　第四节　帽子与头巾 …………………………………… 211
　　第五节　文士出行服 …………………………………… 214
　　第六节　平民服饰 ……………………………………… 217

第六章　女子服饰 ……………………………………… 222
　　第一节　冠巾 …………………………………………… 222

第二节　衣裳 ··· 224

　　第三节　女性的衣着很性感 ································· 231

　　第四节　典型装束——抹胸＋褙子 ························ 234

　　第五节　腰佩与鞋 ·· 241

第七章　女子化妆 ··· 245

　　第一节　面部化妆——画眉 ································· 245

　　第二节　头饰——发式＋梳子与钗 ························ 249

　　第三节　宋人的嗜好——簪花 ······························ 254

　　第四节　手上化妆——美甲与饰品 ························ 263

第八章　僧道服饰 ··· 268

　　第一节　僧服 ·· 268

　　第二节　道服 ·· 270

第九章　其他服饰 ··· 273

　　第一节　儿童服饰 ·· 273

　　第二节　伶人服饰 ·· 274

第三篇　起居篇

第一章　住居 ··· 279

　　第一节　皇家宫殿 ·· 279

　　第二节　达官贵人住居 ······································ 283

　　第三节　平民住宅 ·· 288

第二章　起居用具 …… 294

第一节　家具之雅 …… 294
第二节　被褥与蚊帐 …… 308
第三节　席子与枕头 …… 316
第四节　油灯与蜡烛 …… 320
第五节　扇文化 …… 331

第三章　住宅装饰 …… 340

第一节　四大雅事——焚香 …… 340
第二节　四大雅事——挂画、屏风、画帘 …… 354
第三节　四大雅事——插花 …… 363

第四章　园林文化 …… 376

第一节　皇家园林 …… 376
第二节　私家园林 …… 380
第三节　寺院园林 …… 384
第四节　名家笔下的西湖十景 …… 388

第四篇　行游篇

第一章　行路难 …… 397

第一节　路难行 …… 397
第二节　行装与旅费 …… 399
第三节　行神祭祀 …… 401
第四节　饯别送行 …… 407

第二章　桥梁 ……411
第一节　木桥 ……411
第二节　石桥 ……413
第三节　浮桥 ……418

第三章　交通工具 ……420
第一节　车 ……420
一　客车 ……420
二　货车 ……425
第二节　轿 ……429
第三节　船 ……435
第四节　马、驴和骆驼 ……443

第四章　行旅饮食与住宿 ……445
第一节　行旅饮食 ……445
第二节　行旅歇息和住宿 ……447

第五章　旅游 ……450
第一节　游山玩水 ……450
第二节　西湖游船 ……453
第三节　游园赏花文化 ……459

参考文献 ……478

梦回南宋

重拾真实的南宋文化

第一篇 饮食篇

第一章 食的风尚

第一节 穿越不糊涂

一 宋朝吃不到的食物

若能穿越回古代,你想穿越回哪个朝代?是闲适旷达的魏晋,还是开放繁华的大唐?小可最想穿越的,却是自成一派的风雅南宋。

南宋时期人们的生活美学,在中国历史上达到顶峰,再现他们怎么吃,吃什么,有什么讲究,有多少广为流传的膳食名点,在当时被各个阶层普遍接受,上到宫廷,中到富贾,下到平民,都非常喜欢,

佚名《西湖清趣图》局部

是一件很有趣的事情。但有一点必须注意，有些菜在那时根本就吃不到，这些常识须知道，否则很难堪。

南宋有两部地方志很出名，一部叫《咸淳临安志》，写的是杭州；一部叫《淳熙三山志》，写的是福州。如果你看过这两部地方志，一定会知道，宋朝人拥有的食材非常丰富，凡是今天有的，那时候差不多都有。

萝卜、白菜、茄子、黄瓜、芹菜、韭菜、芥菜、生菜、芫荽、瓠子、紫菜、扁豆、蚕豆、大葱、小葱、大蒜……这些蔬菜在南宋的市场上都能买到。

橘子、香蕉、苹果、葡萄、荔枝、栗子、橄榄、橙子、杨梅、枇杷、柿子、核桃、杏、枣、梨、桃……这些水果，在南宋的果子店里也都能买到。

猪肉、羊肉、牛肉、鸡肉、鸭肉、兔肉、鹿肉、鹌鹑肉，还有各种鱼虾、海鲜，统统都是南宋人餐桌上的美味佳肴。当然，羊肉在宋朝是稀缺物，价格比较贵，一般人吃不起。

总而言之，南宋时期的食物种类很多，跟今天很接近。

但是，有一些东西，在南宋是看不到的。如果将南宋尚未出现的食材，摆上当时的餐桌，那便不合适了，甚至连鼎鼎大名的金庸先生也闹了笑话。他在《射雕英雄传》开篇第一回，写南宋中叶，杭州城郊外，两个农民请一位说书先生去一家乡村酒店喝酒，店小二"摆出一碟蚕豆、一碟花生米、一碟豆腐干，另加三个切开的咸鸭蛋"，四个下酒菜，至少有一个违背了历史背景——南宋人的餐桌上，不可能出现花生米，因为花生是外来物种，在明朝中叶才从美洲引进到中国。

杭州有一种小吃"花生糕"，是用花生、白糖和糖稀加工成的点心，个别商家为了吸引顾客，往包装盒上印了几个字："大宋宫廷御膳"，这肯定也违背了历史，因为宋朝没有花生，不可能会有花生糕。不

北宋·张择端《清明上河图》局部

可否认，南宋的海运发达，跟数十个国家有贸易往来，但当时海船的航行路线仅限于亚洲，离出产花生的美洲还有很远的距离。

同样的道理，南宋人的餐桌上也看不到土豆、玉米、辣椒、番茄和红薯，因为这些也是在明朝以后才引进到中国的。所以，当我们穿越到南宋，就不要点土豆炒肉、松仁玉米、辣子鸡丁、清蒸红薯泥和西红柿炒蛋了。

宋朝也没有南瓜和洋葱，这两样东西当然也是外来物种，是什么时候引进的呢？暂时还没有明确考证，但可以肯定的是，南宋时期真的没有。

再说水果。

可以肯定地说，宋朝没有菠萝，因为菠萝也是明朝才引进的。假如南宋的水果商非要从海外进口菠萝不可，由于路程太远，航运时间过长，加之缺乏先进的保鲜技术，菠萝会在还没有运到杭州时，在半路上就烂掉了。

宋朝也没有苹果，现代人吃的苹果，都是清朝以后从美洲引进的，至于"红富士""秦冠"这些品种，更是新中国成立后才有的，南宋的人见也没有见过这些，更不用说尝过了。如果你穿越过去，不妨带一筐苹果过去讨好他们，他们一定会喜欢。

宋朝人习惯把甜瓜和西瓜划到水果一类，当时甜瓜很流行，西瓜出现的时间稍微晚了一点儿。在北宋统治区内，没有人种植西瓜，到了南宋初期，一个名叫洪皓的大臣去金国出差，返程时捎回一包西瓜种子，回到家乡后试种，推广，西瓜才在南朝疆域生根发芽。

好在西瓜推广的速度很快，南宋建国不到三十年，西瓜就在江南和淮北广泛种植了。南宋名臣范成大写过一首诗《西瓜园》：

> 碧蔓凌霜卧软沙，
> 年来处处食西瓜。
> 形模濩落淡如水，
> 未可蒲萄苜蓿夸。

从这首诗里可以看出，西瓜在当时已成了很常见的水果。

金庸先生在《射雕英雄传》里也写过一段有关西瓜的故事：郭靖被西毒欧阳锋打成重伤，黄蓉带他去牛家庄治病，怕口渴，向村民买了一担西瓜。这段故事发生在南宋中叶，所以很可信，如果发生在北宋，让《天龙八部》里的北乔峰、南慕容也去买一担西瓜，那就不符合历史了。

综上所述，南宋没有番茄，没有土豆，没有玉米，没有红薯，没有辣椒，没有苹果，没有菠萝，连西瓜都要到南宋时才能吃到，好像挺不值得穿越似的。但是请你注意，刨去这些没有的食物种类，南宋的食材仍然很丰富，换句话说，那些没有的只是非主流，不影响我们在南宋生活的舒适度。

二　从一日二餐到三餐

假如大伙想回到南宋吃顿大餐，千万不要赶在中午去，因为南宋好多饭店是不卖午餐的。

《东京梦华录》第八卷有这第一段话："至午未间，家家无酒，拽下望子。"午未就是午时至未时，也就是上午十一点至下午三点。望子就是饭店门口挑着的旗子，把这杆旗拽下来，表示打烊，不再营业。

现如今，上午十一点至下午三点这段时间刚好是吃午餐的时间，大小饭店生意兴隆，正是挣钱的好时机，为何南宋的饭店不卖午餐，在生意最好的时候却偏偏关门打烊呢？

原因很简单：大部分宋朝人没有中午请客吃饭的习惯。

从东周到隋唐，中国人一直延续着一个老传统：每天只吃两顿饭，一顿早餐，一顿晚餐。早餐一般在上午九点左右开饭；晚餐一般在下午四点左右开饭。中午怎么办？不吃，绝大多数人都不吃。

从唐朝开始，一天两顿的旧习惯慢慢被打破，定居在长安的外国人和小部分中国贵族开始吃午餐。但他们属非主流，大部分中国人还是继续坚守着一天只吃两顿饭的饮食习惯。

到了南宋，吃午餐的人逐渐多了起来，可以说超过一半的城市居民都开始吃午餐。南宋名臣范成大有一回请客，请帖上是这样写的："欲二十二日午间具饭，款契阔，敢幸不外，他迟面尽。右谨具呈。中大夫提举洞霄宫范成大札子。"

这段话的意思是说，我想在二十二日中午组织一个饭局，请你千万不要见外，务必大驾光临。由此可见，南宋已经有人在中午请客吃饭了，就跟咱们现代人一样。

但老传统的力量太大了，南宋时期，一日两餐变成一日三餐的群体，始终只限于贵族、富商和一部分市民，而在广袤的农村，在中小城市，在俸禄较低的基层官吏，甚至在宫廷里面，仍然保留着一日两餐的习惯。

南宋有个叫方回的文人，用一句话概括了当时老百姓的饮食习惯："人家常食百合斗，一餐人五合足矣，多止两餐，日午别有点心。"合是计量单位，宋朝一合相当于现代六十毫升，能装一两大米。方回的意思是说，一般家庭一天只吃两顿饭，每人每顿大约吃掉五两大米，如果中午实在饿得受不了，就吃些点心充饥。

"点心"这个词在南宋很流行，它的含义跟现代区别很大。现代人的点心，主要是指饼干、糖果、巧克力等零食，而宋人说的点心主要是指加餐。为什么要加餐呢？因为只吃早晚两顿，中间会饿，需要给胃里补充食物。

在南宋，点心所包括的食物很多。早餐熬一锅粥没有吃完，中午饿了来上一碗，这碗剩粥就是点心。晚上蒸一些馒头没有吃完，夜里感觉饿了，再吃一个，这个馒头也是点心。总而言之，凡是早餐、晚餐两顿之外吃的一切食物，都可以叫点心。

聊完了点心，再接着说南宋人的饮食习惯。

前面说过，南宋老百姓每天只吃早晚两餐，不吃午饭，其实一些官员也是如此。宋朝高薪养廉，中高层官员的工资，再加上餐饮、服饰、办公等各项岗位补贴，收入水平超过了以往任何朝代。但是，这种高薪代遇的享受者，只是那些中高层官员，基层官吏如果没有外水的话，其收入水平"不足以代耕"，连种田的都比不上。既然收入水平低，所以过日子就十分节敛，中午也绝不生火做饭，跟大多数老百姓一样，只吃早晚两顿。

宋高宗赵构自己也说，他即位后也是每天只吃两顿饭。他对大臣们说："朕不喜欢女色，饮食上也很敛省，每天早上吃一个烧饼，晚上吃一碗面条，中午不吃，饿了练练书法，忍一忍就过去了。"

也许很多人会觉得赵构说的话都是假话，他是皇帝，怎么能跟普通老百姓一样，只吃两顿而不吃午餐呢？小可认为，赵构可能没有说谎，因为宋朝宫廷有一个规矩：御厨房每天只能准备早饭和晚饭，午饭是不允许做的，除非皇帝下特旨让做。

乍一看，好像南宋的皇帝很艰苦朴素，其实则不然。南宋的皇帝名义上是一日两餐，实际上除早晚两顿正餐以外，还要吃其他的东西。南宋皇帝管早饭和晚饭叫"正膳"，管午饭叫"点心"，管其他时间吃的食物叫"泛索"。

譬如说，上完早朝后吃一顿，下午四五点钟再吃一顿，这两顿就是正餐，中午不吃会觉得饿，就吩咐太监去街上买些小吃当点心，晚上加班批阅奏折，睡得晚了，还会觉得饿，再吩咐太监或某个嫔妃开个小灶，做一顿夜宵，这就叫泛索。正膳、点心、泛索，三项加起来，一天当中可能会吃五顿甚至六顿了。所以，千万不要认为，御厨每天只做两顿，皇帝就只吃两顿饭了，那些是做样子给外人看的。

三　羊肉在宋朝是稀罕物

宋代皇家规定："饮食不贵异味，御厨止用羊肉，此皆祖宗家法所以致太平者。"

宋仁宗就很喜欢羊肉，这个吃货曾别出心裁地将羊肉充作官俸。一天早上，他向近臣叹了口气说："昨晚睡不着，饿了，想吃烧羊。"

宋代烧羊是烤羊。近臣问："圣上昨晚咋不说？"

仁宗说："我怕吃了这次，以后御厨每晚都杀只羊，等我饿了吃。"

羊在当时是战略物资。黄仁宇说，辽、宋两国边境贸易时，辽国规定羊不准出国。因为羊皮可以做帐篷和军服。西夏人的茶很贵，《西夏书事》中宋人用几斤茶来交换一只羊，可见羊比茶叶更贵。

宋代高公泗作了一首《吴中羊肉价高有感》的诗：

平江九百一斤羊，俸薄如何敢买尝。
只把鱼虾充两膳，肚皮今作小池塘。

九百文一斤羊肉，非常昂贵。

南宋时，张俊请宋高宗吃饭，豪华宴席上有山珍海味，时令小吃二百多种。食谱中的羊舌签就是羊舌羹，又韧又脆，只是费材料，老百姓吃不起。

宋代官员吃羊肉，有"武食"和"文食"之分。武食就像野蛮人一样，乱吃海塞。比如，大臣蒲宗孟说"每旦剐羊十"。文食，不仅是细嚼慢咽，还加上诗词佐酒。陆游夸苏东坡的文章好："苏文熟，吃羊肉。苏文生，吃菜汤。"大概就是，若把老苏的文章弄通了，就可以当官吃羊肉，否则，乖乖喝菜汤去吧！

第二节 人间天堂

一 直把杭州作汴州

宋代诗人林升创作了《题临安邸》：

山外青山楼外楼，西湖歌舞几时休。
暖风熏得游人醉，直把杭州作汴州。

休怪南宋君民"直把杭州作汴州",宋室南渡的岁月是如此的冗长,也使偏安成了旧习,随着第一代中原移民存者越来越少,南宋新生代对开封的情感只停留在纸面上,没有了先辈们那种浓稠的旧情。

南宋的人口过亿,除了辛弃疾、陆游等爱国者和那些已被牢牢钉上历史耻辱柱的投降派,剩下的就是沉默的大多数。普通老百姓的要求并不高,他们只有一个愿望:无论是王师北定中原,还是胡骑投鞭渡江,他们都只想好好地生活。

江南半壁河山,是宋人赖以栖身的最后家园。自高宗赵构迁驻杭州之始,南宋小朝廷便有将杭州建设成新汴京的设想。

"东南形胜,三吴都会,钱塘自古繁华"是北宋时期杭州城的总括。赵构将杭州定为南宋的"行在",并非只看重杭州民丰物阜的旧基,西湖的湖山佳景也是南宋定都杭州的一大理由。

周密《癸辛杂识·西湖好处》说:

青山周围,中涵绿水,金碧楼台相间,全似着色山水。独东偏无山,乃有鳞鳞万瓦,屋宇充满,此天生地设好处也。

别问西湖美在哪里,因为西湖处处都是美,只说一处,恐会挂一而漏万。周密也说:"西湖天下景,朝昏晴雨,四序总宜。"

西湖之美不止一处,杭州之善,也不止西湖这泓青碧。南宋国力虽较弱,但除却兵荒马乱、全国歉收的那些年景,南宋能称得上是小康盛世,杭州城更是迈进"从摇篮到坟墓"的高福利时代。

南宋文学家、词人周密曾感叹地说:"民生何其幸欤!"南宋杭州城不仅载育了一百多万市民,还使市民能安居乐业,周密能不骄傲吗?

周密祖籍山东济南,自北宋末起,周氏族人便移居与杭州毗邻的湖州。他幼年跟随为官的父亲离开家乡，二十六岁在杭州住下，一直住到四十五岁。宋亡前二十年，周密过着"朝歌暮嬉，酣玩岁月"的优游乐日，宋亡之后，他仍然没有离开杭州，成为一名抗节不仕的前朝遗老。到了鬓发已白的晚年，凄然顿悟：孟元老这位前贤因病未能写完《东京梦华录》，如今世故纷来，自己不珍惜这有限的时光，临安城的琐忆终会被岁月湮没。

南宋·夏圭《西湖柳艇图》　水上木舟来往，湖畔酒家隐身柳林中

周密是四十年的老杭州，又是博雅君子与才子词人，比他资格老的人，没有他的文笔，纵胜过他的文人，也未必那么熟悉杭州的一草一木。所以，他在南宋文明尘埃落定之际，蘸着烛泪与老泪，为杭州城写了一部新的《梦华录》。杭州城有武林山，杭州故也名武林，因此，这部书便取名《武林旧事》。

《武林旧事》贯彻南宋一百五十余年，记载了发生在杭州城的那些事儿。如从元宵写到除夕，使后人能还原南宋老百姓一年间的生活场景。还有采风，尤其以卷六最为出彩。周密凭着敏锐的观察力，用手中灵巧的笔，依次点绘了杭州城的市场、酒楼、茶肆、歌馆、作坊、饮食等与普通老百姓日常生活息息相通的事情。这些事情都是围绕着人们所说的一开门七件事，"油盐柴米酱醋茶"而展开，这七件事可以用一个字概括——食。

二　京城饮食中心

御街是供皇帝出行的一条大道，起点在皇城和宁门。根据御街各区段不同功能，可分为三段：

御街南段：和宁门外至朝天门，是南宋朝廷的行政中心、权力中心。朝廷的中枢机关和各主管职能部门的衙门，都设在这里，同时也是朝廷要员如宰相、御史等官员的居住区。这里有高档商铺和精美的食店，但没有大酒楼、大茶肆和综合娱乐场所瓦子。

御街中段：鼓楼北至官巷口，是京城的经济中心、餐饮业中心，集中了典当业、金融证券等商号。京城官营、私营大酒楼中的大部分，也都分布在御街两侧，适合各种人群的食店、百年老店、大小茶楼，以及三处综合娱乐场所南瓦、中瓦、大瓦，皆云集于此，互相依存，相得益彰。笙歌笑舞，此起彼伏，灯红酒绿，彻夜不息。

御街北段：官巷北至观桥。这里被称为京城文化区，一是棚桥大街系书籍印刷出版中心，有名的书铺均设在此。二是国立三大学（大学、武学、宗学）皆设在众安桥附近。三是观巷横街之北礼部贡院设在这一区段。众安桥畔的春风楼、井字楼，是这一带的大酒楼。京城最大的综合娱乐中心北瓦，内设十三座勾栏（舞台），日夜上演，观众如潮。

南宋的杭州菜系较之北宋的开封菜系更加精细，素有"人间天堂"美誉的杭州是富饶的鱼米之乡，方圆百里物产繁多，并有开封所不能比拟的交通优势。

开封的黄金水道是汴水，杭州的黄金水道更是四通八达。南宋是中国的大航海时代，水手的征程是星辰与大海，杭州人因此而能获得种类更多的食材。仅杭州城所在的临安府境内，栽种的扁豆和黄豆就达十八种之多，稻米也有九个品种。有些食材来自绝远的异域。远洋帆船从波斯、阿拉伯、南洋诸国运来一船船的外国货，葡萄酒、葡萄干儿和椰枣，成了杭州人餐桌上的常见之物。

在南宋，杭州菜的做法已近似于今日中国菜的做法，甚至有外国学者认为，当时的杭州菜肴比现在的中国菜还要丰富。杭州酒楼中售卖并得到市民好评的"市食"达五百多种，还没有算街边的小摊贩叫卖的零碎小点心。

宋室南渡，北方移民大举涌入，逐渐成为杭州人数最多的族群。

随着大量北方人的涌入，杭州的餐饮业为了迎合北方人的口味，开封菜一时成为了时髦的菜系，打着"开封菜"招牌的餐馆，如雨后春笋般在大街小巷里先后冒了出来。谁是真北方人，谁是南方的厨师，真的说不清楚。吴自牧在《梦粱录》中说："杭州食店，多是效学京师人，开张亦效御厨体式，贵官家品种。"

杭州地处吴越，北方人也得入乡随俗，他们的菜谱也须添加一些南方菜，口味也逐渐向浙菜靠近，经过一百多年的融合，开封菜与浙江菜最终合二为一，融成全新的杭州菜。吴自牧在《梦粱录》中说：

"南渡以来，几二百余年，则水土既惯，饮食混淆，无南北之分矣。"

杭州的餐饮业如日中天，甚至连官府也办起了酒楼，如太和楼、西楼、和乐楼、春风楼、春融楼等，都是由户部的下属衙门"酒库"开办的。

国字号的酒楼不一定能让人乐不思归，私营酒店却如满山遍野的花树，招蜂引蝶的手段更为灵活，排得上号的民间酒楼如：熙春楼、三元楼、赏心楼、花月楼、风月楼、双凤楼、望湖楼、涌金楼、泰和楼等数十余家。

大酒店有自己的规则，比如食客进店坐定后，伙计便会送上一盘"看菜"，千万别下筷，这是只能看不能吃的样品。有一个外地士大夫就因为误食"看菜"而遭人讥笑。店伙计问过客人要买多少酒，才会撤走"看菜"，换上真供食用的菜肴。他们这么做只为判定客人的消费能力。那些一进店就召唤陪酒女的酒客会被当作肥羊，店伙计会给他们送上最贵的酒菜，索取高价。不谙杭州酒楼潜规则的酒色之徒，结账之后才知道"后悔"二字怎么写。

大酒店灯红酒绿，食客盈门，成为杭州城一道亮丽的风景。

钱囊羞涩的外地人，一般不去大酒店，而是改去小食店，那里不是喧哗的酒楼，吃起来自然更方便。小饭店品流极杂，这里略谈几种杭州特色食店。

羊饭店的店伙计很贴心，如果顾客赶时间，他们就会给你送上泡饭、大骨饭、软羊等带食，如果客人有闲情，店伙计会给你呈上肚尖、卤干子、腰子等下酒菜，让客人细细品味本店的水酒。

碗头店店面简陋，门前常挂一个草葫芦或者银制品，店子的框架多用一些竹栅布幕搭建而成。杭州人又称之为"打碗头"，意思是指顾客极有可能喝过一碗酒就开溜。碗头店的菜品也极为粗陋，如血脏、豆腐羹、煎豆腐、蛤蚧肉之类。到碗头店进食的客人，大多是唯求果腹的草民。

衢州饭店也名"闷饭店",这是一种专售家常饭菜的饭店,招牌菜是鱼、粉羹、鱼面等菜点。如果只想吃饱,大可去衢州饭店,但请朋友到这种小店胡吃海喝,那就不太适宜了。

荤素从食店是杭州品种最齐全的点心店。售卖的食品有四色馒头、金银炙焦牡丹饼、杂色煎花馒头、枣箍荷叶饼、芙蓉饼、菊花饼、子母仙桃、重阳糕、水晶包儿、鹅鸭包儿等五十余种点心。

还有只卖素食点心的食店,名点有丰糖糕、乳糕、栗糕、镜面糕、重阳糕、枣糕、麸笋丝、假肉馒头、笋丝馒头、裹蒸馒头、菠菜果子馒头等。

杭州食市分早市、日市与夜市。

早市每日从交五更开始,街市的铺店随晨钟而开,供应杭州人的早餐。冬天的当季早点是五味肉粥、七宝素粥;夏天是卖义粥、环饼、豆子粥;煎白肠、血脏羹等餐点则四季都有售。

早市的喧闹声音尚在耳中,日市即已如火如荼。

夕阳西下是夜幕降临的前兆,杭州夜市的烛炬与灯具照亮了整片夜空。开封夜市多只开到三鼓时,杭州夜市却延至四鼓。五鼓钟鸣时,早市的店家们又要开店了。

杭州城还有"通宵买卖,交晓不绝"的面食店,还有夜夜笙箫、日日腾沸的酒楼,只要熬得住,大可以彻夜达旦地吃个不停。

杭州食尚与开封食尚之间的关系,可谓是"青出于蓝胜于蓝",而它们有着系出同源的文化基因,两者间的"同"远超过"异"。最显著的区别在于,南宋人似有滥用"食色性也"的趋向,凡与食沾边的饭店、酒楼、茶肆,杭州人都能给它们添进情色的元素。

南宋最后一位著名词人张炎写了一首《思佳客·题周草窗武林旧事》:

梦里蕃腾说梦华,莺莺燕燕已天涯。蕉中覆处应无鹿,汉上从来不见花。

今古事，古今嗟，西湖流水响琵琶。铜驼烟雨栖芳草，休向江南问故家。

第三节　杭州尚食

一　北食和南食的融合

宋代著名诗人陆游写了题名《食酪》的诗：

> 南烹北馔妄相高，
> 常笑纷纷儿女曹。
> 未必鲈鱼芼菰菜，
> 便胜羊酪荐樱桃。

陆游并不赞成南食和北食各自妄相夸耀，他认为这样的议论，只是儿女辈的见识，未必鲈鱼加茭白就比羊酪添樱桃的味道要好。在这里，诗人把鲈鱼加茭白当作"南烹"的代表佳肴，而把羊酪添樱桃当作"北馔"的典型珍馐。说明陆游生活的时代，南食和北食之间还存在相当大的差别。这种差别不仅仅是鲈鱼和羊酪或茭白和樱桃的不同。

大致说来，南食和北食的差别，主要在于南食以稻米制品为主食，北食以麦面制品为主食；南食的荤菜以猪肉、鱼为主，北食的荤菜以羊肉为主。

北宋末、南宋初人庄绰在《鸡肋编》中记载：

游师雄景叔，长安人，范丞相得新沙鱼皮，煮熟剪以为羹，一缕可作一瓯。食既，范问游："味新觉胜平常否？"

答云："将谓是馎饦，已哈了。"

盖西人食面几不嚼也。南人罕作面饵。有戏语云："孩儿先自睡不稳，更将擀面杖拄门。何如买个胡饼药杀着！"

游师雄是北宋神宗、哲宗时期的人，"范丞相"是哲宗时期任右仆射的范纯仁。范纯仁邀请游师雄吃鲨鱼皮羹，游师雄以为"哈了"即喝了（面片汤或面条），而且几乎不用牙齿咀嚼。庄绰还指出，南方人极少吃面食，因此戏语南方人用擀面杖来撑门，甚至把吃胡饼（带芝麻的烧饼）比作服药那样艰难。这种北方人很少吃米食、南方人很少吃面食的习惯，到南宋时便出现很大的变化。

南宋时的临安，南、北两大饮食系统的区分逐步缩小，呈现了

南宋·吴炳《嘉禾草虫图》 画中水稻稻穗低垂，蝴蝶、花虻、蜻蜓纷飞，展现出自然之物所蕴含的生趣及生活的祥和。现藏于台北故宫博物院

融合的趋势。

北宋末南宋初，北方大批官员、百姓南迁，使得南方的风俗习惯逐渐发生变化。在饮食方面，吃面食的人大量增加，南方人也普遍喜爱面食。许多赴任的官员、吏员，经商的生意人，谋生的工匠、路伎艺人，求学和参加科举的读书人，从军的士兵，等等，都来到了临安城。

北宋都城汴京（河南开封）诸街巷开设了许多饮食店铺，大多供应各式面点食品。北宋末孟元老《东京梦华录·食店》记载：

大凡食店，大者谓之分茶……更有川饭店，则有插肉面、大燠面、大小抹肉淘、煎燠肉、杂煎事件、生熟烧饭。更有南食店：鱼兜子（一种烧卖）、桐皮熟脍面、煎鱼饭。

随着大批北方人的南移，经过一百多年南食与北食的融合，改变了江南地区以稻米为主的饮食结构，形成了以米面为主食、南北食并存的饮食格局，到南宋末年，临安的饮食已无严格的南、北地区的差别。故而，南宋末吴自牧在《梦粱录·面食店》记载：

向者汴京开南食面店，川饭分茶，以备江南往来士夫，谓其不便北食故耳。南渡以来，几二百余年，则水土既惯，饮食混淆，无南北之分矣。

当然，这种现象的出现，仅仅限于人口众多、交通发达的都城，至于在广大乡村，仍然保留着南方人的习俗，北方人的习俗对他们虽然产生了一定的影响，但冲击并不是很大。

在宋代的荤菜中，南、北食中的猪肉和羊肉的比重前后也有变化。北宋时，北食以羊肉为主，南食以猪肉为主。宋室南渡之后，大批北方人涌入江南，将他们的饮食习惯也带到了江南，因此南宋的肉食中，羊肉仍然占相当大的比重。

临安府需要的羊，大都来自两浙等地。绍兴府的贩羊人用船只装载羊群，渡过浙江，运往临安。自汴京南迁临安后，西湖畔专卖羊肉的有"羊肉李七儿"，这是"旧京"的名食之一。羊肉食品有蒸软羊、鼎煮羊、羊四软、酒蒸羊、绣吹羊、五味杏酪羊、千里羊、羊杂燠、羊头元鱼、羊蹄笋等，不胜枚举。

临安的猪肉食品与之羊肉相比则更多。据《梦粱录·肉铺》记载："杭城内外，肉铺不知其几，皆装饰肉案，动器新丽。每日各铺悬挂成边猪，不下十余边。如冬年两节，各铺日卖数十边。"

猪肉的区分更细，有细抹落索儿精、钝刀丁头肉、条撺精、窜燥子肉、烧猪煎肝肉、膂肉、盒蔗肉等，骨头也分为双条骨、三层骨、浮筋骨、脊龈骨、球杖骨、苏骨、寸金骨等十多种。大瓦修义坊形成"肉市"，巷内两街都是屠宰之家，每天宰猪不少于数百头。其他街坊的肉铺，也各自开设作坊，屠宰和销售猪肉。

"肉市"以外，许多猪肉店铺还组织起"行"，候潮门外有"南猪行"，打猪巷有"北猪行"，临安周围的城乡商贩纷纷运猪供应京城。

肉市和猪行的形成，表明临安居民食用猪肉的数量之巨；反之，羊肉店铺尚未组织成"市"或"行"，其销售量与猪肉相比，自然不免相形见绌了。

面条原为北方人常食，宋室南渡促成面食在南方的大普及，品种大增。凡是用面粉做成的食品统称为饼。所以面、馄饨、水饺等，都属于汤饼系列，既可作主食，也可作点心。

与饼对应的是米制品糕。京城中凡做团子、做馒头、做麸面、做烤鸡卤鸭，因日供应量大，都有专门的作坊，供小贩批量托盘四处叫卖，也有专卖糕团的店铺。糕团属于副食品，宋时称之为"从食"，又因其为米粉制成，又称"粉食"。

二 烹饪技艺的进步

北食与南食的融合，有力地推动了烹饪技艺的提高，具体表现在烹饪方法多样化、调味料的充分利用、菜肴造型技艺的提高等方面。

1. 烹饪方法多样化

南宋烹饪方法变化多端，仅从菜肴食品名称来看，就有炸、炒、炙、煮、蒸、烤、煎、煨、熬、烧、爊、焐、焙、燠、擤等二三十种。

2. 调味品的充分利用

南宋人对调味品的使用已经十分普遍，在食品烹饪中往往利用酒、盐、酱、醋、糖及各种香料等，使食品菜肴五味调和，形成味道更加鲜美可口、丰富多彩的复合味。

酒在调味品中的作用非常显著，以酒命名的菜肴有：盐酒腰子、酒蒸鸡、酒蒸羊、酒烧香螺、酒掇蛎、生烧酒蛎、酒蒸石首、酒蒸白鱼、酒蒸鲫鱼、酒法白虾、五味酒酱蟹、酒鸠鲜蛤、酒香螺、酒烧江瑶等数十余种。在上述数十种菜肴中，酒在调味品中无疑起到了非常重要的作用。至于一般菜肴中使用酒为调味品的，则更是举不胜举了。如林洪《山家清供》中所载的拨霞供、蟹酿橙、莲房鱼包等，都使用酒作为调味品。

醋素有"食总管"之称，在调味品中的地位不亚于酒。如南宋菜中，就有醋赤蟹、醋白蟹、枨醋洗手蟹、枨醋蚶、五辣醋蚶子、五辣醋羊等。

为了使食品菜肴形成丰富全面的复合口味，更加鲜美可口，南宋人往往将多种调味品混合使用。南宋时期吴中有一位吴姓厨娘，留下一本《吴氏中馈录》记录了多种宋朝名菜的烹饪手法，摘几条如下：

肉生法：

用精肉切成细薄片子，酱油洗净。入火烧红锅爆炒，去血水，微白即好。取出切成丝，再加酱瓜、糟萝卜、大蒜、砂仁、草果、花椒、橘丝、香油，拌炒肉丝。临食，加醋和匀，吃起来甚美。

鱼酱法：

用鱼一斤，切碎洗净后，炒盐三两、花椒一钱、茴香一钱、干姜一钱、神曲二钱、红曲五钱，加酒和匀，拌鱼肉，入瓷瓶封好，十日可用。吃时，加葱花少许。

酒腌虾法：

用大虾，不要用水洗，剪去须尾。每斤用盐五钱腌半天，沥干，入瓶中。虾一层，放椒三十粒，以椒多为妙。或用椒拌虾，装入瓶中，亦妙。装完，每斤用盐三两，好酒化开，浇入瓶内，封好泥头。春秋，五至七天就好吃，冬天，十天才好。

从当时菜谱所载的烹饪调味过程来看，大体可分为三步进行：首先是基本调味，以油品熬制或浸渍食物原料，以保鲜润色。然后是辅助调味，利用茴香、花椒、姜末、胡椒等除腥去膻，增香助味。最后是定型调味，加入盐、醋、葱、酒等，使食品菜肴达到五味调和的美食境界。

3. 食品菜肴中色彩的合理搭配

美食家讲究菜肴色香味俱全。色，指的是菜肴的色彩。

在南宋众多菜肴中，不少都是以其合理的色彩搭配给人留下深刻的印象。如吴自牧《梦粱录》中就有诸如十色头羹、三色肚丝羹、二色水龙粉、生脍十色事件、三色水晶丝、下饭二色炙、十色蜜煎鲍螺等佳肴，都是利用食材本身的自然色彩搭配而成。一碗羹，就像一幅画，美不可言，让人看后食欲大增。

食品菜肴的色彩，有的是利用食材本身的天然色彩调制，即利用蔬菜、果品、肉类等食材本身所具有的天然色彩进行烹制。如陶谷《清异录》中有一道菜叫"缕子脍"：

广陵法曹宋龟造缕子脍，其法用鲫鱼肉、鲤鱼子，以碧筒或菊苗为胎骨。

碧筒，是指碧绿的荷叶柄，菊苗，就是菊的幼苗，用以作垫托菜肴的底子菜，其清绿之色使有明媚鲜活之感。以不同颜色的食材配合烹制，而引起菜肴的色感变化，说明南宋的烹饪十分注重讲究食物原料本身的色彩搭配与和谐。

尽管菜肴色彩的调配方法各有不同，但目的都一样，就是通过合理的配料与加色，使盘中馔肴色彩调和，美观悦目，以引起食者的食欲，提高饮食的兴趣。

4. 食品菜肴造型技艺的提高

食品菜肴的型，一是指食品菜肴的造型艺术，二是指食材经过烹饪之后的形状。食肴形美是现实生活的艺术化，是人们生活水平提高的形象标志。

食品菜肴的形状美，不仅能使人赏心悦目，增加食欲，而且还使人有一种美的联想、美的享受。因此，追求食品菜肴的形美，对于烹饪技艺的提高，进一步丰富饮食菜肴花式品种，无疑会起到促进作用。

食品菜肴的构型，大致分为几个类型：

其一，以食材的自然形状构成。如整鸡、整鸭、鱼虾等，都是让人喜爱的形状。利用食材的自然形状构成的食品菜肴，能体现食材本身的面貌特征，具有质朴的自然之美。这类菜肴的形状基本上无须雕琢，显得朴素大方。

其二，将食材解体切割构成。即将食材解体分档之后，根据需要加工成块、片、条、丝、丁、粒、末等一般形状与花式形状，再组成菜肴整体。这一类菜肴的制作，需要配合娴熟的刀工技巧。南宋菜肴中不少以刀工细切而成的荤菜品，如"算条巴子""银丝羹"等，如"发菜银丝豆腐羹"这道汤菜，难度最大的就是豆腐切细丝了。没有娴熟的刀功，要将软嫩无比的豆腐切成细丝，绝非易事，而烹饪的时候，也要格外地小心，否则，切好的豆腐丝，也要断成数节了。

其三，通过对食材的装配雕刻而成。这类菜肴与造型雕刻结合制成具有艺术特色的象形菜。其形状或为牺牲品，或为花果，或为动物飞禽。南宋的造型雕刻颇具水平。临安王的宴席上就设有：雕花梅球儿、红消花儿、雕花笋、密冬瓜鱼儿、雕花红团花、木瓜大段儿、雕花金橘、青梅荷叶儿、雕花姜、蜜笋花儿、雕花柊子、木瓜方花儿。

原材料有笋、冬瓜、金橘、青梅、姜、木瓜等蔬菜，雕刻的花样则有花球、花果、鱼、荷叶、鸟等。如象形菜的食材就是最常见的白萝卜、红萝卜，让人看起来，并不是一款菜，而是一件艺术品。有的菜肴甚至以形状取名。南宋临安名菜"两熟鱼"，据元人著作《居家必用事类全集·庚集》记载：

熟山药二斤、乳团一个，各研烂，陈皮三斤、生姜二两，各剁碎，姜末半钱、盐少许、豆粉半斤调糊，一处拌，再加干豆粉调稠作馅。每粉皮一个，粉丝抹湿，入馅折掩，捏鱼样，油炸熟，再入蘑菇汁内煮。

这实际上就是一种以鱼为造型的素食菜肴。

总之，南宋的工艺造型菜，构思新颖奇巧，形象优美高雅，既可欣赏，又可供食用，对后世中国象形菜的发展方向产生了重要的影响。

三　主食、菜肴和点心

（一）主食

南宋人的主食，可分为饭、面食。面食品种花样繁多，主要有：汤饼、面条、牢丸、馒头、包子、馉饳、角儿、馄饨、毕罗、月饼、油饼、蒸饼等。

饭是南宋的人最普遍的主食。制作方法，通常由蒸、煮而成，从饭食的种类来看，有米饭、麦饭、粟饭、黍饭、高粱饭等；从饮食炊制时的放料来看，又可分为两种：一种是以单一谷炊制而成，如白粳米饭、麦饭、高粱饭等。一种是以多种原料搭配合制而成。如用石髓、大骨等和米合煮而成的石髓饭、大骨饭、浙米饭、麦笋素羹饭等，犹如现代的八宝、杂锦饭之类。

青精饭，即人们立夏吃的乌米饭，又名旱莲饭。南宋林洪在《山家清供》中说：

青精饭，首以此，重谷也。按《本草》："南烛木，今名黑饭草，又名旱莲草。"即青精也。采枝叶，捣汁，浸上白好粳米，不拘多少，候一二时，蒸饭。曝干，坚而碧色，收贮。如用时，先用滚水量以米数，煮一滚即成饭矣。用水不可多，亦不可少。久服延年益颜。

林洪在书中还介绍了青精饭的另一种做法：

仙方又有青精石饭，世未知"石"为何也。按《本草》："用青石脂三斤、青粱米一斗,水浸三日,捣为丸,如李大,白汤送服一二丸,可不饥。"是知"石脂"也。二法皆有据,第以山居供客,则当用前法;如欲效子房辟谷,当用后法。

林洪的态度较为客观,他在《山家清供》介绍一两种青精饭的制作方法,并特别说明,两者之中,前者一般用来招待客人,后者则是修道之人专用。林洪本人并不修仙,作为美食家,他实际上介绍给一般人的也是前一种方法。

蟠桃饭,即用桃肉与米合煮成饭。

林洪在《山家清供》中介绍制作方法:

采山桃,用米泔煮熟,漉置水中,去核,候饭涌,同煮顷之,如盒饭法。东坡用石曼卿海州事诗云:"戏将核桃裹红泥,石间散掷如风雨。坐令空山作锦绣,绮天照海光无数。"此种桃法也。桃三李四,能依此法,越三年,皆可饭矣。

明·唐寅《东篱赏菊图》

金饭。因以金黄色菊花合米共煮而成。林洪在《山家清供》卷下中介绍其制作方法：

危巽斋云："梅以白为正，菊以黄为正"，过此恐渊明、和靖二公不取。今世有七十二种菊，正如《本草》所谓今无真牡丹，不可煎者。

法：采紫茎黄色正菊英，以甘草汤和盐少许焯过，候饭少熟，投之同煮。久食，可以明目延年，苟得南阳甘谷水煎之，尤佳也。

昔之爱菊者，莫如楚屈平、晋陶潜，然孰知爱之者，有石涧元茂焉，虽一行一坐，未尝不在于菊，《翻怏得菊叶》诗云："何年霜后黄花叶，色蠹犹存旧卷诗。曾是往来篱下读，一枝闲弄被风吹。"观此诗，不惟知其爱菊，其为人清介可知矣。

宋代士人普遍爱菊，两宋时期撰写的菊花类著作如《菊谱》就有八种之多，而且据说历史上每年一度的赏菊活动，也是从宋朝开始的。足见菊花在当时受欢迎的程度了。这当然与菊花所蕴含的文化品格——"君子之志"是不可分的。宋代屡受外侮，士人借菊花以明志，是再自然不过的事情。林洪从刘元茂的诗中不但看出其对菊花的喜爱之情，而且也看出了他的"为人清介"。

《本草》中把菊花列为药之上品，认为久服利血气，轻身耐老延年，所以历代服食菊花的人非常多，方法也多样。《山家清供》中与菊花有关的食品就有多种。不过，需要说明的是，菊花品种繁多，但不是所有的菊花都可以食用。

玉井饭。以削成小块的嫩白藕，去掉皮心的新鲜莲子合米煮成的饭。

林洪在《山家清供》中介绍了玉井饭的制作方法：

其法：削嫩白藕作块，采新莲子去皮心，候饭少沸投之，如盦饭法。盖取"太华峰头玉井莲，开花十丈藕如船"之句。昔有藕诗云："一弯西子臂，七窍比干心。"今杭都范堰经进斗星藕，大孔七、小孔二，果有九窍，因笔及之。

新鲜的莲藕微甜而脆，既可生食，也可做菜，具有清热生津、凉血止血的功效。玉井饭之名源于韩愈《古意》中的诗句：

太华峰头玉井莲，开花十丈藕如船。

太华峰是华山主峰之一，以险峻闻名。据说太华峰顶有水池，其中生出千叶莲花，服之能飞升羽化，因此名"华山"。这当然只是一个美丽的传说，不过，后人对此颇为津津乐道，比如苏东坡《和陶饮酒》之九："不如玉井莲，结根天池泥。"

说到玉井莲，还有一个历史的笑话。明代冯梦龙编著的笑话集《广笑府》中有一则"藕大如船"的笑话：

张大千《嘉藕图》

主人用藕梢做菜接待客人，却把最甘美的大段莲藕藏了起来。客人发现了这个秘密，笑着问："常读诗'太华峰头玉井莲，开花十丈藕如船。'以前怀疑没有这样大的藕，今天相信了。"

主人奇怪地问："这是什么意思？"

客人回答说："藕梢已到此，藕头还在厨房里呢。"

这段笑话，将主人的吝啬刻画得惟妙惟肖。

南宋饭食的方法很多，其中常见的有泡饭、川饭、衢州饭等。泡饭在南宋是一种比较流行的饭食方法。这种泡饭用开水浸泡而成，类似于今天的方便面，在食店中有售。

川饭，是南方人饭食方法的总称，以四川风味为主。

衢州饭在《都城纪胜·食店》中有记载："衢州饭店又谓之焖饭店，盖卖盒饭也。专卖家常（虾鱼、粉羹、鱼面、蝴蝶之属）。欲求粗饱者可往，惟不宜尊贵人。"

盒是古代一种盛食物的器皿。盒饭就是将米饭放进盒里，加上水，然后按烧干饭的方法焖熟，是一种比较粗劣的饭食方法。

粥类是宋最常见的主食之一，一般以水煮而成。当时粥的品种较多，周密《武林旧事·粥》中记载的就有七宝素粥、五味粥、粟米粥、糖豆粥、糕粥、馓子粥、绿豆粥、肉盒饭等。此外，林洪《山家清供》也记载有荼蘪粥、梅粥、真君粥、河祇粥、豆粥、粟粥、乳粥等。宋人认为粥是"饮食至神仙"，可以延寿。

我们吃粥往往出于两个目的：一是为了节约粮食。如南宋赵汝适《诸蕃志》卷下记载：海南地多荒田，所种的粳稻产量低，无法满足民众对粮食的需求，只得用当地出产的一种野菜杂米烧粥糜，以填充肚子。二是为了养生益寿。

关于粥能养生，张耒《粥记赠邠老》曾说：张安定每天早晨起来，食粥一大碗。他认为，空腹胃虚，谷气便作，所补不细，又极柔腻，与肠腑相得，这是最好的饮食良方。妙齐和尚说山中的僧人，每天清晨前吃一碗粥，对身体极好。如果哪天清晨前不吃，则终日觉得脏腑燥渴。其实，粥能够起到畅胃气、生津液的好处，陆游曾作了一首《食粥》：

世人个个学长年，不悟长年在目前。
我得宛丘平易法，只将食粥致神仙。

林洪《山家清供》有一个食谱《梅粥》书中说：

扫落梅英，捡净洗之，用雪水同上白米煮粥。候熟，入英同煮。杨诚斋诗曰："才看腊后得春饶，愁见风前作雪飘。脱蕊收将熬粥吃，落英仍好当香烧。"

"万花敢向雪中出，一树独先天下春"的梅花，历来是文人墨客笔下歌咏的对象，而且，梅花还是盘中的美味，常食梅花菜肴可舒肺解郁、开胃生津，是当之无愧的食疗佳品。

南宋的面食品种较多，主要有：汤饼、面条、牢丸、馒头、包子、馉饳、角儿、馄饨、毕罗、月饼、油饼、蒸饼等。

馒头是最普遍的面食，一般是实心无馅儿的。如果带馅儿的话，便在馒头前说明是什么馅。如宋徽宗时，蔡京为相，一次用"蟹黄馒头"款待讲议司官吏。据《东京梦华录》记载，汴京以"孙好手馒头""万家馒头""王楼山洞梅花包子""鹿家包子"等为最著名。

南宋时，临安出现了专门经销馒头、包子等食品的同业店铺组织"行"，当时称为"蒸作面行"。

吴自牧在《梦粱录·荤素从食店》中描述蒸作面行：

南宋·刘松年《撵茶图》

卖四色馒头、细馅大包子，卖米薄皮春茧、生馅馒头、馇子……水晶包儿、笋肉包儿……

其中有"包子酒店，专卖灌浆馒头、薄皮春茧、包子、虾肉包子……之类"。

宋代的馒头和包子主要因用馅儿的不同而出现许多名称，如糖肉馒头、羊肉馒头、太学馒头，笋肉馒肉、鱼肉馒头、蟹肉包儿、鹅鸭包儿等。

理学家朱熹也谈到过馒头，他说："比如吃馒头，只吃些皮，原不曾吃馅，谓之知馒头之味，可乎？"这里所说"馒头"，实际上也是包子。那么，像他这样一位大学问家何以会把带馅者称为馒头，而与一般的馒头相混淆呢？原因在于这是宋代社会长期形成的习惯，因此，人们就不以为怪了。这种习惯称呼，至今在江南一些地区仍然流行：馒头和包子之间没有严格的区别，馒头只是顶皮皱折，而包子外表光滑，有时还把无馅而外表光滑者也称为包子。

毕罗，是一种西方传入的面食。

馉饳，即锅贴和饺子。

牢丸，即包子、汤圆。但在当时，牢丸称之为牢九，"丸"少了最后一笔，原因是避宋钦宗赵桓的御讳，而缺"丸"少了最后一笔。

饼在宋代一般为面制食品的统称。如黄朝英《靖康缃素杂记》卷二《汤饼》说：

凡以面为食具者，皆谓之饼。故火烧而食者，呼为烧饼；水瀹而食者，呼之为汤饼；笼蒸而食者，呼为蒸饼，而馒头谓之为笼饼。

由此可见，南宋人已按饼成熟方法的不同而划分为三大类，这是南宋面饼制作的一大标志。《梦粱录》《武林旧事》等书记载有金银炙焦牡丹饼、枣箍荷叶饼、芙蓉饼、菊花饼、月饼、梅花饼、开炉饼、甘露饼、肉油饼、炊饼、乳饼、油酥饼儿、糖蜜酥皮烧饼、春饼、芥饼、辣菜饼、熟肉饼、鲜虾肉团饼、羊脂韭饼、旋饼、胡饼、猪胰胡饼、七色烧饼、焦蒸饼、风糖饼、天花饼、秤锤蒸饼、金花饼、睡蒸饼、炙饮饼、菜饼、韭饼、糖饼、髓饼、宽焦饼、蜂糖饼等三四十种。

（二）菜肴

南宋菜肴的种类，大致可划分为肉禽类、水产类、蔬菜类、羹类、腌腊类五个大类。

肉禽类菜肴又可细分为羊肉、鸡肉、猪肉、牛肉、马肉、驴肉、狗肉、野禽肉等。

羊肉被视为贵重食材。唐慎微在《证类本草》卷十七《羖羊角》中记载：

羊肉：味甘，大热，无毒。主缓中，字乳余疾，及头脑大风汗出。虚劳寒冷，补中益气，安心止惊。羊骨：热，主虚劳，寒中，赢瘦。

南宋人还认为，乳羊肉大补赢，羊髓、羊肺、羊心、羊肾、羊骨等羊下水也是食疗、食补的食材，这种观念已注入南宋人的理念之中。他们普遍认为吃羊肉补身，如同今日之甲鱼。林洪《山家清供》中有一道菜叫"山煮羊"，做法：

羊作脔，置砂锅内，除葱、椒外，有一秘法，只用捶真杏仁数枚，活火煮之，至骨亦糜烂。每惜此法不逢汉时，一关内侯何足道哉！

羊肉本来是北方人的美食，由于南北方交流的增多，加之宋室南渡的关系，中原地区的饮食习惯与菜肴也逐渐被带到了南方。南宋时期，江南地区吃羊肉也蔚然成风。"山煮羊"实际上就是砂锅炖大块羊肉，除了葱、椒之外，其他什么也不放。不过，有烹饪经验的人都知道，羊肉不容易煮烂。林洪在文中介绍一个秘方：放几颗敲碎的杏仁，这样不但肉会酥软，连羊骨头也会烧得酥烂。

鳖蒸羊是南宋时期的一道名菜，顾名思义，它是以鳖蒸羊肉制成。但这道历史文化名菜，不仅仅是水陆两种肉食叠合烹制而成，而是有着它浓厚的南北地理特色及文化色彩。古时，一般地说，北方以畜牧业为主，南方以农业、养殖业为主。北方人常以"羊肉美酒"称为至上美味佳肴，而南方人则以鱼鲜为世间珍味，故在训诂学上，"鲜"字由"鱼""羊"两部分组合而成。

也可以说，北方人以"羊"为鲜，南方人以"鱼"为鲜。鳖蒸羊正是这样一款汇聚南北美食于一菜的佳肴。这是宋室南下，北方饮食文化与南方饮食文化相结合的产物。

鳖蒸羊的具体做法：取五百克左右雄鳖一只，与煮至六成熟的适量羊肉块排列好,铺以姜片,浇上绍酒,撒上盐花,倒上适量羊肉汤,隔水蒸至筷子能戳入鳖体,即可撒上胡椒粉上桌食用。鳖具有滋阴功效,羊肉则有明显的壮阳功效,故此菜具有阴阳双向滋补作用。鳖蒸羊是南宋菜中的精品。

鸡肉在禽肉中的地位次于羊肉。俗话说:宁吃飞禽四两,不吃走兽半斤。这话在理。禽在空中飞翔,牵动身体各个部位,大多为活肉。而兽在地上行走,全身的活动量肯定低于禽。故飞禽之肉的口感要比走兽之肉可口,鸡的前身为原鸡,长在森林里,能低空飞行,因此属于禽。后来,原鸡为人类驯养,逐渐变成了现在的家鸡,属家禽。广东有句俗话,叫"无鸡不成席",离开鸡这样一种美味的食材,这筵席就做不好了。时至今日,一个厨师不会做鸡这道菜,算不上一个合格的厨师。仅《梦粱录》《西湖老人繁胜录》等文献记载的有关鸡肉的菜肴有:麻饮小鸡头、汁小鸡、焙鸡、煎小鸡、豉汁鸡、炒鸡、白炸鸡等三十多种。据统计,全国鸡菜的数量数以千计。

南宋时有一款菜叫"白炸鸡",别有风味。制作方法是:准备一只嫩土鸡,杀净,去内脏、头足,用炒热的花椒遍擦鸡身内外,放在盆里,用重物压实,上面盖上一个碗,腌渍半小时,沥干血水,晾至鸡表较干时,涂以香雪酒,并在鸡内外均匀撒上少许胡椒粉,再阴凉片刻,然后入大油锅炸熟。待冷后,斩成长条块,装入仿南官窑腰盘即可上桌。

这道菜咸鲜可口,椒香扑鼻,是南宋市井佳肴,宜于佐酒下饭吃粥。

林洪《山家清供》有一道菜名叫《黄金鸡》:

李白诗云:"亭上十分绿醑酒,盘中一味黄金鸡。"其法:將鸡净洗,用麻油、盐水煮,入葱、椒,候熟,擘钉,以元汁别供,或荐以酒,则"白酒初熟、黄鸡正肥"之乐得矣。有如新法川炒等制，非山家不屑为，恐非真味也。每思茅容以鸡奉母，而以蔬奉客，贤矣哉！《本草》云：鸡小毒，补，治满。

"白酒初熟，黄鸡正肥"，典出李白《南陵别儿童入京》诗："白酒新熟山中归，黄鸡啄黍秋正肥。"有"诗仙"之称的李白何等潇洒不羁，却对此如此留恋，此菜滋味之美不难想见。作为最普遍饲养的家禽，鸡的驯化已经有几千年之久，鸡肉、鸡蛋也都是人们餐桌上的常见菜肴。

林洪文中引《本草》说鸡有"小毒"，这里的"毒"当然不是通常意义上的有毒特质，而是强调其是否对症。事实上，鸡肉具有一定的滋补作用，民间更素有以老母鸡汤补身体的说法。《本草纲目·鸡》中也说："鸡肉虽有小毒，而补虚羸是要，故食治方多用之。"但是需要注意的是，鸡肉的营养物质大部分为蛋白质和脂肪，较为单一，如果长期将鸡肉当作主食食用，缺乏瓜果蔬及粮食，会导致身体营养失衡，而且鸡肉中的胆固醇含量较高，因此对其进食也要适量。

猪肉因其价廉物美，在南宋深受平民百姓的喜爱，用猪肉做成的菜肴有烧肉、煎肉、煎肝、冻肉、杂熬蹄爪事件、红白熬肉等数十种。猪内脏的烹饪方法也很多，仅猪腰子一项就有焙腰子、盐酒腰子、爆炒腰花、脂蒸腰子等等。

在杭州，最有名的一道猪肉菜肴非"东坡肉"莫属。

在中国许多地方都有东坡肉，如湖北黄州、鄂州的"东坡肉"、湖南的"东坡方肉"、开封的"清汤东坡肉"、广东惠州的"东坡扣肉"、四川眉州的"东坡肘子"，做法类似而又有异。有的加料做，如苏州"松子东坡"加松子，山西"东坡肉"加莲子、糯米与果料，河南"东坡肉"加冬笋，等等，海南岛还有"东坡狗肉"。

东坡肉。在湖北黄州、鄂州民间也流传着一首苏东坡的《猪肉颂》：

净洗铛，少著水，柴头罨烟焰不起。待他自熟莫催他，火候足时他自美。黄州好猪肉，价贱如泥土。贵者不肯吃，贫者不解煮。早晨起来打两碗，饱得自家君莫管。

有人考证说：明人沈德符在《野获编》中有一句："肉之大胾不割者，名东坡肉。"似乎只是大块肉而已，别无他意。但有一点是清楚的，"东坡肉"之称，到明代才有。杭州与苏东坡关系密切，他曾两度在杭州任地方官，特别是疏浚西湖，用挖出来的泥堆成了一条堤，并写了一首诗：

六桥横绝天汉上，
北山始与南屏通。
忽惊二十五万丈，
老葑席卷苍云空。

有一个传说，说是长堤修好了，老百姓知道苏东坡爱吃肉，不约而同地给他送来了猪肉，苏东坡收到那么多猪肉，觉得应该与人们共享，并交代肉与酒一起送。结果下属误听为"肉与酒一起烧"，烧出的肉更加香酥味美。人们便称此肉为东坡肉。从此，"东坡肉"成为杭州的一大名菜。

南宋以鹅、鸭肉为主料制成的菜肴也较多，见诸文献的有熬鸭、八糙鹅鸭、白炸春鹅、炙鹅、糟鹅事件、鲜鹅鲊、煎鹅鲊、煎鹅事件、煎鸭子、炙鸭、熬鹅、盐鸭子、五味杏酪鹅、间笋蒸鹅、鹅排、小鸡假炙鸭等。

南宋《西湖老人繁胜录》记载"鹅鲊"一菜。鲊，即家禽腌渍。

南宋鹅鲊，可以做成风鹅。制作方法：准备一只草鹅，约六七斤重，宰杀放血，去毛去内脏（不必水洗），稍晾收干，用花椒盐遍擦内外各部分，腌四五天，沥干血水，晾一天，然后放入有盖的陶器内，淋上白酒，密封三四天后取出，用稻草或麻袋布包捆并用麻绳扎紧，挂在通风的屋檐下或阳台上，任西北风吹熏。约半月后，鹅肉透出浓香。食时可斩下一块洗净，放入锅中，加姜、酒、糖、水各适量煮熟。打开锅后，鹅鲊连汤取出入盆，等冷却后，即可切长条装盘上桌。

牛肉类菜肴，见于宋人文献记载的有牛脯、煮牛肉等。

鹿与羊一样，同样被南宋人视作食补的佳品。除鹿茸用作药物外，南宋人还往往食用鹿肉和鹿血等。苏颂《本草图经》卷五十一《兽部·鹿》载：

近世有服鹿血酒，云得于射生者，采捕入山失道，数日饥渴，将委顿，惟获一生鹿，刺血数升饮之，饥渴顿除。及归，遂觉血气充盛异常。人有效其服饵，刺鹿头角间血，酒和饮之，更佳……其肉自九月以后，正月以前，宜食。他月不可食。

以野生飞禽走兽制成的菜肴也非常丰富，菜谱中常见的有清撺鹌子、红熬鸠子、八糙鹌子、黄雀、辣熬野味、清供野味、清撺鹿肉、黄羊、獐肉、润熬獐肉炙、獐耙、鹿脯等二十种左右。

涮羊肉是一种围炉自涮自吃的一道菜，这一吃法，专家们比较一致的说法是来自北方游牧民族的生活习惯，是随着蒙古人入主中原、建立元朝传播开来的，其实，早在南宋的时候，汉族人民就已经有了类似吃法。不过,当时涮的是兔肉,而不是羊肉。菜名也不是涮羊肉,而是叫"拨霞供"。

林洪在《山家清供》中说了这样一个故事:有一年冬天,他去福建武夷山游览,到一个叫六曲的地方,拜访一位名叫止止师的方外人士。正逢是雪天,猎户送来一只新猎获的野兔。止止师推荐说:

山间只用薄批,酒、酱、椒料沃之,以风炉安座上,用水少半铫,候汤响,一杯后,各分以箸,令自夹入汤,摆熟,啖之,乃随宜各以汁供。

林洪对这种吃法赞叹不已,随口吟出"浪涌晴江雪,风翻照晚霞"的诗句,形容汤汁沸腾如白雪,兔肉鲜红似晚霞,并将其命名为"拨霞供"。随后"拨霞供"从山野间传入市井,人们从中得到创造美食的灵感,将"涮"字诀广泛应用于餐桌之上,不独兔肉,其他肉片与菜蔬均可一涮而熟,蘸酱食之。有学者认为,后世盛行的"涮羊肉""涮火锅"当渊源于此。

蛙肉是南宋人喜爱的野味之一。蛙,民间俗称虾蟆、

北宋·崔白《双喜图》

田鸡、石撞等。福建、浙江、湖南、四川、广东等地的南方人喜欢吃蛙肉，由此遭到来自中原地区的人的讥笑。而在南方地区，尤以杭州人食蛙最为知名。由于青蛙吃庄稼中的害虫，因此严禁大家捕杀。

据《四朝闻见录》记载，杭州人爱吃田鸡，如同上了瘾一般，官府虽然严令禁止食蛙，但收效不大。孟太后随宋高宗南渡，见蛙如人形，竭力支持高宗下令严禁捕蛙。但杭州人陋习难改，吃蛙肉之风无法刹住。有一些不法商人，甚至将冬瓜剖开，将蛙肉放到里面，然后送到食蛙者的家中，时称为"送冬瓜"。由于市场的需求量较大，因此一些城郊的市民以捕蛙为业，获利颇丰。成都人同样如此，以为珍味，每年夏天，山里人夜持火炬，入深溪或洞间，捕捉大虾蟆，称其为"凤蛤"。用各种佐料和酒炙之，称"炙蟾"。

蛇肉为南方人喜爱的野味之一，广南地区更是如此。朱彧《萍洲可谈》卷二载有这样一个故事：广东岭南地区的居民喜欢吃蛇肉，饮食店中常有蛇羹出售。《邵氏闻见后录》卷二十九载：

广西人喜食巨蟒，每见之，即诵"红娘子"三字，蟒辄不动，且诵且以藤蔓系其首于木，刺杀之。

相传大文学家苏轼贬官惠州，曾派老兵到市中买蛇羹给妾朝云吃，骗朝云说蛇羹是海鲜，后来朝云得知自己吃的是蛇肉，立即反胃，恶心得大吐，结果病了数月，最后由此病死。

水产类菜肴在宋代素肴中占有非常重要的地位，在南方特别是东南沿海地区尤其如此。据初步统计，宋代有名可查的水产食品种类当在一百二十种以上，约占人们日常菜单中的一半。

鱼类菜肴为水产系的大类，主要有赤鱼分明、姜燥子赤鱼、鱼鳔二色脍、海鲜脍、鲈鱼脍、鲤鱼脍、鲫鱼脍、群鲜脍、臊子沙鱼丝儿、清供沙鱼拂儿、清汁鳗鳔、酥骨鱼、酿鱼、两熟鲫鱼、酒蒸石首、酒蒸白鱼、酒蒸鲥鱼、酒吹鯚鱼、春鱼、油炸春鱼、油炸鲂鱼、油炸石首、油炸假河豚、石首玉叶羹、石首桐皮、石首鲤鱼、炒鳝、石首鳝生、莲房鱼包、银鱼炒鳝、撺鲈鱼清羹、魠鯆（注：同"杜部"，即杜父鱼）、假清羹、魠鯆满盒鳅、江鱼假蠊、荤素水龙白鱼、水龙江鱼、冻石首、冻白鱼、冻魠鯆、大鱼鲊、鱼头酱、炙鳅、炙鳗、炙鱼粉、鳅粉、犯儿江鱼炙等。

杭州城有一款名菜叫"宋嫂鱼羹"。传说宋五嫂鱼羹的出名与宋高宗有关。

据南宋周密著的《武林旧事》记载，南宋淳熙六年的一天，太上皇宋高宗赵构登御舟闲游西湖，至钱塘门外时已近中午。侍从对赵构说，钱塘门有家菜馆的鱼羹味道很好，要不要品尝品尝？赵构此时也腹中饥饿，就命人下船去菜馆买鱼羹。菜馆的掌柜宋五嫂见豪华游舫的人来买鱼羹，估计是皇亲国戚，就亲自烹制了鱼羹，送到游舫之上。宋高宗一边享用鱼羹，一边询问宋五嫂的身世。宋五嫂说她本是东京汴梁人，曾在东京汴梁经营鱼羹菜馆，宋室南迁，她来到临安，在西湖边上经营这家卖鱼羹的小店，以维持生计。

宋高宗不仅对鱼羹赞誉有加，更欣赏宋五嫂的人品，于是特别赏赐了她。这事一传开，宋五嫂的鱼羹就被称作"宋嫂鱼羹"，声名远扬。

西湖醋鱼是杭州西湖极负盛名的一款菜肴，始制于南宋高宗时期。根据古籍记载，西湖醋鱼一菜来源于"叔嫂传珍"。

相传在南宋时，有宋氏兄弟两人，颇有学问，但不愿为官，隐居江湖靠打鱼为生。当地有一恶霸，名赵大官人，他见宋嫂年轻貌美，便施阴谋害死了宋兄，欲霸占宋嫂。宋家叔嫂祸从天降，悲痛欲绝。

为了报兄仇，叔嫂一起到衙门喊冤告状，哪知当时的官府与恶势力一个鼻孔出气，告状不成，反遭一顿毒打，被赶出了衙门。回家后，嫂嫂只有让弟弟远逃他乡。

宋弟临行前，宋嫂特意烧了一条鱼，加糖加醋，烧法奇特。宋弟问宋嫂为何鱼烧成这般，宋嫂说："鱼有甜有酸，我是想让你这次外出，千万不要忘记你哥哥是怎么死的，你的生活若甜，不要忘记老百姓受欺凌的辛酸，也不要忘记你嫂嫂饮恨的辛酸。"

宋弟考取功名回到杭州，报了杀兄之仇，可这时宋嫂已经音信全无。

有一次，宋弟出去赴宴，宴间吃到一道鱼，就是他当年离家时宋嫂烧的味道，于是连忙追问是谁烧的，才知道正是他嫂嫂所做。宋弟找到了嫂嫂，非常高兴，辞了官职，把嫂嫂接回家，重新过起了捕鱼为生的渔家生活。

蟹在宋代被视为"食品之佳味"。湖州有一位医生的母亲非常喜欢吃蟹，每年蟹上市的时候，每天要到市场上买数十只放在大瓮中，与儿孙观赏，想要吃的时候，便从大瓮中挑选几只螃蟹，放在锅中蒸。

蟹菜在水产菜肴中的地位仅次于鱼菜，主要有醋赤蟹、白蟹辣羹、炒蟹、渫蟹、洗手蟹、酒蟹、蜻蛚签、蜻蛚辣羹、溪蟹、柰香盒蟹、签糊齑蟹、枨酿蟹、五味酒酱蟹、糟蟹、蟹鲊、炒螃蟹、蟹酿橙、赤蟹、辣羹蟹、枨醋洗手蟹等二十多种。蟹的烹饪方法也日趋多样、精致，有蒸、炒、酿、糟等。

林洪《山家清供》里记载有一款菜：蟹酿橙。书中记载：

橙用黄熟大者，截顶，剜去穰，留少液，以蟹膏肉实其内，仍以带枝顶覆之，入小甑，用酒、醋、水蒸熟。用醋、盐供食，香而鲜，使人有新酒菊花、香橙螃蟹之兴。因记危巽斋积赞蟹云："黄中通理，美在其中，畅于四肢，美之至也。"

中国历史上吃蟹的方法很多，林洪所说的蟹酿橙或许是最雅趣、最别致的一种吃法。将橙子掏空，填满蟹肉，然后上蒸笼蒸熟，蘸着调料进食，蟹肉、橙香彼此融合，其风味之美可想而知。有趣的是，林洪还举了危巽斋的妙语"黄中通理，美在其中，畅于四肢，美之至也"来形容橙蟹，十分形象，读之不禁令人拍案叫绝。

虾菜品种多达二三十个，其中深受南宋人欢迎的有撺望潮青虾、酒法青虾、青虾辣羹、虾鱼肚儿羹、酒法白虾、紫苏虾、水荷虾儿、虾包儿、虾玉鳝辣羹、虾蒸假奶、查虾鱼、水龙虾鱼、虾元子、麻饮鸡虾粉、芥辣虾、虾茸、姜虾米、鲜虾蹄子脍、虾枨脍等。如酒腌虾，浦江吴氏《中馈录》记载其制法：

用大虾，不见水洗，剪去须尾。每斤用盐五钱，腌半日，沥干，入瓶中。虾一层，放椒三十粒，以椒多为妙。或用椒拌虾，装入瓶中，亦妙。装完，每斤用盐三两，好酒化开，浇入瓶内，封好泥头。春秋，五七日即好吃。冬月，十日方好。

宋代蔬菜的烹制达到了较高的技术水平，用蔬菜制作的菜肴，品种极其繁多。据统计，宋代蔬菜菜肴的品种当在一百余种，其中仅周密在《武林旧事》卷六《菜蔬》中就列有姜油多、薝花茄儿、辣瓜儿、藕鲊、冬瓜鲊、笋鲊、茭白鲊、皮酱、糟琼枝、莼菜笋、糟黄芽、糟瓜齑、淡盐齑、鲊菜、醋姜、脂麻辣菜、拌生菜、诸般糟腌、盐芥等二十余道素菜食品。

林洪《山家清供》所载一百零四种食品，绝大多数也是蔬菜食品。

此外，陈达叟所编的《本心斋蔬食谱》载有民间常用的蔬菜二十种。

林洪除发明了火锅吃法外，还发明了豆芽吃法。

林洪在他的《山家清供》记录了《鹅黄豆生》即豆芽的制法：

以水浸黑豆，曝之。及芽，以糠秕置盆内，铺沙植豆，用板压，及长，则覆以桶，晓则晒之，欲其齐而不为风日损也。中元，则陈于祖宗之前，越三日，出之，洗焯，以油、盐、苦酒、香料，可为茹。卷以麻饼尤佳。色浅黄，名"鹅黄豆生"。

南宋人的菜谱中，黄豆、绿豆、豌豆、蚕豆、赤豆均可发成豆芽食用。

豆芽是中国人对饮食的另一种天才性发明。一粒晒干的豆子，几乎不含维生素C，但它发芽之后，长出的芽中富含维生素C。

人体如果缺乏维生素C极容易发生坏血病。西方的大航海时期，曾长期被坏血病困扰，无数水手死于坏血病。而中国的海商与水手，长年累月奔波于浩瀚的海洋风波之中，却很少得坏血病，后来人们发现，原来中国人带着绿豆出海，随时都可以将豆子发成豆芽，从而得以补充到充足的维生素C。

豆腐的食用在宋代已很普遍。南宋时，著名诗人杨万里在《豆卢子柔传》中以拟人的笔法介绍了豆腐的身世：

腐，谐音鲋；豆卢子，名腐（鲋）之，世居外黄县，由黄豆作成，色洁白粹美，味有古大羹玄酒之风。曾隐居滁山，在汉末出现，至后魏始有听说。

豆腐的名称较多，主要有"乳脂""犁祁""黎祁""盐酪"等。

如苏轼有"煮豆为乳脂为酥"的诗句,自注:"谓豆腐也。"因豆腐由豆浆加盐卤后凝结而成,故人们也称盐酪。时人说豆腐的营养作用与羊肉媲美,标其为"小宰羊"。由于豆腐价廉物美、营养丰富,因此深受人们喜爱,以至民间出现了专门的豆腐羹店,以满足人们的需要。陆游《老学庵笔记》卷1载:

嘉兴人闻人茂德,名滋,老儒也。喜留客食,然不过蔬豆而已;郡人求馆客者,多就谋之。又多蓄书,喜借人。自言作门客牙,充书籍行,开豆腐羹店。

一些商人和农户,更是将制作豆腐当作一门容易获利的行业或手段。朱熹《豆腐诗》:

种豆豆苗稀,力竭心已腐。
早知淮南术,安坐获帛布。

宋代豆腐制作的菜肴,品种较多,其中主要有东坡豆腐、豆腐羹、蜜渍豆腐、雪霞羹、煎豆腐。东坡豆腐,相传为苏轼所创。林洪《山家清供》记载了其制作方法:

豆腐,葱油煎,用研榧子一二十枚,和酱料同煮。又方,纯以酒煮。俱有益也。

雪霞羹,是用豆腐和芙蓉花烧制而成的菜肴,由于豆腐洁白似雪,芙蓉花色红如霞。林洪《山家清供》记载其制法:

采芙蓉花,去心、蒂,汤焯之,同豆腐煮。红白交错,恍如雪霁之霞，名"雪霞羹"。加胡椒、姜亦可也。

蜜渍豆腐，即以豆腐渍蜜而食。陆游《老学庵笔记》卷七载：

豆腐、面筋、牛乳之类，皆渍蜜食之，客多不能下箸。惟东坡性亦酷嗜蜜，能与之共饱。

煎豆腐，即用食用油煎制豆腐。

豆腐羹，即豆浆之类。豆浆在宋代又称"菽浆"。

除豆腐外，羹菜在宋代得到了快速的发展，异军突起。据《梦粱录》《都城纪胜》等书所载，羹类菜肴主要有：鹌子羹、螃蟹清羹、莲子头羹、百味韵羹、杂彩羹、群鲜羹、豆腐羹、江瑶清羹、青虾辣羹、虾鱼肚儿羹、虾玉鳝辣羹、小鸡元鱼羹、三鲜大熬骨头羹、笋辣羹、杂辣羹、撺肉羹、骨头羹、鸭羹、蹄子清羹、黄鱼羹、肚儿辣羹、土步辣羹、百宜羹、鱼辣羹、鸡羹、耍鱼辣羹、猪大骨清羹、杂合羹、南北羹、蛤蜊米脯羹等六十多种。这些名目繁多的羹菜，表明它在当时已经占有非常重要的地位，成为人们日常饮食中不可或缺的菜肴，甚至宫廷御宴上也少不了它，如宋理宗谢皇后做寿，酒宴上就有肚羹、缕肉羹、索粉羹等。

脯腊与腌菜是我国传统菜肴中的重要组成部分。在宋代，它与新兴的冷冻、生食鱼脍等成为冷盘菜肴的重要组成部分。据《梦粱录》记载，南宋都城临安脯腊菜肴主要有野味腊、海腊、糟脆筋、诸色姜豉、波丝姜豉、姜虾、鲜鹅鲊、大鱼鲊、鲜蝗鲊、寸金鲊、筋子鲊、鱼头酱、银鱼脯、白鱼干、金鱼干、梅鱼干、鲚鱼干、银鱼干、紫鱼螟脯丝等，许多已成为筵席上的珍品食物。如绍兴年间，宋高宗赵构巡幸清河郡王张俊府第，张俊设宴招待，筵席上就置有线肉条子、皂角脡子、云梦䶈儿、虾腊、肉腊、奶房、旋鲊、金山咸豉、酒醋肉、肉瓜齑这十味脯腊。

冷冻菜肴在宋代也迅速推广开来，品种主要有冻蛤蜊、冻鸡、冻三鲜、冻石首、三色水晶丝、冻三色炙、冻鱼、冻鲞、冻肉等十多种，极大地丰富了人们的饮食生活。

（三）点心小吃

"点心"一词出现于唐代，至南宋时，吃点心之风已经非常流行，点心小吃的食品更是名目繁多。灌园耐得翁《都城纪胜·食店》记载：

> 市食点心，凉暖之月，大概多卖猪羊鸡煎炸、鱿划子、四色馒头、灌脯、灌肠、红燠姜豉、蹄子肘件之属。夜间顶盘挑架者，如鹌鹑馉饳儿、焦锤、羊脂韭饼、饼餤、春饼、旋饼、澄沙团子、宜利少、献糍糕、炙豝子之类。

吴自牧的《梦粱录》更是记载了点心小吃一百余种。林洪《山家清供》记载了一个名为"广寒糕"的点心，其文说：

> 采桂英，去青蒂，洒以甘草水，和米舂粉，炊作糕。大比岁，士友咸作饼子相馈，取"广寒高甲"之谶。又以

明·吕纪《桂菊山禽》

宋·佚名《殿试图》

采花略蒸，曝干作香者，吟边酒里，以古鼎然之，尤有清意。童用珇师禹诗云："胆瓶清气撩诗兴，古鼎余葩晕酒香。"可谓此花之趣也。

"广寒糕"实际上就是桂花糕。用桂花与米粉制作而成的糕饼想来也香气扑鼻，让人胃口大开。不过，使这种糕点大为流行的原因主要还是具有"蟾宫折桂"的含义。对于旧时的读书人来说，每一次科考都是彻底地改变人生的最好机会，在此关头，如能有个好兆头，有点儿吉祥的话，自然是再开心不过的事情，也寄予了许多美好的祝愿。正因为如此，每当科考之年，应试者及其亲属友人，都要用"广寒糕"相互赠送，取广寒高中之意。

这种现象其实现在也很普遍，比如临近高考时，许多餐饮酒店纷纷推出许多十分"吉祥"的食品，比如"状元饼""状元菜"，炒里脊改称"金榜题名"，清炒百合芦笋改称"百尺竿头"，莼菜、枸杞、白果汤心叫"步步高升"，虽然名目不一，但祈福之心，古今一理。

五代十国·南唐·顾闳中《韩熙载夜宴图》

四　饮食上的奢侈之风

宋徽宗赵佶和他的统治集团在开封过着醉生梦死的生活，丢掉了大好河山，宋室南渡后，贵族大臣在饮食上的奢侈之风更盛。以奸相秦桧为例，据说他举办家宴的费用，甚至超过了宋高宗赵构举办的宫内宴会十多倍，可见其奢侈到了何等地步。而赵构在清河郡王张俊家所享受的高档供享，更是穷奢极侈的饮食生活的典型。

绍兴二十一年（1151年）十月，赵构御驾亲临张俊府邸，张俊办了一桌盛宴招待，其奢侈到了无以复加的程度。周密《武林旧事》卷九对此作了详细的记载。

其中仅皇帝席桌上的菜肴就达二百多道，且数十道是名菜，如花炊鹌子、荔枝白腰子、奶房签、三脆羹、羊舌签、萌芽肚胘、肫掌签、鹌子羹、肚胘脍、鸳鸯炸肚、沙鱼脍、炒沙鱼衬汤、鳝鱼炒鲎、鹅肫掌汤齑、螃蟹酿枨、奶房玉蕊羹、鲜蹄子脍、南炒鳝、洗手蟹、鯚鱼假蛤蜊、五珍脍、螃蟹清羹、鹌子水晶脍、猪肚假江鳐、鰕枨脍、鱼汤、水母脍、二色茧儿羹、蛤蜊生血粉羹等。

此外，还包括数十道果品和蜜饯、糕饼之类的食品，令人眼花缭乱，垂涎不已。

不仅宗戚大臣如此，普通官员也竞相以此为尚。南宋洪迈《夷坚志》一书记载了这样一个故事：绍兴二十三年（1153年），镇江有一个酒官，愚呆成性，天天请客，饮食极为刁钻。同僚设家宴请他，却从家中自带饮酒器具前往赴宴，这样做的目的，无非炫耀自己富有、高贵。他曾让工匠定制了十余桌酒具，由于漆色与他要求的稍微有点儿差距，竟然将这些器具全都砸碎了。

这些官吏在官场上迎来送往，出手极为阔绰，食必山珍海味，酒必是佳酿，即使是饮酒器皿，也务必是高档金银器具和名贵的瓷器。因此每举行一次宴会，耗费达二万钱以上。如果是上级官员光临，花费则更是巨大。

"官二代""官三代"们也都是穷奢极欲，极力追求食品，过着酒池肉林、醉生梦死的生活，差不多每月都要举行几次宴饮活动。周密《武林旧事》卷十《张约斋赏心乐事》记载，出身权贵之家的张镃，其家一年四季的饮食活动如下：

正月孟春：岁节家宴，立春日迎春春盘，人日煎饼会。

二月仲春：社日社饭，南湖挑菜。

三月季春：生朝家宴，曲水流觞，花院尝煮酒，经寮斗新茶。

四月孟夏：初八日亦庵早斋，随诣南湖放生，食糕糜，玉照堂尝青梅。

五月仲夏：听莺亭摘瓜，安闲堂解粽，重午节泛蒲家宴，夏至日鹅脔，清夏堂赏杨梅，艳香馆尝蜜林檎，摘星轩赏枇杷。

六月季夏：现乐堂尝花白酒，霞川食桃，清夏堂赏新荔枝。

七月孟秋：丛奎阁上乞巧家宴，立秋日秋叶宴，应铉斋东赏葡萄，珍林剥枣。

八月仲秋：社日糕会，中秋摘星楼赏月家宴。

九月季秋：重九家宴，珍林尝时果，景全轩尝金橘，满霜亭尝巨螯香橙，杏花庄笤新酒。

十月孟冬：旦日开炉家宴，立冬日家宴，满霜亭赏蜜橘，杏花庄挑荠。

十一月仲冬：冬至节家宴，绘幅楼食馄饨，绘幅楼削雪煎茶。

十二月季冬：家宴试灯，二十四夜饧果食，除夜守岁家宴。

至于红白喜事，会亲、赛会、献神、仕宦、恩赏等活动，更是要操办丰盛的宴会，极尽铺张浪费。特别是都城杭州，更是有"销金锅儿"的称号。

达官贵人的奢侈消费，不仅体现在饮食上，还体现在对时鲜食

宋·佚名《香实垂金图》

品的追求上。南宋皇亲国戚在二月一日"中和节"后的次日，有挑菜的风俗。

《武林旧事·挑菜》记载：

二月一日，谓之"中和节"，……二日，宫中排办挑菜御宴。先是，内苑预备朱绿花斛，下以罗帛作小卷，书品目于上，系以红丝，上植生菜、荠花诸品。俟宴酬乐作，自中殿以次，各以金篦挑之。后妃、皇子、贵主、婕妤及都知等，皆有赏无罚。以次每斛十号，五红字为赏，五黑字为罚。上赏则成号真珠、玉杯、金器、北珠、篦环、珠翠、领抹，次亦铤银、酒器、冠镯、翠花、缎帛、龙涎、御扇、笔墨、官窑、定器之类。罚则舞唱、吟诗、念佛、饮冷水、吃生姜之类。用此以资戏笑。王宫贵邸，亦多效之。

达官贵人同样如此，"凡饮食珍味，时新下饭，奇细蔬菜，品件不缺"，购买这些刚上市的时令菜，价格当然会十分昂贵。

当然，南宋饮食的奢侈性，主要是指那些有钱人，至于普通老百姓，仍然是过着吃了上顿愁下顿的生活。

五　南宋女厨很吃香

南宋流行女厨师，出土的宋墓壁画与雕砖文物，也可以证明宋代盛行女厨的社会风气，宋代墓画有不少以备宴为题材的图画，厨房里都是女厨操刀。

河南登封黑山沟宋墓出土的壁画中，有一幅《备宴图》，画的是两位厨娘在准备宴席。郑州新密下庄河宋墓壁画《庖厨图》，画的也是女厨师备宴的情景。登封高村出土的宋墓壁画《烙饼图》更是生动，画的是三名厨娘在做烙饼。

中国最早入史的宫廷女厨就是两宋之交的一名厨娘。

据《春渚纪闻》记载，宋高宗赵构宫中有一位随驾南下的女厨刘氏。当赵构还是藩王的时候，她便在王府做菜。宫里的规定，主理御厨的五品官"尚食"只能由男人出掌，但刘氏烹制的菜肴太出色了，兼能逢迎皇帝心意，宫人便称她为"尚食刘娘子"。不但皇宫中有"尚食娘子"，大富大贵之家也以聘请女厨师烧菜为时尚，市井中经营私房菜的饭店，也颇多手艺高超的厨娘。

究其原因，厨娘是宋代女伎之一种。南宋人廖莹中在《江行杂录》中描述：

京都中下之户，不重生男，每生女则爱护如捧璧擎珠，甫长成，则随其姿质教以艺业，用备士大夫录用采拾，名目不一。有所谓身边人、本事人、供过人、针线人、堂前人、拆洗人、琴童、棋童、厨娘，等级截乎不紊，就中厨娘最为下色，终非极富贵之家必不可用。

"最下色"的厨娘都能在职场上大放异彩，以至京都的小户人家出现重女轻男的现象，期盼女儿初长时，父母便教给她们某种技艺，以待富贵人家聘请。

宋朝厨娘的气度与厨艺到底生成什么样子呢？举个例子吧！

宋人洪巽《旸谷漫录》中记载了这样一个故事。宝祐年间，有一位州官出身贫寒，当了两任地方官，家中积累了一些资产，开始厌恶原先的粗茶淡饭，也想像达官贵人一样享受一下。想起曾经在某位官员处吃了一顿饭，他们家就有一个京都厨娘，做出的菜肴味道极好。恰恰有一个朋友前往杭州办事，便托他在京都物色一位厨娘，费用无需计较。

不久，朋友来信："人已经找到，这位京都厨娘年纪二十岁，相貌和才艺都很好，很快便可到府上为你服务。"

不到二个月，这位京都厨娘来了，但派头十足，快到主人家时，先派一个脚夫给州官送信，请他派专车相迎，这样才不致损了大人的面子。

州官不敢怠慢，派人抬轿子去接，进门之后，太守见厨娘举止大方，知书识礼，气质优雅，很是满意。

过了几日，州官准备请几位朋友来家里吃顿饭。厨娘的积极性很高，急着想展示一下自己的厨艺。州官说明日不是大宴，不用太铺张，做几道家常小菜就可以了。厨娘于是先给太守拟了一份菜谱，写下所用食材，其中："羊头签"五份，合用羊头十个；葱齑五碟，合用青葱五十斤……

"羊头签"是流行于宋朝的"签菜"。羊头签是什么东西？是用猪网油将羊头肉卷起来，热油炸得焦黄，大笊篱捞出，便是极美味的"羊头签"。但这厨娘做五份"羊头签"，所用食材却需要十个羊头。而作为配菜的五碟葱蒜，竟需五十斤青葱，这也太不合常理了吧。

偃师酒流沟宋墓厨娘砖刻拓片

州官看了厨娘列出的物料清单,心中疑惑,因为这些物料的用量,远远超出了平常厨师所需要的量,然而,他并没有指出来,以免厨娘说他小气,于是便同意了,让厨娘去办理,同时派人暗暗监视。

次日,厨师告诉厨娘,说物料已经备齐。

于是,厨娘拿出她的工具箱,取出全套厨具:锅、铫、盆、杓、汤盘等,命小婢先拿到厨房去。这些厨具都是白银打造,璀璨耀目,价格昂贵。其他如刀砧杂器,也都非常精致,旁观者惊叹不已。

厨娘挽起袖子,穿上围裙,开始切羊肉,出手敏捷,果然是身怀绝技。

厨娘选料,一个羊头只"剔留脸肉",其他部位的肉全都扔在地上,弃之不用。

帮厨的伙计问:"这些都不要了?"

厨娘回答说:"羊头除两块脸肉可做'羊头签',其他部位的都不是贵人吃的碎料。"

帮厨的伙计觉得厨娘这样做太浪费了,因为羊肉在当时被称为大补品,普通人家一年也难得吃一次。于是,他将厨娘丢弃的羊肉捡放在一边,准备稍后带回去。

厨娘看见了这些下人的小动作,讽刺地说:"你们真是捡吃的狗子啊!"

大家心里虽然很生气,但也不敢说什么,他们被厨娘的气势镇住了。

厨娘剔好羊头肉,又准备做第二道菜,她取过葱,放在沸水中烫一烫,然后去掉须叶,按碟子的大小,分寸切断葱根。

晚宴上,将"羊头签"和"葱齑"摆出来,果然是色、香、味俱全,州官宴请的客人吃得直咂舌头,称赞菜肴味道鲜美。

撤席之后,厨娘整理了一下衣装,向州官说:"今日试厨,得到了大家的赞赏,希望大人能按惯例支付赏钱。"

州官从来没有碰到这样的事情，心里很不高兴，正在犹豫之际，厨娘从囊中掏出几幅纸片，呈给州官说："这是我以前在某官处主厨时所得的赏赐清单，大人看了便知。"

州官接过，见上面所记赏赐数目都是二三百贯。不愿意被别人比下来，只好破费给了厨娘赏钱。

事后，州官找个理由，将那厨娘送走了，私下里跟朋友说："吾辈势力单薄，此等酒筵不宜常设，此等厨娘不宜常用！"

宋朝这种顶级厨娘的手艺，我们今天是品尝不到了。不过，南宋吴中有一位吴姓厨娘，留下一本《吴氏中馈录》，里面记录了多种宋朝名菜的烹饪手法，我摘录几条，你要是有兴趣，不妨试做来吃，虽然比不上高标准的"羊头签"，但也绝不差于扬州炒饭：

洗手蟹

用生蟹剁碎，以麻油先熬熟，冷，并草果、茴香、砂仁、花椒末，水姜、胡椒俱为末，再加葱、盐、醋，共十味入蟹内拌匀，即时可食。

炉焙鸡

用鸡一只，水煮八分熟，剁作小块。锅内放油少许，烧热，放鸡在内略炒，以锭子或碗盖定，烧及热，醋、酒相半，入盐少许，烹之。候干，再烹。如此数次，候十分酥熟，取用。

风干鱼

用青鱼、鲤鱼，破去肠胃，每斤用盐四五钱，腌七日，取起，洗净拭干。腮下切一刀，将川椒、茴香加炒盐擦入腮内并腹里，外以纸包裹，外用麻皮扎成，挂于当风之处。腹内入料多些，方妙。

六　诗情画意的节令食品

市井生活丰富多彩的南宋人，对时令节日的热情似乎更高涨。

从北宋的《东京梦华录》到南宋的《梦粱录》《武林旧事》《岁时广记》，都记载了节日时的盛况，而在特定的节日里食用某种食品，也是当时欢庆节日的重要内容。

南宋人的节庆生活，首先要提的一个节日——元宵节，也叫上元节。

元宵节是南宋人最看重、也是最热闹一个节日，每年的元宵节，花市中灯如昼的夜晚，人们盛装打扮，尽情狂欢，热闹的场景让文人墨客津津乐道，因为他们身在其中，或怀着"月上柳梢头，人约黄昏后"的期盼，经历着"众里寻他千百度，蓦然回首，那人却在，灯火阑珊处"的心动。这些缠绵悱恻之外，雅俗兼顾的他们，还会惦记着一种吃食——圆子。

许多文人墨客，也为圆子留下了美好的词句：

鹧鸪天·咏圆子
南宋·王千秋

翠杓银锅饷夜游。万灯初上月当楼。溶溶琥碧流匙滑，璨璨玼珠著面浮。

香入手，暖生瓯。依然京国旧风流。翠娥且放杯行缓，甘味虽浓欲少留。

人月圆·咏圆子
南宋·史浩

骄云不向天边聚，密雪自飞空。佳人纤手，霎时造化，珠走盘中。

六街灯市，争圆斗小，玉碗频供。香浮兰麝，寒消齿颊，粉脸生红。

在月华灯光之下的热闹街头，卖汤圆的姑娘心灵手巧，雪白的糯米粉在她的手中像变魔术一样，一个个珠子般可爱的圆球，从她的手中冒出来，一碗碗美味的圆子，可供人享用了。人们买上一碗甜香润滑的汤圆，舀一个送进嘴里，那种快感，真的是难以言状啊！南宋人的圆子，就是现在元宵节依然盛行的元宵。

圆子，又称"汤圆""汤团""浮元子"，据传，汤圆起源于宋朝。当时的明州（浙江省宁波市）兴起的一种新奇食品，即用黑芝麻、猪板油做馅儿、加入少许白糖，外面用糯米粉搓成圆形，煮熟后，吃起来香甜软糯，回味无穷。同时，汤圆象征合家团圆美满，吃汤圆也意味着在新的一年里阖家幸福、团团圆圆，所以是正月十五元宵节必备美食。

史浩《粉蝶儿·咏圆子》一词，详细地说到了元宵的制作：

玉屑轻盈，鲛绡霎时铺遍。看仙娥、骋些神变。咄嗟间，如撒下、真珠一串。火方然，汤初滚、尽浮锅面。歌楼酒垆，今宵任伊索唤。那佳人、怎生得见。更添糖，拼折本、供他几碗。浪儿门，得我这些方便。

轻盈雪白的糯米粉铺在了纱布上，做元宵的人手起手落之间就搓好了个个圆润可爱的圆子，然后撒进汤锅内，点上火，待汤一沸腾，圆子纷纷浮上水面。佳人买回圆子，加上糖之后，就可以好好享用了。

元宵之后是端午节。这是一个很有意思的节日，五月初一就开始热闹起来了。

这一天，学士院的官员写诗词贴出来烘托节日气氛，宫中也大摆宴席，餐桌上摆着用艾草扎成的老虎，以及造型精美的糖果和粽子。

殿堂更是被好一番装饰，周围摆满了大金瓶，里面插着葵花、石榴花、栀子花等，芬芳四溢。皇帝广施恩泽，给皇后、妃嫔送礼物，诸如香囊、金丝翠扇、钗符、佩带、紫练之类。

在官员贵族之家，虽然没有宫廷的奢华铺张，但布置起来也颇为用心。他们将粽子堆成亭台楼阁的形状，吃粽子玩儿花样；还用白心红边的罗布写上诗词，与艾草扎的人偶一起挂在大门门楣上，以祈福辟邪。

在民间，百姓佩戴着寺庙道观赠送的符箓，在家门口各设一口大盆，里面种着艾草、菖蒲、葵花，其上还挂着五色纸钱和点心粽子，即便是最穷苦的人家，这些礼俗也不会落下。

从初一到初五，宋朝百姓都沉浸在端午节的氛围里，这几天，街市上一片欢腾，叫卖声至五更不绝。

诗人陆游曾写《乙卯重五诗》描述南宋的端午节：

重五山村好，
榴花忽已繁。
粽包分两髻，
艾束著危冠。
旧俗方储药，
羸躯亦点丹。
日斜吾事毕，
一笑向杯盘。

端午节有两个重要的内容，一是吃粽子，二是游玩。这一天，杭州西湖周边游人如织，摩肩接踵，湖中游船往来，帆影点点，热闹非常。

关于粽子，《岁时杂记》载：

端午粽子名品甚多，形制不一，有角粽、锥粽、菱粽、筒粽、秤槌粽，又有九子粽。

端午因古人筒米而以菰叶裹黏米，名曰角黍相遗俗作粽，或夹之以枣、或以糖，近年又加松、栗、胡桃、姜、麝香之类。近代多烧艾灰淋汁煮之，其色如金。

《中馈录》亦载：

用糯米淘净，夹枣、栗、柿干、银杏、赤豆，以茭叶或箬芫裹之。一法以艾叶浸米裹，谓之艾香粽子。

粽子是用糯米做成，人们一般会用荷叶、艾叶、竹叶等来包粽子，取其清香和消暑解毒的功效，不过，也有特殊的：

望海潮·彩筒角黍
　　无名氏
彩筒角黍，兰桡画舫，佳时竟吊沅湘。古意未收，新愁又起，断魂流水茫茫。堪笑又堪伤。有临皋仙子，连璧檀郎。暗约同归，远烟深处弄沧浪。……

清·徐扬《端阳故事图》之《裹角黍》

南北朝时吴均的《续齐谐记》里也有这样的记载：

屈原以五月五日投汨罗，楚人哀之，每至此日，以竹筒贮米祭。

今市俗置米于新竹筒中蒸食之，亦云筒粽。

上词说的筒状角黍，应该就是筒粽了，说"彩"字，是因为上面系着五色丝线，赵必𤩞的宋词《满江红》也提到这一点：

如此风涛，又断送、一番蒲节。何处寄、黍筒彩线，龙馋蛟啮。已矣骚魂招不返，兰枯蕙老余香歇。俯仰间、万事总成陈，新愁结。
梅子雨，荷花月。消几度，头如雪。叹英雄虚老，凄其一映。回首百年歌舞地，胥涛点点孤臣血。问长江、此恨几时平，茫无说。

苏东坡《端午帖子词》就说"不独盘中见卢桔，时于粽里得杨梅"，张耒的《失调名·端午》一词也写道："水团冰浸砂糖裹，有透明角黍松儿和。"

角黍透明是因为糯米蒸熟后有一种光泽，几近透明。"松儿和"是说里面掺了松栗，这样吃的口感当然更好。这里还讲了水团，范成大的《吴郡志·风俗》记载："重午以角黍、水团、彩索、艾花、画扇相饷。"

宋人陈达叟的《本心斋蔬食谱》记载有水团的做法："秫粉包糖，香汤浴之。"

用高粱粉包裹糖团，然后用加了香料的汤煮熟，这和元宵的做法是一样的。

端午的菖蒲酒也是南宋人必备的饮食之一。

失调名
北宋·张耒
菖蒲酒满劝人人，愿年年欢醉。偎倚。把合欢彩索，殷勤寄与。

杏花天（豫章重午）

南宋·侯置

宝钗整鬓双鸾斗。睡未醒、熏风襟袖。彩丝皓腕宜清昼。更艾虎、衫儿新就。

玉杯共饮菖蒲酒。愿耐夏、宜春厮守。榴花故意红添皱。映得人来越瘦。

跟吃粽子有历史典故不同，喝菖蒲酒更多是出于保健的目的。端午正值天气炎热之时，饮用菖蒲酒可以杀菌、开窍、理气、祛湿，对身体很有好处，所以也成为端午节风俗的一个重要内容。

端午节过后的传统节日是八月十五的中秋节。宋朝时的中秋节有赏月、赏桂、观潮、赏灯、吃月饼、饮酒赋诗等习俗。

"月饼"一词最早应见于南宋时吴自牧的《梦粱录》。吴自牧是钱塘人，宋朝灭亡以后，他编写了《梦粱录》回忆南宋都城临安的城市面貌及繁华盛景。《梦粱录》里中秋节的部分读来令人神往：

此际金风荐爽，玉露生凉，丹桂香飘，银蟾光满。王孙公子、富家巨室，莫不登危楼，临轩玩月。或开广榭，玳宴罗列，琴瑟铿锵，酌酒高歌，以卜竟夕之欢。至如铺席之家，亦登小小月台，安排家宴，团围子女，以酬佳节。

正如欧阳修《沧浪亭》诗云"清风明月本无价"，"陋巷贫窭之人，解衣市酒，勉强迎欢，不肯虚度"。中秋节夜晚，"天街买卖，直至五鼓，玩月游人，婆娑于市，至晓不绝"。

中秋赏月的活动大约始于风雅的魏晋时期，最初是文人兴起，

到唐宋时已非常兴盛,扩展到了民间。孟元老的《东京梦华录》里写到了北宋京都中秋节赏月的盛况:

中秋节前,诸店皆卖新酒,重新结络门面彩楼花头,画竿醉仙锦旆。市人争饮,至午未间,家家无酒,拽下望子。是时螯蟹新出,石榴、榅勃、梨、枣、栗、葡萄、弄色枨橘,皆新上市。

中秋夜,贵家结饰台榭,民家争占酒楼玩月。丝篁鼎沸,近内庭居民,夜深遥闻笙竽之声,宛若云外。闾里儿童,连宵嬉戏。夜市骈阗,至于通晓。

宋人金盈之的《醉翁谈录》也记载了许多宋代京城风情。其中写到了中秋拜月的风俗:"京师赏月之会,异于他郡。倾城人家子女,不以贫富,自能行至十二三,皆以成人之服服饰之。登楼或于中庭焚香拜月,各有所期。男则愿早步蟾宫,高攀仙桂,……女则愿貌似嫦娥,圆如皓月。"不过,在广东潮汕各地,有"男不圆月,女不祭灶"的俗谚,中秋拜月多是女人和小孩儿做的事情。

周密的《武林旧事》里记述了南宋时临安的山水名胜、人文古迹、城郭宫殿、皇家园林,也有城市景观、市肆商品、娱乐活动和世情风物。其中为我们所熟悉的一篇,就是《观潮》:

浙江之潮,天下之伟观也。自既望以至十八日为最盛。方其远出海门,仅如银线;既而渐近,则玉城雪岭际天而来。……江干上下十余里间,珠翠罗绮溢目,车马塞途,饮食百物皆倍穹常时,而僦赁看幕,虽席地不容间也。

在古代浙江一带,观潮也是中秋时的一个重要风俗。《梦粱录》中也有观潮记载:

每岁八月内,潮怒胜于常时,都人自十一日起,便有观者;至十六、十八日倾城而出,车马纷纷。十八日最为繁盛,二十日则稍稀矣。

宋朝的中秋之夜,还有赏灯的习俗,与元宵节的大型灯会不同,中秋节主要是放水灯。《武林旧事》记载:此夕浙江放"一点红"羊皮小水灯数十万盏,以期得到江神的保佑,小河灯浮满水面,烂如繁星,令人叹美。至于皇宫中,更有繁华盛景:"禁中是夕,有赏月延桂排当,如倚桂阁、秋晖堂、碧岑,皆临时取旨,夜深天乐直彻人间。御街如绒线、蜜煎、香铺,皆铺设货物,夸多竞好,谓之歇眼。灯烛华灿,竟夕乃止。"简直如仙界一般。

宋代文人赏月,有更多的感伤。苏轼《阳关曲·中秋月》:

暮云收尽溢清寒。银汉无声转玉盘。此生此夜不长好,明月明年何处看。

辛弃疾在《太常引·建康中秋夜为吕叔潜赋》里感叹:

一轮秋影转金波,飞镜又重磨。
把酒问姮娥:被白发、欺人奈何?乘风好去,长空万里,直下看山河。
斫去桂婆娑,人道是、清光更多。

赏月、赏桂、观潮、赏灯、吃月饼,是中秋节的传统习俗。苏东坡有一首《留别廉守》的诗:

编萑以苴猪,瑾涂以涂之。
小饼如嚼月,中有酥与饴。

悬知合浦人，长诵东坡诗。

好在真一酒，为我醉宗资。

"小饼如嚼月，中有酥与饴"一句，经常被作为介绍月饼的诗句。形状如月说明它圆，用油糖说明甜馅而已，并不能推证是中秋十五所食的月饼。

按时间上看，苏轼生活在北宋，而在宋钦宗、宋高宗时任要职的郑望之所写的《膳夫录》中记载"汴中节食"中只说"中秋玩月羹"。即宋朝起码到南宋初期的中秋，特色食物是玩月羹，与后世是不同的。宋代《吴氏中馈录》中甜食一块也无月饼记录的。

"月饼"一词最早应见于南宋时吴自牧的《梦粱录》，但未见于中秋饮食的描述。

中秋之后，又一个重要节日——重阳节。

九月九日重阳节，登高，簪菊，插茱萸，秋日的浪漫气息弥漫开来。登高自然是为了望远，或怀念亲人，或舒阔胸怀。

在这个节日都要喝菊花酒，这也是老传统了：

清平乐

南宋·石孝友

天涯重九。独对黄花酒。醉捻黄花和泪嗅。忆得去年携手。

去年同醉流霞。醉中折尽黄花。还是黄花时候，去年人在天涯。

重阳正是菊花怒放时节，赏菊之余，酿一瓮菊花酒再好不过了，从保健角度来说，菊花酒有明目、降血压的功效。当然，这时最易起怀乡思人之感，如王维的"独在异乡为异客，每逢佳节倍思亲。遥知兄弟登高处，遍插茱萸少一人"，正是诗人怀念亲人时的感怀。

饮酒的人通常是借酒抒怀的。

重阳节里特别的吃食是用米做成的糕，这是沿袭古风了。因为九月新黍成熟了，加上"糕"不但呼应重九登高，还寄寓了美好的愿望。这个风俗在南宋也很盛行：

旧日重阳日。……糕诗酒帽茱萸席。算今朝、无谁不饮，有谁真得。（魏了翁《贺新郎·九日席上呈诸友》）

行乐尤宜少。忆坡公、洞箫听罢，划然长啸。四海共知霜鬓满，莫问近来何妙。也不记、金莲曾照。老没太官糕酒分，把茱萸、便准登高了。齐得丧，等嘻笑。……（刘克庄《贺新郎·五用韵·读坡公《和陶诗》，其九篇为重九作，乃叙坡事而赋之》）

在插上茱萸的酒席上，吃着米糕，饮着菊花酒，吟诗赋对，颇有重阳意趣，如果酒席设在山上，那意境就更浓了。南宋人对菊花的喜好真是非同一般，除了赏菊，饮菊花酒，还要做成菊花糕，王迈有《南歌子·谢送菊花糕》一词：

家里逢重九，新篘熟浊醪。弟兄乘兴共登高。右手茱杯、左手笑持螯。

官里逢重九，归心切大刀。美人痛饮读离骚。因感秋英、饷我菊花糕。

这几乎把重阳节俗都占全了，登高、饮酒、赏菊、吃糕，还有品蟹。秋天最是螃蟹肥美时，最会享受的南宋人，怎么可能放过这样的美味呢？于是，在重阳节的筵席上，经常会出现"横行将军"的影子：

凤箫吟·和彦时兄重九

北宋·王之道

……

相逢。行藏休借问,且徘徊、目送飞鸿。十年湖海,千里云山,几番残照凄风。蟹螯粗似臂,金英碎、琥珀香浓。请细读离骚,为君一饮千钟。

尾犯·重九和刘随如

南宋·赵以夫

……

黄花长好在,一俯仰、节物惊换。紫蟹青橙,觅东篱幽伴。感今古、风凄霜冷,想关河、烟昏月淡。举杯相属,殷勤更把茱萸看。

一落索(九日)

南宋·方岳

瘦得黄花能小。一帘香杳。东篱云冷正愁予,犹幸是、西风少。叶下亭皋渺渺。秋何为者。无钱持蟹对黄花,又孤负、重阳地。

肥厚鲜美的蟹腿,配着菊花醇酒,实在是一种美的享受。可方岳囊中羞涩,虽然可以赏菊,却无蟹可吃,感觉辜负了这个节日。

南宋人雅俗兼顾的生活品位,出尘入世的完美结合,让人感佩和向往。

七　叫卖是一门艺术

京城除了御街及两侧中心城区密集的大小酒店食铺,四厢还有走街串巷的叫卖、专卖各类食品的小贩,他们不停地游走叫卖,当时称这种叫卖方式为"盘卖"。

贩卖形式，有的是头顶食盘、有的手托或手提食盒、有的是肩挑担子或食架、有的手推车载。

叫卖的食品有：新鲜的肉食品、水产品、腌腊制品；时果、干果；熟食品；小吃点心；热饮、冷饮；以甜食为主的儿童食品。后三类统称为"市食"。

由于高宗赵构曾经"宣唤买市"，从小贩手里购买食品，此后各位帝王仿此做法，成为一种常例，使京城卖市食的小贩格外小心，担心自己售卖的食品不干净，一旦被宫里的人买走，便会惹来灭门之祸，所用工具如车盖担架都装饰一新，打扮得花花绿绿，盛食品的器具如盘、盒、杯、碟、筷，都擦拭得干干净净，使得这些移动的摊位，成为京城一道亮丽的风景。

据《梦粱录》卷十三记载，挑担售卖：

副食品与食材：水产品有江鱼、石首、鳗鱼、鲚鱼、鲫鱼、白蟹、河蟹、田鸡等；肉禽类有生熟猪羊肉、鸡、鸭、鹅及腌腊品鱼干儿、酱鸭等；干鲜菜类有干菜、萝卜干儿、菜蔬、姜葱等。

名点小吃类食品：煎白肠、羊鹅事件、血脏羹、羊血、粉羹。冬卖五味肉粥、七宝素粥，夏卖义粥、馓子、豆子粥、蒸饼、烧饼、糍糕、雪糕等。

以地段论：早市有六部前丁香馄饨，孝仁坊水晶红白烧酒。

夜市叫卖的食品：

孝仁坊皂儿膏、澄少团子、乳糖浇；

寿安坊十色沙团，众安桥澄沙膏、十色花花糖；

市西坊蚫螺滴酥，观桥大街豆儿糕、轻饧；

太平坊麝香糖、密糕、金铤裹蒸儿；

太庙巷口杨梅糖、杏仁膏、薄荷膏、十般膏子糖；

内前杈子里卖五色法豆；

通江桥卖雪泡豆儿、水荔枝膏；

中瓦子前卖十色糖、香茶异汤；

狮子巷口熬耍鱼，罐里熬鸡丝粉，七宝科头；

中瓦子武林园前煎白肠、肠，灌肺岭卖轻饧；

五间楼前卖余甘子、新荔枝，木檐市西坊卖焦酸馅、千层儿；

又有沿街头盘叫卖姜豉、膘皮子、炙椒、酸儿、羊脂韭饼、糟羊蹄、糟蟹；

又有担架子卖香辣罐肺、香辣素粉羹、腊肉、细粉科头、姜虾、海蛰鲊、清汁田螺羹、羊血汤、糟蟹、海蛰、螺头等。

其余桥道坊巷，亦有夜市扑卖果子糖等物。

这些流动小贩"顶盘担架卖市食，至三更不绝。冬月虽大雨雪，亦有夜市盘卖"，以适应夜市场人们的需要。

小商小贩们争相叫卖自己的食品，并由此而催生了"吆喝"文化，商贩们不仅个顶个的好嗓子，还有即兴填词唱作的本领。大家一定好奇，商贩们是如何叫卖的呢？宋徽宗赵构《宫词》中有这样的句子：

娇云溶漾作春晴，
绣毂清风出凤城。
帘底红妆方笑语，
通衢争听卖花声。

这里说的是开封城的叫卖声。宋人管这些叫卖声叫"吟叫百端"，张世南《游宦纪闻》称："宣和间，市井竞唱和韵令。"

翻开吴自牧的《梦粱录》，书中所记载的商贩们似都是商市上的行吟者，那些卖熟肉的行贩，"沿门歌叫熟食：爊肉、炙肉、爊鹅、熟羊……"从初一到端午，那些推销节庆物品的杭州小贩"自隔宿及五更，沿门唱卖声，满街不绝"。

《都城纪胜》"食店"条载："夜间顶盘者，如遍路歌叫，都人固自为常，若远僻土之人乍见之，则以为稀遇。"

传入宋人耳畔中的叫卖声当中，那种只靠"大声公"或"嗓叫子"，而不具音韵美和节奏感的口头叫卖声只是噪声，算不上有技术含量的吟叫百端。

《事物纪原》中说："（宋代）京师凡卖一物，必有声韵，其吟哦俱不同。"经过一个多世纪的演进，南宋商贾已将吟叫百端升华成一种艺术化的声音广告。《梦粱录》中说：

今街市与宅院，往往效京师叫声，以市井诸色歌叫卖物之声，采合宫商成其词也。

南宋词人王嵎《夜行船》中的"天籁雅韵"，准是指那种说得比唱得好听的卖花声。卖饧声和卖花声一样同为最得诗家词人青睐的吟叫题材。饧糖即为麦芽糖，自东汉始，卖饧糖的小贩便使用箫为响器，吹奏空灵悠远的箫曲，招引顾客。卖饧吹箫似是春暮的节物，北宋宋祁诗《寒食假中作》吟道："草色引开盘马地，箫声催暖卖饧天。"南宋陆游《寒食省九里大墓》亦吟："陌上箫声正卖饧，篮舆兀兀雨冥冥。"叫卖声真的被宋人玩儿成了一种乐艺。

《东京梦华录·京瓦伎艺》载，开封瓦市有专演"叫果子"的文八娘，"叫果子"因艺人模拟叫卖之声而得名。周密《武林旧事》还载有专事吟叫的集社"律华社"。同书所录的吟叫名艺人有姜阿德、钟胜、吴百四、潘善寿、苏阿黑、余庆等人。古代诗歌和音乐密不可分，诗歌可吟可唱，宋代的叫卖声因而满是诗意与乐韵。卖花声更是宋词、元曲的惯见词牌、曲牌。

吆喝的好坏，直接关系到生意的好坏。杭州城办过一届仅限卖食品小贩入赛的"歌叫大奖赛"。《武林旧事·元夕》载，南宋末年：

> 京尹预择华洁及善歌叫者谨伺于外，至是歌呼竞入。既经进御，妃嫔内人而下亦争买之，皆数倍得直，金珠磊落，有一夕而至富者。

临安知府先淘选出相貌周正并擅长歌叫的人，再让他们到禁宫外恭候。准入的旨令一到，他们便托着"市食架盘"，"歌叫竞入"，他们先向皇帝汇演，然后再向妃嫔内人以下的宫人献歌。唱得好的人，盘中的"市食"便能卖出个好价，"皆数倍得直，金珠磊落，有一夕而至富者"。主办方如果不设限，卖花人笃定是夺标的大热门。古时文人多轻商，卖花却被宋人奉为赏心悦事。卖花人挑着花篮闲行里弄，吟唱姹紫嫣红的花名，他们的歌叫声似已浸满了袭人的芳香。

除了吆喝的声音要好听外，语言的腔调也要符合主流，否则是要吃亏的。南宋"行在"杭州是一座北方人占多数的城市，以开封音调为正音的官话即是本城的主流语言。杭州小贩"吟叫百端"时，若不用开封口音，就不太入流了。

吴自牧《梦粱录》载，南宋杭州"侵晨行贩"的小商小贩，唱卖"异品果蔬""时新果子""酒醋海鲜"诸物，"阗塞街市，吟叫百端，如汴京气象，殊可人意"。杭城夜市上，"更有瑜石车子卖糖糜乳糕浇，亦俱曾经喧唤，皆效京师叫声"。商贩的吟唱如只有吴侬细语，怕就要流失七八成的生意。

不同行业的小贩，有不同的唱词，卖包子的唱的就是"包子令"，卖糖水的就是"甜水令"……想象一下置身于南宋坊市之中，简直堪比音乐节，周围个个都是全能唱作人啊！

不过，走街串巷的小商贩可不仅仅只是吆喝，正如南宋风俗宝典《梦粱录》记载：

街坊以食物、动使、冠梳、领抹、缎匹、花朵、玩具等物，沿门歌叫关扑。

　　商贩们为了售出吃的喝的玩的，其使用的促销方式不外乎"歌叫关扑"。

　　"歌叫"，顾名思义，就是前文提到的叫卖，不过，此叫卖非彼叫卖，不同于现代生活的是，南宋的商贩都是用唱腔来叫卖的，经过旋律的加工，吆喝都如同唱歌一般，想象一下，不能不赞叹一句：美！

　　所谓"关扑"，就仿佛现代商场的有奖活动。比如像，抽奖转盘。小贩们会把货物摆在街头，旁边放一个特制转盘，转盘上画着各式各样的小动物，代表不同的含义。小贩转动转盘，顾客呢，则可以用飞镖去扎，扎到特定的动物，就能获得折扣。

　　北宋风俗宝典《东京梦华录》记载，饭店的伙计报菜名也像唱歌般吆喝："行菜得之，近局次立，从头唱念，报与局内。"

　　顾客点菜后，伙计转头就唱歌般报与后厨，厨师们立马颠起大勺，给顾客做菜。走街串巷的吆喝不难理解，这伙计唱菜名又是为什么呢？说到底，还是为了吸引顾客啊！一方面，唱的语速慢，报菜单的时候方便顾客听清；另一方面，唱的声音响亮，以便顾客听清有无错漏，造成麻烦。最聪明的，还是解放了伙计的双手，不用捧着小本本奔来跑去。

　　令人惊奇的是，宋朝的"唱"并不全是像我们想象的一般和缓悠扬，还有节奏明快的"古代版嘻哈"，当时的嘻哈，被叫作"口号"。虽然叫"口号"，但绝不是现代激昂的鼓励话语，而更接近于平民化的诗歌，简单来说，就是顺口溜、莲花落。比如，乞丐去店铺讨钱时这么唱：

正在走，
抬头看，
老板开家大商店，
大商店，
生意好，
一天能赚俩元宝。

  宋朝大户人家办婚礼、寿宴、上梁宴，都有专业的司仪说口号，词儿当然很俗，但是很吉利，讨个彩头。
  古代的说唱，最早可以追溯到夏朝。而宋朝盛行的此种叫卖，从市井到皇宫，哪儿都少不了轻快的叫卖声，场面实在是热闹，令人欢喜不已。这不正是中国文化的一大特色吗？

第二章 饮酒风尚

第一节 酒之缘

一 宋与酒的不解之缘

南宋社会饮酒之风盛行。周辉《清波杂志》卷6说：今祭祀、宴飨、馈遗，非酒不行。田亩种林，三之一供酿财曲蘖，犹不充甲。这种现象并非偶然，而是有它深厚的社会基础。众所周知，宋朝开国史上有一个关于"酒"的故事——杯酒释兵权。

建隆二年（961年），宋太祖赵匡胤为了加强中央集权，遂与宰相赵普一起策划了迫使各地禁军将领交出兵权的历史故事。先由赵匡胤在宫中设宴款待石守信、王审琦等一批高级将领。在他们酒兴正浓的时候，赵匡胤屏退左右，给大家讲了一段自己的苦衷：要不是大家出力帮忙，我坐不上皇帝这把龙椅，我对大家的功劳铭记在心。然而当了天子也不容易，还不如当一方诸侯的节度使快乐。说句心里话，没有一个晚上我能睡一个安稳觉啊！石守信等人听了赵匡胤的话极度恐慌，跪下叩头说：陛下为什么还说这话？今天命已定，谁还敢生异心？赵匡胤回答说：你们当然没有野心，但谁能保证你手下的人不贪图荣华富贵？一旦黄袍硬披在你们身上，到时就由不得你们了啊！于是，赵宴的几位高级将领只好向赵匡胤请求"可生之途"。赵匡胤安慰大家说："人生如白驹过隙，谁也不能长生不老，所谓好富贵者，不过是想多积一点儿金钱，过上快乐的生活。你们不如交出兵权，到地方去做个闲官，买点儿房屋，置点儿田产，给子孙留点儿家业，快活地颐养天年。从此君臣之间再无猜嫌，上下相安，不是更好吗？"就这样，赵匡胤在酒宴上不费兵刃，就将各位高级将领的兵权全部集中到自己手中。此外，赵宋统治者为了增加财政收入，攫取丰厚的酒利，极力鼓励人们饮酒取乐，于是，饮酒之风大行于世。

大宋王朝，与酒结下了不解之缘。

二　酒是专卖品

中国古代自管仲于春秋初年在齐国推行盐铁专卖政策之后，历朝历代对于有关国计民生的重要商品如盐、铁、酒、茶等，都实行专卖政策。

南宋时期，由于国家所辖区域缩小，进而导致税收人口锐减，财政收入也呈现递减趋势。政府沿袭前朝税收政策，严厉地实行榷酒制度。

南宋的酒类专卖通行三种形式：官监酒务（酒库）官营酒店，特许酒户，买扑坊场。在这里主要介绍官监酒务和买扑坊场。

南宋官府在州、府一级设置酿卖酒曲、征收酒课的机关称作都酒务，县一级称之酒务。

酒务设有两种性质的监官，一种是专掌酒权的行政管理人员，监管酿酒生产过程，另一种是专督酒课的官吏，负责征收酒税。

南宋官府酒的售卖的主要形式，由地方官府自己设立酒楼、酒店（肆）出售。由于商品经济较为发达，因而以官府酒店（楼）为轴心，在各地形成了批发零售的商业网点，即允许私商小贩或特许的酒户在官府设立的酒库、酒楼取酒分销，借以扩大酒的销售，这些私商小贩或特许的酒户，当时被称为"脚店""拍户"或"泊户"。

南宋初期，由于对金作战，军费开支剧增，于是各种以赡军为名目的酒库如雨后春笋般建立起来，其名曰赡军酒库、赡军犒赏酒库、赡军激赏酒库、回易酒库、公使酒库等。

酒库一般隶属于户部或官府诸司。军队直接经营酒库是南宋酒专卖制度中的一大特点，像抗金名将岳飞、韩世忠所部就分别经营着十数个酒库。酒库是一个酿造、批发的机构，相当于现代的国营酒厂，拍店和脚店从酒库以批发价购酒，然后拿到市场零售。一个酒库一年使用数百万乃至上千万个酒瓶，因而在酒库附近设有瓷窑，专门烧造供酒库使用的酒瓶。

临安府点检所负责管理城内外十三座酒库。

酒库，就是临安府的官办酒厂，由政府下达生产任务，"下库酿造"。卖酒所得利润，全部上交政府，用于政府军费开支与行政开支，不得挪用。

每一座酒库设两名监官，属于政府官吏，其下属"专吏"是专管业务的办事员，酒匠是技术人员，再下就是酿酒的工人。

每库设清、煮二界。清界，指的是即酿即售的低度酒。这种酒类似民间的米酒，经过沉淀后滤出的清汁，即为清酒，酒度低，酒力甚微，仅是略有酒味的饮料。

煮酒，指的是工艺复杂、耗工费时的发酵酒。冬酿春成，灌坛堆藏，至少二三年后才能启封售饮。因其以陈为佳，故被范成大命名为"老酒"。

官库除了酿酒，还自设酒楼，实行自产自销，直接经营酒肴售卖，与民争利，称为"官楼"，又名"正店"。

正店，是获得酿酒许可证的豪华大酒店，北宋朝的东京（汴梁）、西京（洛阳）、南京（今商丘）、北京（大名府）四都，才有这种特许酿酒的正店。正店不但自营酒楼，还向脚店、酒户批发成品酒。

北宋·张择端《清明上河图》中的"孙羊正店"

《清明上河图》上的"孙羊店",便是一家正店,门首右边的铺面,堆放着好多酒桶,应该是"孙羊店"对外批发的商品酒。

官库的分部称为"子库",正店的分号则叫"脚店",脚店是兼营住宿的酒店。

临安的官库与官楼如下:

东库在崇新门外,有太和楼。

西库又名金文正库,其清界库在三桥南惠迁桥畔,煮界库在涌金门外,有丰乐楼。

南库原名升阳宫库,其煮界库在社坛南,清界库在清河坊南,有和乐楼。

北宋·张择端《清明上河图》中的脚店

北库清界库在鹅鸭桥东，有春风楼，煮界库在祥符东。

中库清界库在乐坊北，有中和楼，煮界库在井亭桥北。

南上库又名银瓮子库，清界库在睦并坊北，有和丰楼，煮界库在东青门外。

南外库清界库在便门外清水闸，煮界库在嘉会门外。

北外库清界库在湖墅左家桥北，有春融楼，煮界库在江涨桥南。

西溪库清界库、煮界库都在九里松大路一字门两旁，有西楼。

天宗库清界库在天宗门内，煮界库在余杭门外上闸东。

此外，还有赤山库、崇新库、徐村库，共十三库。如钱塘门外上船亭南有钱塘正库，设先得楼。

官楼只卖上等好酒，所售卖的美食佳肴，店堂陈设的器具，以及餐饮从业人员的服务水平，自然是京城同行业中最顶尖的，如餐具全部银制。同时，店内设有歌儿舞女，随叫随到，陪侍献艺助兴。

买扑坊场。买扑也称扑买，有关"扑"字的含义，前人释为"争到日扑"或"手相搏日扑"。可见"扑"具有竞争、搏斗、下注以角胜负之意，那么据此称买扑，不外乎是承买者相互出价显于卖主之前，似力士相扑、角逐胜负之意。

买扑坊场的性质实则是一种包税制，这里的坊场，指的是酒坊酒场。南宋的"买扑"有一套严密的程序：首先，政府对酒坊进行估价，设定标底，标底通常采用以往拍卖的次高价或中位价，然后在"要闹处"张榜公告招标，说明政府拍卖的是哪一个酒坊，底价几何，欢迎有意竞买者在限期内参与投标。然后，州政府命人制造一批木柜，锁好，送到辖各县镇，凡符合资格且有意投标的人，都可以在规定的期限内，填好自己愿意出的竞买价与投标时间，密封后投入柜中。接下来，州政府公开将木柜拆封，进行评标，"取看价最高人给与"，即出价最高之人中标。最后，公示结果，"于榜内晓示百姓知委"。公示没有问题之后，政府与中标人订立合同，通常以三年为一期，承包期间，包税人即获得酿卖权，其他人不得插足，不过，包税人要按契约规定的酒课额，按期向官府交纳酒税，若不能如期交纳，将受到罚款处置。包税人经营坊场，因管理不善出现亏本或破产，则将其抵押的资产没收充公。

北宋时期经营酒坊的扑户，以豪民大户为主，南宋时期，军队和官府也以买扑者的身份承包买扑坊场，这是宋代出现的一种新的经济现象。

政府为了保障官酒课的收入，以立法的形式，严格地划分官酒的销售范围，相互不得过界超越，同时，禁地之内，一般不允许民户私酿沽卖，即别无分店，只此官府一家。这是宋代榷酒的一大特征。当然在官府的禁地之外或生产的酒不以出卖为目的，原则也是可以酿造的。宋代非商品酒的生产有三大系统：一是由官府酿造的自用酒，如法酒、御酒、公使酒等。二是由宗室、戚里和品官之家酿造的自用酒。三是乡村酿制的自用酒。

南宋私酒是一个社会问题，禁限私酒包括两个内容，一是以立法的形式，禁止官府特许或允许之外的酿沽行为。二是稽查打击业已出现的私酒活动。

据李华瑞《宋代酒的生产和征榷》记载，宋代酒税（含专卖收入）常年保持在每年一千二百万贯以上。从酒税收入可以看出，宋代酒的销售数是何其之大了。

第二节　南宋酒文化

一　青旗酒楼三百家

张择端的《清明上河图》给人深刻的印象，就是画面上的酒楼、酒肆非常多，从城外的汴河两岸，到城内的繁华大街，酒店林立。连医馆也都打上"治酒所伤真方集香丸"的广告。

如何判断图画中哪些建筑物是酒楼呢？宋代的酒楼有一个非常抢眼的标志物：迎风飘扬的酒帘。宋人笔记《容斋续笔》说：

今都城与郡县酒务，及凡鬻酒之肆，皆揭大帘子外，以青白布数幅为之。

这些酒帘通常是一面有着川字图案的旗子，上面可以不写字，也可以写上简洁的广告词。如《水浒传》里的景阳冈酒店，"挑着一面招旗在门前，上头写着五个字：三碗不过冈"。

《水浒传》第三十八回就有关于酒楼装饰的描述：正行到一座酒楼前过，仰面看时，旁边竖着一银望竿，悬挂着一个青布酒斾子，上写道："浔阳江正库"。雕檐外一面牌额，上有苏东坡大书"浔阳楼"三字。……宋江来到楼前，看时，只见门边朱江华表柱上两面白粉牌，各有五个大字，写道："世间无比酒，天下有名楼"。浔阳楼是当时江南重镇江州的一家酒楼，可以代表北宋时期城市酒楼的风貌。

《清明上河图》出现的酒帘有好几处。

宋朝酒楼还有另一个重要标志物，叫作"彩楼欢门"，即是用竹木搭成的"彩楼欢门"，亦称彩牌坊。《东京梦华录·酒楼》记载："凡京师酒店，门首皆缚彩楼欢门，唯任店入其门。"

北宋·张择端《清明上河图》上的酒帘

北宋·张择端《清明上河图》上的"彩楼欢门"

《清明上河图》上的"彩楼欢门"至少有四座之多,其中以"孙羊正店"最为豪华。

如果你走在宋朝的城市里,想喝一碗酒,看到酒帘飘扬,"彩楼欢门"耸立的地方,你就可以进去坐坐,那里必定有酒店无疑,也必定有酒喝,一壶老酒,几碟下酒菜,悠哉、闲哉,快活似神仙啊!

张择端画了那么多酒店,其实并无半点夸张。《东京梦华录》记载:"九桥门街市酒店,彩楼相对,绣旆相招,掩翳天日。"彩楼即"彩楼欢门",绣旆即酒帘。大大小小的酒店不计其数:"在京正店七十二户,此外不能遍数,其余皆谓之脚店",还列出了一串豪华大酒店的名字:樊楼、会仙酒楼、仁和店、姜店、西宜城楼、药张四店、班楼、金梁桥下刘楼、曹门蛮王家、乳酪张家、八仙楼、张八家园宅正店、郑门河王家、李七家正店、长庆楼。

南宋临安酒店业的发达程度,绝不输于北宋汴京。南宋的陈允平写了一首小诗《春游曲》:

都人欢呼去踏青,

马如游龙车如水。

两两三三争买花,

青楼酒旗三百家。

《武林旧事》《梦粱录》《西湖游览志》收录了一份杭州驰名酒楼的名单,包括和乐楼、和丰楼、中和楼、春风楼、泰和楼、西楼、太平楼、丰乐楼、先得楼等官营酒楼,以及三元楼、五间楼、熙春楼、赏心楼、花月楼、日新楼等私营酒楼。

佚名《西湖清趣图》上的酒家

当时杭州市井还流传着这样一句民谚:"欲得富,赶着行在卖酒醋。"在临安城卖酒,是市民发财致富的一条门路,杭州酒业之盛,由此可见一斑。

《西湖清趣图》是一幅描绘南宋西湖景致的长卷,上面也画出了多家酒店,我们一眼就可以看出这家是酒店,那家也是酒店,因为店门口酒旗飞扬。

宋朝的酒店大体可分为四类:一是没有酿酒权的城市酒店,北宋时称之为"脚店"。

脚店没有酿酒权，自己不能酿酒，酒店销售的酒，只能从政府的酒务或有酿酒权的正店批发。《清明上河图》中，城外虹桥附近，就有一家"十千脚店"（"十千"，其实是美酒的代称），高高的"彩楼欢门"特别引人注目。虽然是脚店，格调却不低。

二是"正店"，即获得酿酒许可证的豪华大酒店。正店不但自营酒楼，还向脚店、酒户批发成品酒。

《清明上河图》上的"孙羊店"便是一家正店，其门首右边的铺面堆放着好多酒桶，应该是孙羊店对外批发商品酒。

在东京七十二家正店中，以樊楼最为出名，不少宋话本记载的爱情故事都发生在樊楼。樊楼规模宏大，周密《齐东野语》称，樊楼"乃京师酒肆之甲，饮徒常千余人"，可以接待一千多名客人，南宋诗人刘子翚在《汴京记事》中回忆说："忆得少年式乐事，夜深灯火上樊楼。"又可知樊楼是通宵达旦都在营业。

酒楼饭店既是饮食文化的体现，也是一个地方的地标，而樊楼，就是北宋汴京的地标。

宋室南渡后，在西湖畔重造了一座樊楼，正式名称叫"丰乐楼"，是杭州城风光最秀美的酒楼。

丰乐楼因其优越的地理位置和宏丽的建筑特色，不仅如《西湖志》所说的"搢绅多拜于此"，而且游客登临，词人赋诗，歌伎弹唱，给后人留下了丰富的文化遗产。元人夏永绘有一幅《丰乐楼图》，让人仍能一睹南宋杭州丰乐楼之盛况。南宋《西湖百咏》的作者董嗣杲为此还写有《丰乐楼》：

莺花箫鼓绮罗丛，人在熙和境界中。
海宇三登歌化日，湖山一览醉春风。
水摇层栋青红湿，云锁危梯粉黛窗。

十里掌平都掩尽，有谁曾纪建楼功。

名相赵汝愚、词人韩淲都题有咏丰乐楼的词，尤其是被称为南宋词坛三足鼎立之一的吴文英曾多次登临丰乐楼，与丰乐楼结下了不解之缘。在淳祐十一年（1251年）春，丰乐楼落成不久，写下了《醉桃源·会饮丰乐楼》一词：

翠阴浓合晓莺堤。春如日坠西。画图新展远山齐。花深十二梯。风絮晚，醉魂迷。隔城闻马嘶。落红微沁绣鸳泥。秋千教放低。

"翠阴"两句。词人与朋友们会饮在丰乐楼上，凭栏远眺，湖堤上柳荫浓密，黄莺儿在婉转地啼鸣。但是词人却想到，这暮春美景很快将要像日薄西山似的消逝。词人说："我们因为珍惜春之将归，必须及时行乐，所以今天欢饮在丰乐楼中。""画图"两句，承上远眺。此言词人从楼上继续极目远眺，湖光山色一抹平展，尽收眼底。这些恰如一幅纷繁的画卷似的让人赏心悦目。词人说："你看那远远近近万紫千红层层叠叠的景色，多么像在观赏（花梯）一般啊！""十二"是一个虚数，表示很多的意思。

"风絮晚"三句。言词人同友人宴饮一日，大醉而归。晚风吹拂，柳絮扑面，在迷迷糊糊之中，词人还听到远处城内传过来一阵阵的马嘶声。"落红"两句，描绘家中女眷趁闲游玩。此言当词人回转家中，只见花园中的秋千架上女孩子们正玩儿得非常高兴，连落花瓣和着泥尘沾黏在绣鞋上都不知道，却还在起劲地叫嚷着："快把秋千索放得再低些，我好上去再玩儿。"

读起来，让人回味无穷。到了晚年，词人又写了《高阳台·丰乐楼分韵得如字》词。借伤春为名，写忧国之思，尤其是"飞红若到西湖底，搅翠澜，总是愁鱼"的千古名句，比喻别出心裁，感情抒愁吐恨，在击节称赏之余，又令人不胜唏嘘。

太平楼。据说最早的太平楼是宋高宗的宠臣张俊所建。

宋室南渡，驻跸临安，刘光世、韩世忠等军都在前线，常年东征西讨，只有张俊一军常驻临安，张俊从军中挑选一批身强力壮的年轻人，组成亲卫军，为了防止逃逸，命他们从手臂以下文身刺青到足，人称"花腿军"。

驻军日久无事，善于敛财的张俊，命令"花腿军"做起了建筑工，在临安城建了一座酒楼——太平楼。军士们为建太平楼，累得腰酸背痛，满腹牢骚，作了一首打油诗：

> 张家寨里没来由，
> 使他花腿抬石头。
> 二圣犹自救不得，
> 行在盖起太平楼。

绍兴十一年（1141年），秦桧秉承金人"必杀飞，始可和"的旨意，勾结张俊等人大兴岳飞冤狱。当年十一月，与金人签订和约，十二月，"赐岳飞死于大理寺，斩其子云及张宪于市。"秦桧也以太平宰相自居，势焰熏天，不可一世。在此形势下秦桧"使士大夫歌颂太平之美"。于是，太平楼上灯红酒绿，歌舞升平。然而，秦桧的逆天之行，激怒了一位有正义之感的气节之士，他就是北宋词人黄庭坚的后裔，南宋名将宗泽的外孙黄中辅，不惜冒着杀头的危险，公然题《满庭芳》于太平楼：

沥血为词，披肝作纸，片言谁让千秋？快磨三尺剑，欲斩佞臣头，自恨草茅无路，望九重如隔瀛洲。兴长叹，无言耿耿，空抱济时忧。

休、休、休，真可惜，才如李广，却不封侯；奈伯郎斗酒，翻得凉州。尽道边城卧鼓，谁知老了貔貅。凭谁问，边筹未建，建甚太平楼！

这是一篇反对议和的政论，讨伐卖国贼的檄文，不仅表现了词人关心国是的爱国精神和直抒胸臆的豪迈气概，文情并茂，而且以词言政，把个人遭遇和国家命运熔为一炉，扩大了词的题材内容和表现范围，在词的发展史上也具有深远的影响。

由此可见，南宋的一些名酒楼，既是饮食文化的宝库，也是诗词文化的渊薮。

三是获得特许酿酒权的乡村酒肆。这类酒肆利润较薄，宋政府一般不将他们纳入"榷酒"范围，允许其自造酒曲，自酿酒卖。《水浒传》中有一首小诗：

> 傍村酒肆已多年，
> 斜掩桑麻古道边。
> 白板凳铺宾客坐，
> 矮篱笆用棘荆编。
> 破瓮榨成黄米酒，
> 柴门挑出布青帘。
> 更有一般堪笑处，
> 牛屎泥墙画酒仙。

说的便是这种乡村酒肆。在一些宋画上也可以找到这样的小酒肆。如台北故宫博物院藏的《溪山清远图》（见下页）。

四是酒库附属酒店。酒库是南宋时大量出现的官营酒厂，目的自然是赚取丰厚的酒业利润。许多酒库下面还设有酒楼，如临安东库设有太和楼，西库设有西楼，南库设有和乐楼，中库设有春风楼，

南宋·夏圭《溪山清远图》局部

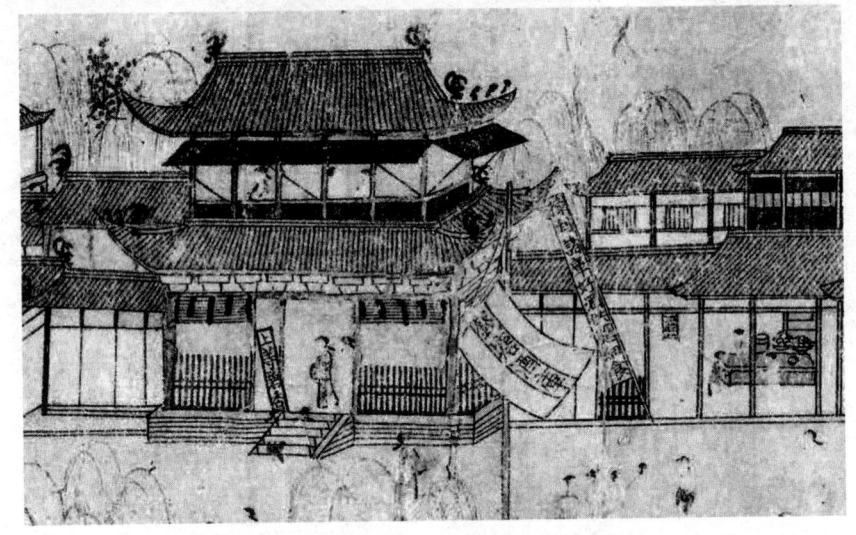

佚名《西湖清趣图》上的钱塘正库下的先得楼

南上库设有和丰楼，钱塘正库设有先得楼。《西湖清趣图》便绘出了钱塘正库下先得楼。

太和楼或许是南宋酒库附属酒店中最豪华的酒楼，一位佚名宋人《题太和楼壁》诗描述：

> 太和酒楼三百间，大槽昼夜声潺潺。
> 千夫承糟万夫甕，有酒如海糟如山。
> 铜锅熔尽龙山雪，金波涌出西湖月。
> 星宫琼浆天下无，九酝仙方谁漏泄。
> 皇都春色满钱塘，苏小当垆酒倍香。
> 席分珠履三千客，后列金钗十二行。
> 一座行觞歌一曲，楼东声断楼西续。
> 就中茜袖拥红牙，春葱不露人如玉。
> 今年和气光华夷，游人不醉终不归。
> 金貂玉尘宁论价，对月逢花能几时？
> 有个酒仙人不识，幅巾大袖豪无敌。
> 醉后题诗自不知，但见龙蛇满东壁。

太和楼竟有三百个包厢，每天可接待三千食客，这等规模足以将现代的五星级大酒店抛出几条街。太和楼还雇请了很多漂亮的歌伎待客，当垆卖酒的大堂经理就是一位"酒不醉人人自醉"的美艳歌伎苏小小。

大酒楼的"欢门"宽数间，高两三层。底层之上用篾席搭成有飞檐翘角的披屋，檐板上设环，悬挂贴五彩柿形纱灯。檐板为戏色，下设深蓝色垂幔。其上每层用细竹扎出山形架，上缀大小五色绢花，远看如花山耸立。这种"欢门"，即如《清明上河图》中所绘，极具时代特色，却为后世所无。欢门的立柱之间，除去中间的大门，左右皆围以半人高的细木栅栏，栏内置立柱式广告灯箱，上书"官库""正店"，或"十千""脚店"等字，让人一看便知此楼此店的

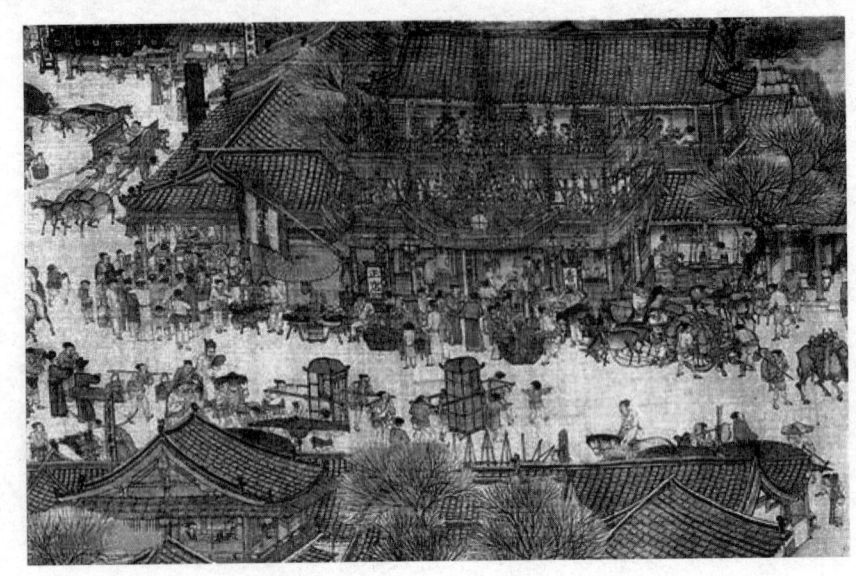

北宋·张择端《清明上河图》局部

体制和规格。酒楼一层临街的窗户上挂有红绿二色竹帘，自外望内，只见人影绰绰、荧荧灯光。这种门前装饰，据传始于五代后周的汴京。从《清明上河图》上看，宋代所有的饮食店门前都是欢门，只是繁简有别而已，有的仅是两竖一横的骨架，大概要等到节日才会装扮一新。

酒楼饭店，是食文化的体现，也是一个地方的地标。到了南宋，这种现象更为突出，或官场宴请，歌女唱词；或士林集会，诗人赋诗；或送行寄意，含情脉脉；或留赠告别，吐韵凄凄。总之，使一些酒楼不仅灯红酒绿、生意兴隆，而且名家舞笔，佳作纷呈，留下了丰富的文化遗产。

从这里可以看出，官办酒楼与民办酒楼，有着各自不同的特点和经营特色，但同为酒楼，共同承载着一种文化——酒楼文化。

二　迎酒——杭州酒文化节

宋代诸官私酒楼店，每年四月开煮迎新酒，中秋节前售卖新酒。《东京梦华录》记载："中秋节前，诸店皆卖新酒，重新结络门面彩楼，花头画竿、醉仙锦旆，市人争饮，至午未间，家家无酒，拽下望子。"

南宋杭州诸酒库迎煮更是热闹。当时京都临安有官酒库，每年清明前开煮，中秋前新酒开卖。卖酒之前，各库要向点检所呈报产量，然后公告，择日举办迎新样酒评比活动，称为"开沽呈祥"。

开沽呈祥这一天，天刚亮，各库人员列队前往州府教场，接受监管部门对新酒的抽样检查。

队伍出发时，走在最前面的是一面足有三丈高的竹竿挂着的"布牌"，白布上书"某库选到有名高手酒匠，酿造一色上等浓辣无比高酒，呈中第一"。由一名壮汉高举，三五名壮汉相扶而行。

一路上，鼓手擂响了大鼓，乐队吹拉弹奏，奏起了欢快的曲子。

乐队后面，五名大汉，各挑着一副酒挑，挑子里装的是参加评比的新酒。队伍再后面，便是化装走街，如有的装扮成八仙道人、有的装扮成渔夫、有的装扮成猎人，诸行社队，如鱼儿活担、糖糕、面食、诸般市食、车架、异桧奇松、或抬着表演神鬼故事人物的台阁。

假扮的文身浪儿，服役女佣，手擎花篮与精巧笼仗，招摇过市。

再就是各库临时雇请官私妓女，分为三等，为首者骑马，头顶冠花，身着彩衫；次为戴珠翠朵玉冠儿，着销金衫裙，执花斗鼓或捧龙阮琴瑟；后十余人着红大衣，带皂时髻，装扮成"行首"，各骑租赁的银鞍骏马，由临时雇请的大户人家或各机关的富余人员充当押使，引马随从，以增人气。

"专知大公"，即专门负责酿酒的技术人员，着新衫，乘马缓行，这是他们最露脸的一天。

这次是全市性的评酒活动，分三个步骤进行。呈祥前十日，由各库官员小呈自评;五日前,点检所金厅大呈,接各库样酒加以初评;呈祥这一天,只是公布评比结果。

在州府宣布评比结果后,获奖的奖品彩帛、钱会、银碗,被人驮在肩上,走在马前,以为荣耀。"所经之地,高楼邃阁,绣幕如云,累足骈望肩,真所谓'万人海'"。

各库游行队伍沿原路返回,直到鹅鸭桥梁北酒库或俞家园都钱库,"纳牌放散",随之全市开始卖新酒。

这种全市评酒活动,成了一年一度的全民狂欢节、劝酒节。最是风流少年,沿途劝酒,或送点心。间有年尊人,不识羞耻,亦复为之,旁观哂笑。诸酒肆结彩欢门,游人随处品尝。追欢买笑,倍于常时。

宋代词人杨炎正曾作《钱塘迎酒歌》,其中便描述了这一壮观景象:

琉璃杯深琥珀浓,新翻曲调声摩空。
使君一笑赐金帛,今年酒赛珍珠红。

三 酒楼服务与消费

开店迎客,为的就是赚钱,为了能把食客腰包里的钱掏出来,最好的办法就是将食客请进来,侍候好,让他们知道,把钱花在酒楼里,值得。将他们侍候好,他们还会再来,他们腰包里的钱,就会源源不断地流进酒楼。

为了能招揽食客,不管是官营酒楼,还是私营酒店,只要是上档次的,都有歌伎迎客。

各大酒店,进得店门,绕过迎面设立的大立屏,便是一大方天井,笔直的一条主廊约一二十步,分出南北二厅。楼下虽然是散客吃饭的地方,但也布置得"花木森然,酒座潇洒",以此流连食客。

酒量不大或囊中羞涩者，不敢轻易上楼。

天井之上即是二楼走马回廊，有数十名浓妆艳抹的妓女倚坐在围栏后，等候食客们招呼她们侍酒，她们的姓名写在木牌上，挂在墙上，称为"点花牌"，只要客人掏钱，就可以请妓女陪酒。

夏天，妓女们头上插满了茉莉花，香满一楼。各大酒店都有十余间小阁，称为"稳便阁儿"。阁内陈设典雅，食具全是银器，夏有冰盆，冬有火箱，私密性非常好，食客可以通宵达旦地享受美酒佳肴、听歌赏曲与美人陪侍。这样的小阁，堪称历史首创的包厢了。

纽约大都会艺术博物馆收藏有一幅宋佚名的《吕洞宾过岳阳楼图》，图中的岳阳楼是一家豪华大酒店，门口那几名身着红绿褙子的女子，应该就是迎客的歌伎，楼上依稀也可看出几个陪酒的歌伎。

元·佚名《吕洞宾过岳阳楼图》上的歌伎

除了"坐台"的美貌歌伎，还有上门唱曲卖艺的"小鬟"，这些小鬟"不呼自至，歌吟强聒，以求支分，谓之'擦坐'"。山西岩山寺金代壁画中有一间临河建设的酒楼，斜斜挑出的酒旗上书"野花攒地出，村酒透瓶香"的十字广告词，楼上客人或凭栏远眺，或坐着饮酒，旁边有一名挂着腰鼓的妙龄少女正在唱着曲子，这应该就是"擦坐"的艺人。

高级的酒楼都使用珍贵的银器，给予客人一种很尊贵的待遇。《武林旧事》记载，在临安，酒楼"各分小阁十余，酒器悉用银，以竞华侈"，"两人入店买五十二钱酒，也用两支银盏，亦有数般菜"。

酒楼的服务也特别周到。客人一踏入酒店，立即便有小二迎上来招呼座位、写菜，你想吃什么，只要酒楼有的菜肴下酒羹汤，随便点。让人叫绝的是，即便是各桌的客人所叫的菜全然不同，店小二也能记住数十百种菜肴，不用食客再三叮嘱就能传唱如流，走到厨房门口，将各桌客人所点的菜，从头唱到尾报给厨房的领班，时称"铛头"。

酒未上桌前，店家先送上"看菜数碟"，注意，看菜就是样品菜，是只看不能吃的菜，等客人点的酒菜上桌，"看菜数碟"便被撤下。

有些初到京城的外地人不知规矩，看见"看菜"，便动筷子吃了起来，因此常常闹出笑话。

送菜时，"行菜"到灶前托盘而出，十几盘菜像叠罗汉似的摞在手臂上，一次送到桌上，满足每个食客的需要，没有一盘搞错。

伙计如果服务不周，被客人投诉，则会受到店老板叱责，或者被扣工资，甚至炒鱿鱼，可见酒楼管理之严。

正因为大酒楼有如此精美的设施、丰富的菜肴和优质的服务，因而才有歌管欢笑之声通宵达旦，久盛不衰。

食客除了有店家的刻意奉承，还有不请自来的多项有偿服务。食客落座，"小鬟"即小姑娘不请自到，站在食客身前唱起曲来，请付赏钱，称为"擦座"。

小鬟刚走，又有一拨流浪艺人跟进，或吹箫弹唱，或唱小曲弄杂耍，称为"赶趁"，得到赏钱便撤。

接着便是称为"香婆"的老妪进来，不由分说地送上一小灶炷香，求得一二小钱。随之便有小贩进来，推销自制的青皮橄榄、杏仁、半夏、豆蔻、小蜡茶、香药、韵姜、薄荷等零食，以醒酒和助消化，这些人死缠乱打，似有一种强卖的性质，将推销的东西塞给你，你就得给钱，你不买，他就不走。食客无奈，只能就范，称为"撒暂"。

又有一拨小贩前来推销称为"家风"的特色食品，如玉面狸、鹿肉、糟蟹、糟决明、糟羊蹄、酒蛤蜊等等，或是推销称为"醒酒口味"的食品，如酒浸江鳐、章举蛎肉、龟脚、密丁、脆螺、法虾、子龟等海味。

这些流浪艺人和小贩，并未受到店家的驱逐，反而得到宽容与善待，允许他们自由进出挣点儿度日的小钱。

除了一等官私大酒楼，包括它们的子库（分厂）、脚店（分号）之外，其余的酒店统称为"拍户"，兼卖酒食菜肴，各有自备食牌，供食客看牌点菜。众多的"拍户"之中，又因经营的不同特色，分为多种，各有名称。

"分茶酒店"，这是仅次于大酒楼的一档酒店。

《梦粱录·酒肆》中解说，凡在："店肆饮酒"而"钱数不多，谓之'分茶''小分下酒'"。可见，分茶酒店的价格比大酒楼便宜，但经营方式却与大酒店相似。

当时杭州人开酒店，多效仿南渡来杭州的汴京人模式，开张的时候，也都打着御厨的招牌，所用的器物，也如同"官贵家品件"。店中厨师称为"量酒博士"或"师公"，店小二称为"大伯"。

由于店堂敞大，也有大酒楼那种不请自来挣小钱的人，如果遇到富家子弟进店饮酒，就有人"近前唱喏，小心供过"，主动为食客买物唤妓，求得小钱，称为"闲汉"。又有不请自来的妓女，到桌前伺候，求得几个小钱，称为"打酒座"或"礼客"。

再就是与大酒店相同的硬性推销香药果子等物，不论你要与不要，把东西硬塞给你，称为"撒暂"。

店中的菜肴"名件甚多"，《梦粱录》所载的品种达二三百个之多。厨师还可应食客之要求，烹制其他菜肴。这些酒店"俱有厅院廊庑，排列小小稳便儿，吊窗之外，花竹掩映，垂帘下幕，随意命妓歌唱，虽饮宴至达旦，亦无厌怠也"。

如此看来，其与大酒店的不同仅在于：一、没楼厅；二、"稳便阁儿"面积更小；三、没有自设的伎女；四、食客的社会地位略低于大酒楼的食客。

由于店堂都是平房，进出方便，时有"托盘担架到店中歌叫买卖者"，所卖之物有各种时令食品，肉干儿鱼干儿、荤素点心、四时鲜果、干果、蜜饯，品种共约一百五十多个。分茶酒店中的食客、"师公""大伯"、妓女，以及纷至沓来的小贩与求小钱者，熙熙攘攘，纷纷扰扰，热闹非凡，简直成了京城餐饮大市场。

"包子酒店"，主食专卖灌浆馒头、薄皮春茧包子、肉包子、鱼兜杂合粉、灌大骨之类。

"肥羊酒店"，以羊肉为主要菜肴，如零卖软羊、大骨龟背、烂蒸大片、羊杂四软、羊撺四件。有名的店家如丰豫门归家、省马院前莫家、后市街口施家、马婆巷双羊店等。

"宅子酒店"，以宾至如归，入店如到家为招徕的小酒店。

"角球店"，只卖酒，不供应下酒菜，零沽散卖，饮者站着喝，喝完便走，称为"打碗头"。

这种小店"多是竹栅布幕"算着店堂，外面挂只草葫芦、银马杓、银大碗作标记，连酒旗酒帘也省了。

比角球店稍好一点儿的酒店，兼卖血脏、豆腐羹、螺蛳、煎豆腐、蛤蜊肉之属的经济菜，"乃小辈去处"，消费对象，多是底层百姓与苦力。

除了上述小酒店，还有专售面食的面店、从食铺、点心店，遍布全城，其中有名的中瓦前职家羊饭、南瓦子张家元子铺、南瓦子北卓道王卖面店、保佑坊张卖面食店、金子巷口陈花脚面食店、太平坊南倪没门面食店、朝天门朱家元子糖蜜糕铺、坝桥榜亭侧朱家馒头铺、荐桥新开巷元子铺等。

京城的大小酒食店，大多通宵营业，忙到三更后关门，四更后早市开张，又须开门迎客。做买卖的人太多，大家不肯自己烧饭做菜，都去买现成的吃，促成了饮食业的繁荣。

南宋酒店业的繁华，不仅仅是南宋商品经济发达的体现，更是南宋政府重商主义的反映。与其他王朝"重本抑末"的政策取向不同，南宋政府对商业表现出了浓厚的兴趣，其经济政策的目标仿佛只有一个，那就是如何从市场中吸取更多的财政收入。

为了从市场中获得最大的收益，政府实行的是一种复合式的"榷酒"制度，《宋史·食货志》记载：

诸州城内皆置务酿酒，县、镇、乡、间或许民酿而定其岁课，若有遗利，所在多请官酤。三京官造曲，听民纳直以取。

意思是说，京师之地，国家垄断酒曲，正店向政府购买酒曲酿酒，然后自由售卖，因为曲价中已含了税金，政府不再另收酒税；诸州城内，官酿官卖，禁止民间私酿酒；乡村允许酒户自行酿卖，为特许经营，政府收其酒税，但只要酒利稍厚，政府就会设法改为官酤。

南宋政府的这种做法，直接的结果便是国家从"榷酒"中获得巨额的财政收入。

还有一个间接的结果为许多人所忽视，那就是当政府如同一个超级商人追逐财货的时候，实际上也推动了市场经济的发展，道理其实很简单：为了汲取更多的财政收入，政府势必要将注意从总额有限而征收成本高的农业税转移到商业税上来，而为了扩大商业税的征税基础，政府又势必大力发展工商业。为此，政府又需要积极修筑运河，以服务于长途贸易，开放港口，以鼓励海外贸易；需要完善民商法，以应付日益复杂的利益纠纷；需要创立新的市场机制，使商业机构更加适应市场，创造更多的利润，等等。这是重商主义的连锁反应，不以人们的意志为转移。

四 饮酒器具有讲究

南宋酒文化盛行，人们喝酒时，对饮酒器具很讲究。

1. 堪比花瓶般的盛酒器具

酒具是用来盛酒的，也直接影响到喝酒人的心情，与我们现在所说的"仪式感"差不多，宋朝盛酒的器具很多，大多都是陶瓷材质，造型也是别具一格，追求高雅。

在众多的盛酒器具当中，被后人称赞不绝的就是因为插花而出名的梅瓶。

有关史料记载，说梅瓶的出名与宋徽宗有很大的关系。据说，民间有人找到很好看的瓶子呈给皇帝，宋徽宗看到它瓶子口很小，脖子也很短，但是整体的样式和线条流畅，中间比较宽大，于是对这个瓶子心生喜欢。恰巧当时他看到了屋里面有一枝梅花，随手将这枝梅花插进瓶子里，戏言说："这不就是一个花瓶吗？"

这样一句话也就从宫中流传出去了，在民间广为流传，于是，这种瓶子便被称为"梅瓶"。

其实，梅瓶在唐朝时期就已经出现了，但是到了宋朝宋徽宗时期，梅瓶才名扬天下，虽然盛酒，但是梅花还是会插进去。于是，宋朝的盛酒器具别具一格，很具有观赏性，而且因为是皇帝做的"推广大使"，梅瓶也更加普遍。

2. 文人喜爱的"壶"

关于注酒具的选择上面，宋朝文人墨客最爱的还是"壶"。宋朝的提梁倒流壶是现在传下最少的，也是最能够代表宋朝在此方面创新的。

这个壶的壶盖只有一定的装饰作用，并没有实际的用处，壶内的漏注与水相隔也不会渗出来，但是，这样的设计实际用处并不是很大。

玉壶春瓶是中国古陶瓷中常见的一种陈设器，其器形特点是撇口、束颈、圆腹、圈足，整个器物如同以双S线构成。玉壶春瓶是最早出现在宋代。

关于玉壶春瓶这一名称的来历，有一段广为流传的佳话。相传在宋代熙宁年间，大学士苏东坡路过景德镇，特地去寻访他的一位禅友佛印和尚，得知佛印云游未归，信步闲逛到一个制瓷的作坊，见一位老人坐在辘轳车上拉坯，非常好奇，笑着对老人说："久闻景德镇瓷器贯通文化，诗词歌赋皆能以绘画而描述，但不知这瓷器造型能否表达？"说完就吟咏了唐代王昌龄的一首诗："寒雨连江夜入吴，平明送客楚山孤。洛阳亲友如相问，一片冰心在玉壶。"老人听了以后，略作思忖，就拨动车轮，须臾间塑出了一个撇口、细颈、敛足的器型来。老人说："此器如心倒置，谓之'心到'了，撇口寓示'撇心扉'，拙器抒志示节，客官以为如何？"苏东坡见了，感慨地说："冰壶者，表里澄澈，光明磊落。当也是'烈士击玉壶，壮心惜暮年'！"苏东坡兴情所至，当即赋诗一首，其中有"玉壶先春，冰心可鉴"两句尤为脍炙人口。后来佛印和尚闻讯赶来，也欣然写下了"清如玉壶冰，贞见玉壶春"的诗句。虽然说这个故事的真实性无可考量，但可证明，壶的使用在当时已经非常普遍了。

3. 酒具组合

南宋普遍流行的酒具组合形式主要有台盏、执壶，以及与执壶（也称注子、酒注）相配套的温碗、装酒用的经瓶（即梅瓶）等。先将储存在经瓶中的酒倒入执壶，借助温碗内的热水加温，然后再斟在台盏或盘盏中饮用。

《韩熙载夜宴图》，取材于唐十八学士夜宴典故的宋佚名《夜宴图》，宋徽宗赵佶《文会图》等画作里均有这种执壶温碗以及台盏配合使用的情形。

台盏起源于托盏，因托盘有高脚，上面中央有小圆座，整体呈

五代十国·南唐·顾闳中《韩熙载夜宴图》

北宋·赵佶《文会图》

台状而称台盏，托盏的托盘则为盘碟状，下无高足，上亦无圆座，所以台盏可视为托盏的进化形态。台盏是一种高级酒具，《辽史·礼志》有重要仪式中贵族"执台盏进酒"的记载，《元史·舆服志》将台盏定为区别官员官阶的器皿之一，对其使用规格作了限制。根据出土或传世的实物来看，瓷质台盏大都制作精美考究，越窑、汝窑、定窑、耀州窑、湖田窑等各大名窑均烧制过台盏，量少而精。

各类酒具中，数量最多的要数执壶。这些执壶样式丰富，有喇叭口式、盘口式、盂口式等，壶腹多作瓜棱式等分，并装饰疏朗纤细的花纹，有些还贴饰捏塑的鸳鸯等为耳。以造型而言，喇叭口式执壶明显无盖，盘口式、盂口式则应有盖子相配，且这两类执壶的肩部通常置有桥形小系。另有一种细口执壶数量较少，通体作八到十棱形，最独特的是盖子呈现一种异域风格，类似洋葱头式的穹隆顶。

越窑中也有类似风格的执壶如北京八宝山韩佚（韩佚为辽始平军节度使）墓出土的"越窑宴乐人物执壶"。

南宋程大昌《演繁露》说："酒器中的台盏亦始于（茶具）盏托。"据唐人《资暇集》记载，带托的茶杯是唐建中年间蜀相崔宁的女儿发明的。崔小姐多次被滚烫的茶水烫了手指，就想到用碟子托着茶杯，但茶杯会在碟子中滑动甚至不小心倾覆，于是就在碟子中央加设了一圈儿蜡环，将茶杯固定起来。其后流行于世，逐步改成为上有空环中为碟状盘下有环足的茶托子。

宋代的酒盏与茶盏往往器同而用异。《东京梦华录》载，当时汴京城内有酒店中，即使"只两人对坐饮酒，亦须用注碗一副、盘盏两副"。前面的"一副"包括注碗和酒注，二人合用；"盘盏两副"，即各人有一套带托的饮具。

在南宋，除大酒楼、豪宅贵邸盛行金银酒具，一般人家都流行瓷酒具。

饮酒除了二合一的酒盏，还有杯（有圈或高足）、碗（同杯而大）、卮（有把手的杯或碗），三者都不需要托。

还有樽，如李白诗"莫使金樽空对月"，苏轼词"一樽还酹江月"。樽一般容量大，樽里的酒是用长柄枓从中舀出，倾倒在酒盏或杯、卮等饮具中，再供人饮用。在酒注尚未广泛使用之前，樽、枓通行于世，可见樽、杓也是不可分开，用于同一目的的二物。

壶是不需要温碗的注子，正适合用于不用加热再饮的酒的贮放，因有提手，故名"执壶"，似在区别于酒注。其实可为二用，若用于茶具，称为茶壶，若用于酒具，称为酒壶，有时也称酒注。

除了上述使用常见的材质金、银、瓷制的酒具，还有玉、琉璃、玛瑙、甚至海螺壳制成的酒具。如陆游《杂兴·少年岂知酒》诗：

少年岂知酒，
借醉以作狂；
中年狂已歇，
始觉酒味长。
湛湛瘿樽绿，
酌以红螺觞。
醒醉不可名，
兀坐万事忘。

这"红螺觞"与唐人诗中的鹦鹉杯、白螺盏，都是海螺壳酒杯，"或用银或用金镶足"，使自然之物经过加工成为别具风韵的酒具。由于它的特别与自然美，后人有以玉、瓷仿制的海螺杯。酒具除了质材不同，又在形状上大做文章，以至青铜器中有犀樽、象樽等奇形异状之物，无不精巧无比，出人意料。到了宋代，这类酒具已不多见了。

五 诗情画意的酒文化

"一曲新词酒一杯"，晏殊的这句词最能说明酒与词剪之不断、理也不乱的关系。词在宋朝得到极大发展并且臻于极致，正是因为宋人市井生活的丰富。灯红酒绿、处处笙歌，推杯换盏之际，酒兴正浓之时，填出来的词，也难免带上了酒味——宋词里的酒，可以说无处不在，而南宋人好酒，在词里也体现得淋漓尽致。

文人士大夫喝酒，这是司空见惯之事，而女子饮酒，在当时居然也是寻常事。北宋欧阳修的一首《渔家傲》是这样写的：

花底忽闻敲两桨。逡巡女伴来寻访。酒盏旋将荷叶当。莲舟荡。时时盏里生红浪。

花气酒香清厮酿。花腮酒面红相向。醉倚绿阴眠一饷。惊起望。船头阁在沙滩上。

生动的语言，描绘了很美的一个场景：采莲的人儿荡舟池上嬉戏玩闹，兴致浓时摘下荷叶当酒盏酣畅一饮，船儿一摇，"酒盏"也晃，酒气荷香共芬芳，花面人面相映红。酒足人醉，且靠岸小憩片刻，醒来时一看，却见自己的小船已搁浅在沙滩上。多么快乐的一群采莲女子啊！

饮酒嬉闹的自得其乐，使人想起了李清照的《如梦令》：

常记溪亭日暮。沉醉不如归路，兴尽晚回舟，误入藕花深处。争渡，争渡。惊起一滩鸥鹭。

也是一群快乐的少女荡舟出游，她们在水边亭子里把酒畅谈，兴致淋漓，等到日暮思返，却已经醉得忘了来时的路，醺醺然中误把小船划进了盛放的荷花丛中，急忙奋力划出时，惊得沙滩上的水鸟纷纷振翅飞起。

说到李清照，她的词里关于饮酒的内容多得惊人，有人统计，酒词占了一半还多，比如很多人耳熟能详的这些词句："东篱把酒黄昏后，有暗香盈袖""昨夜雨疏风骤，浓睡不消残酒""三杯两盏淡酒，怎敌他、晚来风急"。

采莲女子是普通百姓,李清照是出自官宦之家的名门闺秀,她们的生活里,酒的出现都是那么普通、那么自然的一件事,可想而知,酒在宋人生活里的普遍和重要。

南宋虽然已经出现了白酒,但人们常喝的还是黄酒。宋词里出现频率很高的一个酒词是"醪":

虞美人(自兰陵归,冬夜饮严州酒作)
葛胜仲
严陵滩畔香醪好。遮莫东方晓。春风盎盎入寒肌。人道霜浓腊月、我还疑。
红炉火热香围坐。梅蕊迎春破。一声清唱解人颐。人道牢愁千斛、我谁知。

所谓"醪",是糯米发酵后形成的一种汁滓混合的酒,宋代官修韵书《广韵》中称其为浊酒,宋词里有"春醪""浊醪"之说:

二郎神
南宋·王十朋
深深院。夜雨过,帘栊高卷。正满槛、海棠开欲半。仍朵朵、红深红浅。遥认三千宫女面。匀点点、胭脂未遍。更微带、春醪宿醉,袅娜香肌娇艳。
……

南宋的浊酒和唐朝的并没有什么区别,其度数不高,对于欲借酒消愁的人而言,难免有"如水薄"之感,但喝多了也足以让人"长醉""宿醉"。因为浊酒面上浮着一层渣滓,唐诗里称之为"绿蚁",

宋人也都沿用此称谓：

　　胜概朱楹俯碧湖。萧萧风月一尘无。只堪绿蚁满尊浮。
　　况是小春天正爽，杖藜相与探梅初。半皴枝上未成珠。（南宋·史浩《浣溪沙》）

　　天与秋光，转转情伤，探金英知近重阳。薄衣初试，绿蚁新尝，渐一番风，一番雨，一番凉。
　　黄昏院落，凄凄惶惶，酒醒时往事愁肠。那堪永夜，明月空床。闻砧声捣，蛩声细，漏声长。（南宋·李清照《行香子》）

　　从描述浊酒到干脆直接指代，可见浊酒的观感、性状和唐代没有区别，不过，从宋词来看，宋人喝浊酒也还是比较注重滤酒这道程序，也就是把浊酒的渣滓滤去再喝：

　　谒金门（一雨扫烦暑，自漉玉友，醉余因次韵赵长卿）
　　　　　　南宋·赵长卿
　　今夜雨。扫尽一番禅暑。宛似潇潇鸣远浦。短蓬何日去。
　　自漉床头玉醑。清兴有谁知否。反笑功名能几许。槐宫非浪语。

　　　　　　行香子
　　　　　　南宋·葛立方
　　风透纱窗。叶落银床。夹缬林、吹下严霜。新篘浮蚁，班坐飞觞。有岩中秀，篱中艳，洛中香。
　　……

　　宋词中所提到的白酒是这样的：

乌夜啼

南宋·程垓

白酒欺人易醉,黄花笑我多愁。一年只有秋光好,独自却悲秋。风急常吹梦去,月迟多为人留。半黄橙子和诗卷,空自伴床头。

浣沙溪

南宋·汪莘

青女催人两鬓霜,自筹白酒作重阳。方壶老子莫凄凉。

天地两三胡蝶梦,古今多少菊花香。只将破帽送秋光。

浣沙溪·初冬

南宋·赵长卿

风卷霜林叶叶飞。雁横寒影一行低。淡烟衰草不胜诗。

白酒已筹浮蚁熟,黄鸡未老蕈头肥。问侬不醉待何时。

从字面上看很容易让人认为,后世的白酒那时已经出现了,因为白酒度数高,比浊酒容易醉人,

明·丁云鹏《漉酒图》藏上海市博物馆

正如程垓"欺人易醉"的描述。但奇怪的是，白酒是蒸馏而成，肯定不会有渣滓，怎么还需要"笞"呢？不过，洪适的一首词也许能回答这个问题：

鹧鸪天·席上赏牡丹用景裴韵
南宋·洪适

莫问甘醪浊与清。试将一酌破愁城。海棠过后荼蘼发，堪叹人间不再生。

心已老，眼重明。嫣然国色带朝酲。耳边听得兰亭曲，一咏流觞已有名。

他的意思是说，醪是有浊有清的，所谓清，就是笞过之后，显得比较清澈的浊酒，显然这白酒也许是唐诗所指的清酒，也就是酿造季节比较长，因而酒液显得比较清澈的酒：

虞美人·城山堂试灯
南宋·刘辰翁

黄柑擘破传春雾。新酒职清雾。城中也是几分灯。自爱城山堂上、两三星。

……

鹧鸪天
南宋·陆游

懒向青门学种瓜。只将渔钓送年华。双双新燕飞春岸，片片轻鸥落晚沙。

歌缥渺，舻呕哑。酒如清露鲊如花。逢人问道归何处，笑指船儿此是家。

这如同清露的酒出现在寻常的地方，如陆游词所写的村野船家，可见是一种常见的自酿的清酒。

宋代还出现了一种很特别的绿酒：

清平乐
北宋·晏殊

金风细细。叶叶梧桐坠。绿酒初尝人易醉。一枕小窗浓睡。
紫薇朱槿花残。斜阳却照阑干。双燕欲归时节，银屏昨夜微寒。

渔父词（其六）
南宋·赵构

侬家活计岂能明。万顷波心月影清。
倾绿酒，糁藜羹。保任衣中一物灵。

桂枝香·天柱山房拟赋蟹
南宋·唐艺孙

……

渐嫩菊、初筹绿酒。叹风味尊前，潇洒如旧。几度金橙香雾，玉盘纤物。清悉小醉凄凉里，拼今生、容易消瘦。草心春浅，年年相忆，看灯时候。

绿酒，顾名思义是一种呈现天然绿色的酒。明代李时珍《本草纲目》里说："酒，红曰醍，绿曰醽，白曰醛。"由此可见，醽，即是绿酒。而早在晋代，道学家葛洪对"醽醁"就有引用，《抱朴子·嘉遁》中提到："藜藿嘉于八珍，寒泉旨于醽醁。"

又有文献记载，唐代名臣魏徵善治酒：一种酒是醽醁、一种是翠涛，唐太宗对此赞不绝口。称之"千日醉不醒，十年味不败"。

而历代诗人，也常有将醽醁入诗入词，比如晋代曹摅的《赠石崇诗》曰："饮必醽渌，肴则时鲜。"（渌同醁）

唐代皮日休在《春夕酒醒》留下"酃渌余香在翠炉"的诗句。由此可猜测出，晋唐时期，醽醁是比较流行的酒。

那么"绿酒"是不是绿色的呢？有一说法认为绿酒是新酒，因刚酿出来时酒呈绿色而得名。但从一些古诗的现代注释中，比较普遍说法是，绿酒并非酒液为绿色，而是漂浮在酒液上面酒渣显绿色。大概是因为古代没有蒸馏技术，简单的过滤无法将酒液滤清，古代也常把酒称为浊酒。新酿的酒还未滤清时，酒面浮起酒渣，即酒的泡沫，色微绿，细如蚁，故也称之为"绿蚁"。后世用以代指新出的酒。

只是这种绿酒，已经在历史的尘埃里消失了踪影，只是在唐诗宋词里留下芳名，供人们遐想。

宋朝城市里的酒楼非常之多，当时各家也有各种招牌酒，渐渐形成了市店酒的名牌，比如眉寿、琼浆、玉醑、流霞……还有亲王及驸马家的酒如琼腴等，在宋词里出现的酒类就达五六十种之多。

因为与表妹唐琬之间一段令人唏嘘的情感际遇，陆游的这首《钗头凤》很为人所熟知：

红酥手，黄縢酒。满城春色宫墙柳；东风恶，欢情薄，一怀愁绪，几年离索，错，错，错！

春如旧，人空瘦。泪痕红浥鲛绡透；桃花落，闲池阁，山盟虽在，锦书难托，莫，莫，莫！

起首句就提到黄縢酒，常常被误写成"黄藤酒"，很容易顾名思义被认为是一种叫黄藤的植物酿成的酒。其实这是个极大的误会，所谓黄縢酒，是用黄纸封盖的酒，縢是动词，封盖的意思。黄机的词里也提到这一点：

清平乐·寿林守
南宋·黄机
钗头蝴蝶。趁舞梅边雪。酒写黄縢光夺月。岁岁年年蕉叶。……

词中说到酒启封之后的色泽动人。古代的酒多是装在坛、瓮之类的容器里，但宋代的酒已经装在酒瓶里了。因为当时的瓷器制造业很发达，用烧制的瓷瓶装酒也变得很普遍。

当时酒装在瓶子里是很平常的事，去买酒的时候，也要自己带着酒瓶去。喝的时候，是要把酒从瓶子里倒到杯子里，所以戴复古有"添杯"之说了。

宋人喝酒还有更厉害的：

南歌子
南宋·石孝友
蚁酒浮明月，鲸波泛落星。春花秋叶几飘零。只有庐山君眼、向人青。

明日非今日，长亭更短亭。不辞一饮尽双瓶。争奈秋风江口、酒初醒。

为了冲淡离愁，将两瓶酒一饮而尽，不由让人对宋代一瓶酒的分量感到好奇。无名氏写有一首很有意思的《行香子》：

行香子
宋·佚名

浙右华亭，物价廉平，一道会买个三升。打开瓶后，滑辣光馨。教君霎时饮，霎时醉。

听得渊明。说与刘伶。这一瓶、约迭三斤。君还不信，把秤来称，有一斤酒，一斤水，一斤瓶。

这词颇有点儿打油诗的讽刺意味：既然此地号称价廉物美，且买个三升酒来尝尝，开了瓶一看，仿佛是好酒模样，让人忍不住开怀畅饮，喝下立即便醉了，醉了立时又醒了。这是怎么回事呢？原来是兑了水还短斤少两，这三斤酒中，一斤是水，一斤是瓶，而酒仅有一斤。

六 备受欢迎的羊羔酒

很多专家学者通过研究发现，早在中国的宋代，人们便会烧制白酒，甚至已经有了用蒸馏法制作葡萄酒。但在宋代，白酒被称为"烧酒"。苏东坡自己酿酒自己喝，并且还颇有想法地编写了一部《东坡酒经》。

苏东坡曾经说，他喝过一种酒，对于这种酒的感觉，他是这样描写的："这种酒是白色的，辣得不得了。特别是酒到了肚子里之后，感觉整个内脏都快要被它烧化了。"而且这之后，他便以酒是否够辣来作为评判酒好坏的标准，并留下了"茶苦患不美，酒美患不辣"的绝句，绝对是一个经得起"酒精考验"的饮君子。

南宋时期，有一本《石门酒器王铭》，这本书出自黄干之手。这个黄干曾经任监台州酒务，也是一名"酒精沙场"的老将。在这本书中，他介绍了五种酿酒用的器具，而烧器就是其中之一，包括"厚耳、广腹",指的是用来烧酒的烧锅。

在宋人的诗里,也有类似的诗句,如"小钟连罚十玻璃,醉倒南轩烂如泥""所取何尝议升斗,一杯未尽朱颜酡""一生须几两,万事付三杯"等类似的感叹。从这些诗句里也能发现,为什么宋朝人只喝一小杯便脸红,而多喝几杯就会醉得不省人事呢?至少我们看到他们在喝黄酒的时候,都能几斗几升地喝。因此至少可以认为,宋人可能已能酿出度数比较高的酒,而且人们对这种高度酒十分喜爱。

中国人好酒,早已不是忌讳之言。上古有杜康造酒之传说,中古有刘伶醉酒之美谈,近代就更不用多说了,这样的例子俯拾即是。

南宋人与唐代人一样,都是好酒之人。李白有"酒中仙"之名,欧阳修有"醉翁"之号,二人完全可以隔空对话。南宋算是中国历史上"潮人"辈出的时代,对新鲜事物的追求和开放的唐人比起来,有过之而无不及,特别是在对酒的追求上,更是花样百出,充满了诗情画意。

在新品酒的研制方面,宋人可以说是有着突出的贡献。他们喜欢喝的酒种类繁多,黄酒、白酒、果酒、药酒,等等,只有你想不到,没有人家喝不到。

其实在古代,人们最常喝的酒是黄酒,虽然说南宋时已经能够酿制烧酒,也就是白酒,但时人最喜欢的还是黄酒。当时的黄酒同现代之黄酒没有多太大的区别,就是以大米、黄米等谷物为原料,酿造成酒。

果酒在当时也是风靡一时,就是把水果加入粮食中酿造而成。而除了这些正常的酒之外,他们还会把肉当成酿酒的原材料,酿成更具独特风味的酒,比如"羊羔酒"。

羊羔酒,又名白羊酒,顾名思义,就是把羊肉和粮食、水果等原料搅拌在一起酿造成酒。酿酒时,把羊肉、羊脂浸于米浆之中。

通过曲蘖发酵而形成肉香型的羊羔酒。也可以采用浸泡的方法，把羊肉、羊脂置于成酒之中，用酒浸泡出肉香味。不管怎么说，要想造出香甜可口的羊羔酒，在羊肉的选用上，必须要选取一定数量的肥膘。

在《北山酒经》中就记载了酿造羊羔酒所需的原材料：用羊肉三十斤，其中要有肥膘十斤。《寿亲养老新书》记载的"宣和化成殿方"，一石米配七斤肥羊肉，全部使用肥膘。羊羔酒所具有的肉香味，主要来自羊脂肪。陈造《再次羊羔酒韵三首》诗中所言"截肪醉骨荐馨香"，就点出了羊羔酒的脂肪特征。

根据这些史料，我们大致可以想象出羊羔酒的味道，"味极甘滑"，酒是像琥珀一样的颜色，酒精度一般在17°左右，融脂香、奶香、果香于一体，酸甜适中，风格独特，有着与众不同的口感，这可能也是羊羔酒会在宋朝流行的重要原因了。

在北宋都城开封，能排上名，数得着的大酒楼就有七十二家，那些小规模的酒馆、饭馆，更是多如繁星。而在这些酒馆、饭馆中，最受酒友欢迎的就是这种羊羔酒。到了南宋时期，羊羔酒还成为送礼的佳品。

羊羔酒最开始流行于北方地区。大家都知道，北方寒冷，所以人们喜欢喝羊羔酒御寒，特别是富庶之家更是如此，他们把能在屋里一边烘着火，一边喝着热乎乎的羊羔酒，视为最幸福的事情。

在吴儆《寄题郑集之醉梦斋》一诗中就"但问雪煎茶，何如羊羔酒"之句，在他看来，冬天的时候来上一杯羊羔酒，要比喝上一壶雪水煮的茶更让人觉得舒服。崔敦礼的《苦寒赋》则说：

我乃张重幄，处温室，衣狐裘，坐熊席，盛兽炭之春红，酌羔羊之液。

由此可见，在宋人看来，在寒冷的冬天躲在屋里，围着火炉，看着门外的鹅毛大雪，一杯热乎乎的羊羔酒下肚，身上的寒气一扫而光，绝对是幸福时光。所以，杜范在诗中写出了"纷纷富家儿，羔酒醉金帐"这样形象的表述。王炎更是发出了"朱门满酌羊羔酒，谁念茅茨有绝粮"的无限感慨。

苏东坡对羊羔酒也是青睐有加，他在《二月三日点灯会客》一诗中写道：

江上东风浪接天，
苦寒无赖破春妍。
试开云梦羔儿酒，
快泻钱塘药玉船。

宋代著名诗人周必大竟然有三篇大作赞美羊羔酒：

再赋羊羔酒
日日茅柴带扫愁，
膻荤暂逐富儿游。
山中万足天美禄，
剩作酒材供拍浮。

腊旦大雪运使何同叔送羊羔酒拙诗为谢
未雪兵厨已击鲜，
雪中从事到尊前。
浅斟未办销金帐，
快泻聊凭药玉船。
醉梦免教园踏菜，

富儿休诧馔罗膻。
烂头自合侯关内，
何必移封向酒泉。

十二月二十二日葛守送羊羔酒戏占小诗
马乳三年隔大官，
羊羔今日倒芳樽。
浅基低唱非吾事，
醉梦惟应踏菜园。

　　羊羔酒虽然风靡于唐宋，但其出现最早却是在三国时期，据史料记载，诸葛亮曾以羊羔酒犒劳三军。唐玄宗李隆基给杨贵妃过生日，从"沉香亭"贡酒中特意为杨贵妃选了"羊羔美酒"以示祝贺。贵妃醉酒后，翩翩起舞，跳起《霓裳羽衣舞》，玄宗趁着酒兴为之拍击奏乐。

　　由此可见，这羊羔美酒真乃绝世佳品，所以才在南宋得以广泛流传。

第三章 饮茶风尚

第一节 茶业之鼎盛

一 茶盛于宋

取茶叶作为饮料,古人传说始于上古时代。《神农本草经》中说:"神农尝百草,日遇七十二毒,得荼(茶)而解之。"

神农就是炎帝,中华民族的祖先之一。相传,有一日,他尝了一种剧毒的草,当时他正在烧水,水没有烧开就晕倒了。不知道过了多久,神农在一种沁人心脾的清香中醒了,他艰难地在锅里舀水喝,却发现沸腾的水已经变成了绿色,里面还飘着几片绿色的树叶,清香就是从锅里飘出来的。几个时辰之后,他身上的毒居然解了!神农细心察看之后发现,锅里正上方有一棵植物,研究之后又发现了它更多的作用,最后将它取名为"茶"。这则关于茶的传说,可信度有多大尚不可知。但有一点是明确的,即茶最早是一种药用植物,其药用功能是解毒。

两汉到三国时期,茶已经从巴蜀传到长江中下游。至两晋南北朝时期,茶叶已被广泛种植,渐渐在人们日常生活中居于显著地位,甚至有些地方还出现了以茶为祭的文化风俗。茶已经从普通百姓中进入上层社会,不仅僧人与道家借此修行养生,在当时文化人中,茶也成为他们的"新宠"。

在文人雅士的参与下,又将茶的功能渗透到了人们的心理与感情上,逐渐转化为一种精神活动,使茶走向一种更高的境界,从而形成一种文化——茶文化。

唐代，陆羽总结了历代制茶和饮茶的经验，写了《茶经》一书。陆羽因之而被召进宫，得到皇帝赞赏。唐朝非常注重对外交往，经济开放，因而从各个层面上对茶文化的兴盛起到了推波助澜的作用，于是茶道大兴，同时也在中国茶文化发展史中开辟了划时代的意义。

经历了唐朝茶业与茶文化的发展阶段，宋代成为历史上茶饮活动最为活跃的时代。

从饮茶风尚所席卷的广角来看，茶在民间的普及，是在宋代完成的。南宋人吴自牧在《梦粱录》中说，"夫茶之为民用，等于米盐，不可一日以无"。

茶可以很俗，俗到成为寻常百姓家的每日必需品。寻常的宋朝人家，平日里接待宾客，必用茶作为饮料。当客人来访时，主人要先敬茶招待；当客人告辞时，主人家则奉上茶送客。

上层社会更是以烹茶为风尚。南宋有一位叫作张约斋的雅士，写了一篇《张约斋赏心乐事》，文章列举了一年四季中最适宜做的赏心乐事，其中三月季春最赏心之事，是"经寮斗新茶"；十一月仲冬最赏心之事，是"绘幅楼削雪煎茶"。

吴自牧在《梦粱录》中又说："烧香点茶，挂画插花，四般闲事，不许戾家。"戾家，指外行人。

茶可以很雅，雅到挤入了不适宜外行人玩的文人四大雅道之列。

饮茶不仅成了人们物质生活的重要组成部分，而且进入上层社会的精神生活，成为文学艺术的主题之一。

北宋文学家苏轼把佳茗和佳人联系在一起，写出了"从来佳茗似佳人"的佳句，为人们所传诵。

南宋陆游写了三百多首茶诗，成为历代诗人中写茶最多的一位。

可以这么说，到了宋代，上至王公贵族，下至黎民百姓，饮茶已是十分普遍。宋室南渡之后，南方的茶业更是得到飞速发展，饮茶更加普遍。茶馆业的形成，茶的成品也发生了转变，散茶成为主要的茶品。

南宋的茶业和茶文化已发展至相当高的阶段，可称是中国茶文化的高峰时期，其对后世茶文化的发展，起到了承前启后、继往开来的作用。

二 诗情画意的茶文化

茶在唐代，似乎已经被文人们喝得不能再讲究了：水沸腾度、汤花绵厚度，都很有名堂，每一道程序都足已让人眼花缭乱。到了崇尚雅逸之趣的宋人这里，茶道才真正登场。因为今天人们崇尚的所谓日式茶道，正是源自宋代茶艺的发展而形成的。

如果单纯从喝茶的过程来看，宋代与唐代相比，并没有显得更繁琐细致，宋人也是先将烤炙过的茶饼敲碎碾末，再用茶罗将茶末筛成细细的粉末。接着是一道特别的程序：调膏，就是在放了茶末的茶盏里注入少量的水，将其搅拌均匀，成为一种黏稠的膏状。

通常调好膏后，另一边已经把水煎好了，并倒入长嘴的瓶或壶内，这时一手执瓶或壶，将沸水注入盏内，另一只手用茶筅反复旋转打击茶汤，使茶盏中泛起泡沫，然后才饮。

南宋诗人杨无咎在《玉楼春·茶》这首词中描写了这个过程：

酒阑未放宾朋散。自拈冰芽教旋碾。调膏初喜玉成泥，溅沫共惊银作线。

已知于我情非浅。不必宁宁书碗面。满尝乞得夜无眠，要听枕边言语软。

跟唐人把茶末放入水煎不同，宋人崇尚"点茶"，但在宋词中，还是有人提到"煎茶"，如获"词俊"之名，曾任临安府通判的朱敦儒的《诉衷情》，就是借茶抒情：

月中玉兔日中鸦。随我度年华。不管寒暄风雨，饱饭热煎茶。居士竹，故侯瓜。老生涯。自然天地，本分云山，到处为家。

南宋末年陈允平在其所作《柳梢青》中，同样也是描述煎茶：

沁月凝霜。精神好处，曾悟花光。带雪煎茶，和冰酿酒，聊润枯肠。看花小立疏廊。道是雪、如何恁香。几度巡檐，一枝清瘦，疑在蓬窗。

唐代的煎茶法在宋朝仍然存在，北宋著名文学家苏轼的《试院煎茶》：

蟹眼已过鱼眼生，飕飕欲作松风鸣。
蒙茸出磨细珠落，眩转绕瓯飞雪轻。
银瓶泻汤夸第二，未识古人煎水意。
君不见昔时李生好客手自煎，贵活火发新泉。
……

描述了煎茶的全过程，并且还表达了对"银瓶泻汤"这种点茶法的看法，觉得点茶不如煎茶更能得茶味。吴潜有《谒金门·和韵赋茶》词也说的是煎茶法：

汤怕老，缓煮龙芽凤草。七碗徐徐撑腹了。卢家诗兴渺。
……

不过，最能代表宋人喝茶特点的还是点茶法，而点茶法在煎水上也是很讲究的，即在水沸腾至水泡如"蟹眼"、声音如"松风"，北宋末南宋初的张元干在其《浣溪沙》一词中说：

棐几明窗乐未央。熏炉茗碗是家常。客来长揖对胡床。
蟹眼汤深轻泛乳，龙涎灰暖细烘香。为君行草写秋阳。

这种"新汤"是在水未煮老就注入瓶中，然后立即冲茶，这样看来，这种喝法也颇得煎茶法中煎水的精髓了。

同样是用茶筅击打茶水生成的泡沫，唐人美其名为"花"，而宋人则用"乳"来形容，还有"浓""肥""腴"这样的词，可以想见这样点出来的茶会更浓酽吧。茶的花里，薄而密的叫"沫"，厚而绵的叫"饽"，而点茶法的汤花看来全都是"饽"了。"饽"的醇厚与否，正是宋人斗茶的主要内容。斗茶是一项茶人评比新茶的比赛活动，具有比技巧、斗输赢的特点，趣味性较强。

宋人品茶，对水质的要求颇高。陆游于嘉定元年（1208年）冬，在山阴（绍兴）也写了一首《雪后煎茶》诗：

雪液清甘涨井泉，自携茶灶就烹煎。
一毫无复关心事，不枉人间住百年。

诗中说的用融雪后的井水烹茶，百年人生，唯此乐事了。很显然，诗人对煎茶用的水十分讲究。黄庭坚《西江月·茶》里说的泉水，就是极好的一种。也有取雪水煎点茶的：

望江南
北宋·谢逸

临川好,柳岸转平沙。门外澄江丞相宅,坛前乔木列仙家。春到满城花。

行乐处,舞袖卷轻纱。谩摘青梅尝煮酒,旋煎白雪试新茶。明月上檐牙。

收集了雪水,煎至适合的火候,再冲进盛着茶膏的茶盏中,等着雪白的泡沫高高浮起,想必是很有意境的一个景象。

宋词中关于茶的内容之多,《全宋词》有关茶的词有近二十首。所谓茶词,就是敬茶时吟唱的曲词,与筵席上劝酒常用的酒词作用相同。茶词一般会有关于茶的种类和茶色、香、味的介绍,有的是对烹茶过程的描写,有的是对茶解酒、涤烦功效之溢美,或用华丽的辞藻形容一番饮后的美妙感受。茶词是宋时茶艺之精的记述,也是以茶词敬客、敬主人风尚的反映。

词人向子諲的"酒边词",以赠妓之作最多而知名。他曾写过一首《浣溪沙》,描写一位色艺双全的妓女,如向子諲《浣溪沙》:

艳赵倾燕花里仙。乌丝阑写永和年。有时闲弄醒心弦。

茗碗分云微醉后,纹楸斜倚鬓鬟偏。风流模样总堪怜。

词前小序说:"赵总怜以扇头来乞词,戏有此赠。赵能著棋、写字、分茶、弹琴。"词里将赵总怜所擅都描述了一遍,并说她分茶之后的发髻微偏的样子最惹人喜爱。"分茶"是一门技术,所以才为词人所称道。

分茶又称茶百戏、汤戏或茶戏。杨万里有一首《澹庵坐上观显上人分茶》诗,记述分茶时的情景,详尽而生动:

分茶何似煮茶好，煎茶不如分茶巧。

蒸云老禅弄泉手，隆兴元春新玉爪。

二者相遇兔瓯面，怪怪奇奇真善幻。

纷如劈絮行太空，影落寒江能万变。

银瓶首下仍尻高，注汤作势字嫖姚。

茶、水相遇，在兔毫盏的盏面上幻变出怪怪奇奇的画面来，有如淡雅的丹青，或似劲疾的草书。北宋初人陶谷在《荈茗录》中说到一种叫"茶百戏"的游艺：

茶至唐始盛，近世有下汤运匕，别施妙诀，使汤纹水脉成物象者。禽兽虫鱼花草之属，纤巧如画，但须臾即就散灭。此茶之变也，时人谓茶百戏。

陶谷所述"茶百戏"便是"分茶"，"碾茶为末，注之以汤，以筅击拂"，此时，盏面上的汤纹水脉会幻变出种种图样，若山水云雾，状花鸟虫鱼，恰如一幅幅水墨图画，故也有"水丹青"之称。王千秋《风流子》中的这位女子也擅长分茶：

夜久烛花暗，仙翁醉、丰颊缕红霞。正三行钿袖，一声金缕，卷茵停舞，侧火分茶。笑盈盈，溅汤温翠碗，折印启缃纱。玉笋缓摇，云头初起，竹龙停战，雨脚微斜。

……

停下舞步的女子带着盈盈浅笑上前来，纤纤玉手几起几落，就在茶盏里画出"丹青"一幅，怎能不叫人倾心？嗜茶的宋徽宗在《大观茶论》里细细描述了点茶的诀窍："量茶受汤，调如融胶，环注盏畔，勿使侵茶。势不欲猛,先欲搅动茶膏,渐加击拂。手轻筅重,指绕腕旋,上下透彻,如酵蘖之起面,疏星皎月,灿然而生,则茶之根本立矣。"后一段分明就是分茶的手法,而事实上,赵佶本人也是分茶好手。

对茶的嗜好,再经高手的分茶助兴,加上文人雅士的推介,使得喝茶成为一种极高的享受,直欲令人飘飘欲仙。

喝茶本来就是一种雅逸之趣,分茶仿佛是用水和茶来泼墨、书写、作画,更可以寄托文人的闲情逸致。因此,除了一般文人,想必心灵手巧的女性更会以分茶为乐,如李清照《转调满庭芳》就有"当年,曾胜赏,生香薰袖,活火分茶"的词句,三言两语,就把闺中女子的雅趣展现无遗。

文天祥是南宋最后一位丞相,也是一位多产的诗人。他的诗歌都是其人生经历的写照,为数不多的几首茶诗,也是我们了解当时茶文化的一扇窗口。

纵览《文山先生文集》中的诗词,与"茶"有关的只有屈指可数的两三首。

景定壬戌司户弟生日有感赋诗
南宋·文天祥
夏中与秋仲,兄弟客京华。
椒柏同欢贺,萍蓬可叹嗟。
孤云在何处,明岁却谁家。
料想亲帏喜,中堂自点茶。

诗中写的是兄弟二人当时同在朝廷为官,客居京师繁华之地,在弟弟生日时的感想。诗歌里面既有"椒柏同欢贺"的快乐,也有"萍蓬可叹嗟"的愁绪。既是骨肉情深的欢愉,也是"料想亲帏喜,中堂自点茶"的思念。想到母亲长辈在家,即使再欢喜,也只能在大客厅里自己"点茶"汤以示欢庆。

　　这里出现的茶，是在庆祝的场合使用的一种礼法，可理解为一种隆重的庆祝活动，可见，当时的茶文化的确是盛行的，其次也说明它不是常态的。这就跟我们现在过年过节才做的一些事情，用的一些物品，吃的一些食物一样。

太白楼
南宋·文天祥
扬子江心第一泉，南金来此铸文渊。
男儿斩却楼兰首，闲品茶经拜羽仙。

　　"扬子江心第一泉"作为诗歌的第一句，既是应景写实，又是因故用典，可谓匠心独运，出神入化。"南金"是自许，"文渊"是神往，他希望来到太白楼上沾点诗仙的光辉，铸就未来学识渊博的文才胆魄。文天祥非常清楚，要想过上和平的生活，首先必须成为好"男儿"，作为顶天立地的男子汉，应该承担起保家卫国的责任和义务，将肆虐中原、涂炭生灵的侵略者赶尽杀绝，这就是第三句"男儿斩却楼兰首"的意思，"楼兰"意指西域，是对外来侵略者的泛称。只有完成目前的艰巨任务，将来才会出现太平盛世，才有空"闲品茶经"，才有机会"拜羽仙"。换言之，诗歌以"闲品茶经拜羽仙"作为和平生活的象征，可见茶文化在当时的地位是多么崇高。

　　文天祥的《太白楼》，应该是指马鞍山太白楼，因为只有它才在长江边上，才有"扬子江心第一泉"之说。文天祥在征程途中经过太白楼，登楼观景，触景生情，以诗言志。在太白楼上面对浩瀚的长江大河，想到江心的水是泡茶最好的水——第一泉，才会联想到《茶经》和陆羽，才会学着李白抒发胸臆，吟诗作对。

《太白楼》中的"茶"是《茶经》里的茶。茶性本来平和绵软，是和平的象征，茶文化适宜清静安逸的人文环境。正所谓仁者见仁、智者见智，文天祥以茶励志，将驱除鞑虏，追求和平的决心也融入其茶诗中。

晚渡
南宋·文天祥
青山围万叠，流落此何邦。
云静龙归海，风清马渡江。
汲滩供茗碗，编竹当蓬窗。
一井沙头月，羁鸿共影双。

《晚渡》显然是文天祥被押解北上时的作品，因此才会出现"青山围万叠，流落此何邦"的诗句。"云静龙归海，风清马渡江"是写景，描述当时周边环境，"云静""风清"反映出诗人的乐观主义精神，虽然被羁押囚禁，但仍然乐观向上，也可以看出，其押送人员对他还是不错的，让他有心情赏景赋诗。

这首诗中表面看好像与"茶"没有关系，实际上仔细品味就会发现，"茶"是隐含在第三句中——"汲滩供茗碗，编竹当蓬窗"。

第二节 饮茶风尚

一 江湖茶坊

刘松年的《撵茶图》以工笔白描的技法还原了宋人烹茶的过程。画左侧有两个茶艺师。上者挨着几案，右手持茶盏，右手边是贮水瓮，

南宋·刘松年《撵茶图》

左手边是煮水的烧器。前方几凳上有茶筅、茶盏等茶具。下者跨坐在矮几上,正在碾磨茶叶。

量茶博士

宋人将饮料统称为"凉水",茶水也属于凉水的一种。以茶为主打饮品的茶馆,也兼售各类凉水。在缤纷多彩的两宋都市中,茶博士给贵客推介的茶水,自不会单调。吴自牧在《梦粱录》开列过一份杭州茶肆的通用菜单:

卖奇茶异汤,冬月添卖七宝擂茶、馓子、葱茶,或卖盐豉汤,暑天添卖雪泡梅花酒,或缩脾饮暑药之属。

擂茶是一门古老茶艺，今存于我国的闽粤赣地区。擂茶就是将茶叶与多种配料混合研磨，擂碎后，或冲泡或煎煮而成。杭州茶肆添卖的七宝擂茶，即为七种名贵原料混制而成的茶饮。七宝茶也是宋代的宫廷御茗，庞元英《文昌杂录》载：

仁宗每崇政殿亲试进士，亦赐大臣七宝茶。至今以为故事。

来到一间茶坊，一个个装扮清爽的茶坊伙计托着装满茶碗的盘子，或在陈列有致的桌椅间穿行，或低首询问客人有何吩咐。这班伙计被宋人称作"茶饭量酒博士"，他们如受雇于酒楼，也可简称"量酒博士"，在茶坊则称为"茶博士"。茶博士之名首现于唐代的《封氏闻见录》：

御史大夫李季卿宣慰江南，至临怀县馆，或言伯熊善茶者，李公请为之。伯熊着黄衫、戴乌纱帽，手执茶器，口通茶名，区分指点，左右刮目。茶熟，李公为歠两杯而止。既到江外，又言鸿渐（陆羽）能茶者，李公复请为之。鸿渐身衣野服，随茶具而入。既坐，教摊如伯熊故事。李公心鄙之，茶毕，命奴子取钱三十文酬煎茶博士。

陆羽虽是誉满寰宇的茶圣，可他在世时并不被世人赏识，甚至还遭到李季卿的鄙视。但在李季卿的俗眼中，陆羽还算得上是会煎茶的茶博士。

"博士"本是学官名，只有经过专门的培训，具有广博的茶学知识与熟练的冲茶技艺的茶坊高级茶艺人员，才能被称为"茶博士"。那些只会干杂活儿的茶坊跑堂，是不能被称作"茶博士"的，薪资也不如茶博士高。茶博士只说自己的行话。譬如，南宋杭州的茶博士每日计算所收的茶钱，不会说收了多少钱，而是以杭州为基点，到某地的里数来隐喻钱数。他们如果说"今日到余杭县"，便指今日茶博士收了四十五钱，因为余杭县到杭州城的里程恰是四十五里。他们如果说"走到平江府"，实指自己赚了三百六十钱。茶坊还是一个问路的最佳场所，而且你也不用担心会受欺骗。

右图为南宋刘松年《茗园赌市图》，此图描绘了城市里的卖茶人饮茶和斗茶的场景。卖茶人的茶担上有一张写着"上等江茶"的字条。

常言道："不怕官，只怕管。"除去

南宋·刘松年《茗园赌市图》

官府，谁来管这些茶博士呢？宋代都市几乎已全变为商业都市。伴随着市场业态的日趋成熟，各个行会也在崛起。宋代行业的主事人俗谓"行老"或"行头""行首"。

自古以来，茶楼就是三教九流会集之处，小道传闻集散之地。所以，宋代茶行的行老也是江湖"百晓生"。州县新官到任时，如想尽早知掌本地的民风时态，都要先去拜会当地的行老，"密问三姑六婆、茶坊酒肆、妓馆食店、柜坊马牙、解库、银铺、旅店，各立行老，察知物色明目，密切告报，无不知也"。

除了在正规茶坊里工作的茶博士受茶会行老的管束，在午夜开封小巷，提瓶卖茶的小贩也受行老管制。据南宋郑樵《文献通考》记载，宋代的卖茶小贩，也须挂靠行会。"京师如街市提瓶者，必投充茶行"。卖茶小贩在日间需为饱肚而奔波。晚间会提上一瓶瓶茶，到每家每户去碰碰运气，看有谁要点茶，或是谁家需要他们代传口信，

南宋·刘松年《斗茶图》　图中四个人携带着雨具和茶具，在城郊的松柏树下斗茶。斗茶又称"茗战"，是宋时盛行的一种评比茶水优劣的雅戏

以赚点儿小钱。这些人是值得信赖的人，因为他们和茶博士都对茶行行老负责。

茶业行老的声望较高，其属下的茶坊常常成为各行业者的聚会点。诸行寻觅本业人力时，也多需借一借茶坊的贵地，发布信息。因此，茶饮业行老常被推为当地商贸圈子的"武林盟主"。茶博士要是操

宋·佚名《斗浆图》

守不谨，不仅会有失业之虞，闹到了行老那里，连在本行业甚至在本地再谋生路都很难了。

宋茶坊所卖茶饮的卫生、卖相、味道也是让人放心的。孟元老在《东京梦华录》中记叙：

> 凡百所卖饮食之人，装鲜净盘盒器皿，车担动使，奇巧可爱，食味和羹，不敢草略。

不过，在茶行管不到的地方，茶的质量就没有保障了。宋朝行伍中，一些下级士兵饱受歧视，待遇极低。他们为了挣钱，也做起了送茶的兼差，"以茶水点送门面铺席"，名为乞讨钱财，实为勒索讹诈。这类人茶业行老管不了他们，他们送来的茶也就有了一个不光彩的名称叫"酪茶"。

到处是茶坊

中国茶文化的鼎盛期，毫无疑问出现在两宋时期。

从饮茶风尚所席卷的广角来看，茶在民间的普及是在宋代完成的，宋人说，"夫茶之为民用，等于米盐，不可一日以无"，"盖人家每日不可缺者，柴米油盐酱醋茶"。茶可以很俗，俗到成为寻常百姓家的生活之必需。

从饮茶艺术所能达到的高度来看，宋朝茶道、茶艺的精致程度，堪称空前绝后，宋人说，"烧香点茶，挂画插花，四般闲事，不许戾家"。戾家，指外行人。茶可以很雅，雅到茶道跻身不适宜外行人玩的文人四大雅道之列。

唐人封演在《封氏闻见录》中描述茶在唐朝之盛况：

楚人陆鸿渐（陆羽）为《茶论》，说茶之功效，并煎茶炙茶之法，造茶具二十四事，以"都统笼"贮之。远近倾慕，好事者家藏一副。有常伯熊者，又因鸿渐之论广润色之，于是茶道大行，王公朝士无不饮者。

但此时饮茶的风尚，只是流行于上层社会，"无不饮者"无非是"王公朝士"。

这一特点也可以从茶画中看出来。你去看唐代的饮茶图就会发现唐人所描绘者，几乎都是贵族生活。比如台北故宫博物院藏的一幅唐人《会茗图》，便是描述一群宫廷贵妇聚会品茗、奏乐的场景。

历史画面转移到宋代，茶文化的发展已经起巨大的变化，茶文化已经进入普通百姓家。宋人李觏《旴江记》中载："茶非古也，源于江左，流于天下，浸淫于近代，君子小人靡不嗜也，富贵贫贱无不用也。"

宋代的城市，满大街都是茶坊、茶肆，就像今天城市中几乎每一个要闹处都会有咖啡厅，喜欢在街边摆上几套桌椅，再撑上一把太阳伞，成为供行人休息和纳凉的地方。

《东京梦华录》说，北宋时汴京朱雀门外，"以南东西两教坊，余皆居民或茶坊，街心市井，至夜尤盛"。旧曹门街的"北山子茶坊，内有仙洞、仙桥，仕女往往夜游，吃茶于彼"。

南宋人对饮茶更是喜好，从吴自牧的《梦粱录》就可见一斑：杭州"坊巷桥道，院落纵横"，"处处各有茶坊、酒肆"，还列出了一串茶坊的名字：潘节干茶坊、俞七郎茶坊、朱骷髅茶坊、郭四郎茶坊、张七相干茶坊、黄尖嘴蹴球茶坊、一窟鬼茶坊、车儿茶肆、蒋检阅茶肆。

《武林旧事》也罗列了一串茶坊名：清乐茶坊、八仙茶坊、珠子茶坊、潘家茶坊、连三茶坊、连二茶坊等，数量和规模均超过开封。单看这些茶坊的名字，觉得特别"酷炫"，特有个性。

在当时，茶馆和茶棚为宋朝上到公卿，下到百姓，提供了一个休闲娱乐的公共空间。茶馆不但是普通百姓喜欢聚集、闲话家常、聊聊八卦的场所，更是士大夫"期朋约友会聚之处"。

还有一些高档茶坊可供"富室子弟、诸司下直等人会聚，习学乐器、上教曲赚之类"。

大众茶坊则是"诸行借工卖伎人会聚"的场所。

档次稍高一点儿的茶坊，装修都特别精致，"插四时花，挂名人画，装点店面"；"列花架，安顿奇松异桧等物于其上，装饰店面"。

有一些茶坊还会邀请艺人献艺，以招徕顾客，如黄尖嘴蹴球茶坊内应该就有足球表演，又如洪迈《夷坚志》载，乾道年间，吕德卿偕其友前往杭州，在"嘉会门外茶肆中坐，见幅纸用绯帖尾云：'今晚讲说汉书'"。这家茶坊不但有说书节目，还张贴出节目预告。

清乐茶坊、八仙茶坊、珠子茶坊、潘家茶坊、连三茶坊、连二茶坊，平日里都有歌伎迎客："莫不靓妆迎门，争妍卖笑，朝歌暮弦，摇荡心目。"

需要提醒的是，宋代的歌伎如同今天的女艺人，不是娼妓。你刚踏入这些茶坊，立即就有"提瓶献茗"的美貌服务员给你奉上茶汤一杯，这时候你需要付一点儿小费，叫作"点花茶"。你也可以叫歌伎陪着饮茶，弹奏唱曲助兴；如果你对这茶坊的歌伎不满意，还可以召唤他处的歌伎过来陪饮："或欲更招他妓，则虽对街，亦呼肩舆而至，谓之'过街轿'。"那歌伎就在大街对面，才几步路远，却不肯走路，要坐着轿子过来。

茶坊相对于京城的酒楼，店小客少，利润也较薄。店主大多雇不起茶博士，多采用家庭经营的模式。如杭州人石氏经营的茶坊，只能"令幼女行茶"。僻处小城的小茶坊主，即便夙兴夜寐，大多仅能维持温饱。福州城西居民游氏，"家素贫，仅能启小茶肆，食常不足，夫妇每相与愁叹"。茶坊都赚不到多少钱，遑论"卖醒茶"的兵痞了。想在茶烟袅绕的城市中脱颖而出，功夫则全在茶外。

宋代茶坊在卖茶之余，也会因地制宜兼营别的行当，或随时序换易兼卖特殊的商品。杭州西湖之畔是茶馆的集中地。西湖茶馆常会向游人出租船只，南宋文人刘克庄《戏孙季蕃》诗曾载："常过茶邸租船出，或在禅林借枕欹。"

《都城纪胜》也说：

无论四时，常有游玩人赁假。舟中所须器物，一一毕备，但朝出登舟而饮，暮则径归，不劳余力，惟支费钱耳。

近水楼台先得月，这些游船应多属临湖的茶坊所有。

开封潘楼东街巷的茶坊每日五更时，就会买卖衣物、图画、花环、领抹等物，到清早时收摊。

南宋杭州的元宵日，御街诸茶坊"渐已罗列灯球等求售，谓之灯市，自此以后，每夕皆然"。

常言道："做正行的不如捞偏门的。"有些商人因抵不住潜在利益的诱惑，便把自己的茶坊变为藏污纳垢的都市暗角。一些茶坊的经营者本身就是黑道中人。周密《癸辛杂识》说：

故都向有吴生者，专以偏僻之术为业，江湖推为巨擘。居朝天门，开大茶肆，无赖少年竞登其门。

所谓的"偏僻之术"指的是什么呢？"黄赌毒"是偏门生意的"三大件"，早至宋代，人们已经知道罂粟有药用价值，但尚无将它提炼成毒品的念头，所以茶坊以兼营"黄"和"赌"招财进宝。

吴自牧说，杭州大街上有三五家挂名的茶坊，楼阁里专藏妓女。这类容留妇女卖春的茶坊，名为"花茶坊"。它们是供脂粉客猎色的欢场，吴自牧故言这些地方"非君子驻足之地也"。

古之君子嘴上当然要冠冕堂皇一点儿，但在内心深处，却不一定认为妓女是不洁之人。吴自牧既说花茶坊不宜驻足，又详说杭州"花茶坊"的地址与名号，正缘于此。"如市西坊南潘节干、俞七郎茶坊，保佑坊北朱骷髅茶坊，太平坊郭四郎茶坊，太平坊北首张七相干茶坊"。

还有一类茶坊，可再分为侧重于"色"和"乐"的茶坊。以声色为卖点的茶坊，还算比较规矩，近似于今日日本的艺伎馆。周密在《武林旧事》中列举过杭州那些歌乐盈耳的名坊："清乐茶坊、八仙茶坊、珠子茶坊、潘家茶坊、连三茶坊、连二茶坊。"此外，"金波桥等两河以至瓦市"都分布着这种档次不一的茶坊。"各有等差，（女伎）莫不靓妆迎门，争妍卖笑，朝歌暮弦，摇荡心目"。

杭州人通常不会急着进去，而会先看看自己带了多少钱。茶客初次登门，就有人给他们提瓶献茶，茶客需付数千钱的赏金。茶客上楼坐定，还要再点一杯茶，再付一次钱，这叫"支酒"。随后，茶客才可随性点唤茶水或服务。

茶客坐定之后，各色小贩蜂拥而上，立在客人周围，推销各类物品。阔人想点哪一位女伎过来陪伴，即使女伎在街对面，杂役们也会抬着轿子将她接来，这种方式称为"过街轿"。

在另一类以"乐"为重点的茶坊，杭州的贵公子与宫城的役人可前往那儿向专业艺人学习乐器和说唱艺术，此谓"挂牌儿"。

挂牌儿所在的茶楼，"本非以点茶汤为业"，却以此为噱头，意在"多觅茶金耳"。现下有些书店也售卖咖啡等饮品，其用意也在于增加营收。还有一些茶坊接近今时的"文化沙龙"。如杭州城的一窟鬼茶坊、大街车儿茶肆、蒋检阅茶肆，均为"士大夫期朋约友会聚之处"。而《梦粱录》所载的"黄尖嘴蹴球"茶坊，大概是宋代蹴球爱好者的休闲会所。

如果将酒楼比作"大家闺秀"，茶坊则是"小家碧玉"了。受创业者自身条件的限制，能占据整栋楼阁的茶坊恐怕是凤毛麟角了。

茶坊与雕梁绣栱、门楣挂彩的大酒楼相比，茶坊主多将有限的预算更多地用于营造清雅的饮茶环境，供顾客品茶消闲，怡情养性。北宋时开封的茶坊主还别具匠心，在潘楼东街巷的茶馆内部营建"仙楼"和"仙桥"，仕女们夜游，往往也进去品茗休闲。

但仅靠"金漆雅洁"的外表，很难留住那些好茶的文人雅士。因而，茶坊主们便别出心裁地"插四时花，挂名人画，装点店面"，借以"勾引观者，留连食客"。

茶坊悬挂名人字画的做法初起于北宋初年。宋军平蜀后，蜀宫的金银珠宝玉器书画收归于大宋国库。宋太祖观览故蜀的书画时，问起它们的用处。臣下说："以奉主人尔。""独览孰若使众览邪？"宋太祖因想与民同乐，故将蜀宫书画全数转赠开封城东门的茶坊。

北宋中后期，茶坊挂画，蔚然成风。茶坊经营者为抬高本店身价，常向画家墨客求索名作。

一朝一代的名作不少见，能传世留名者寥寥无几。米芾时人称他"米癫"，他是行为怪异、性格孤傲的书画大家。他曾说："今人画亦不足深论，赵昌、王友、镡簧辈，得之可遮壁，无不为少；程坦、崔白、侯封、马贲、张自芳之流，皆能污壁茶坊酒店。"

米芾将程坦等人的画贬为与茶坊挂画同等级别的作品，足证茶坊的"名画"大都是难入名家法眼的凡品。

北宋茶坊张挂字画的原俗也传承到了南宋。所不同的是，南宋文人多不熟谙开封的故事，竟以为"挂画引客"原为开封熟食店的揽客手法，后来才被杭州茶坊沿用。

南宋前期，孟元老和新生代谈及开封旧迹时，后生们"往往妄生不然"。孟元老深恐随着旧都移民的凋零，"论其（汴京）风俗者，失于事实"，因此决定撰写《东京梦华录》。然而，毕竟做不到面面俱到，某些陈景旧忆也渐随流光溇漫。

画是美的留影，花是美的化身。情势与世风虽会移转，人类对美的追慕，对美的向往却永未变改。金秋时的开封城，菊蕊纷纷，日日香成阵。茶坊将小菊儿请到了门口，让它们排成了一个花门，以迎来宾。南宋的临安茶坊，也有迎宾的花儿。可喜的是，它们已是茶坊永远的花仙子，"今之茶肆，列花架，安顿奇松异桧等物于其上"。客人置身字画挂壁，花草相依的茶坊时，饱尝视觉盛宴。

南宋杭州城，卖梅花酒的茶坊还配有弹奏"梅花引"的乐队。不想听歌，听一听故事如何？宋代说书人多半在瓦舍、茶坊酒楼中驻演，《西湖老人繁胜录》说："余外尚有独勾栏瓦市。稍远，于茶中作夜场。"

有的说书人长期在某间茶肆说书,以至于喧宾夺主,那些茶坊索性改以说书人的艺名或他们讲演的内容为店名。如杭州城王妈妈开的那家茶坊,又名"一窑鬼茶坊",它即以说书人说唱"西山一窟鬼"的话本故事而得名。

北宋·赵佶《文会图》局部

北宋·赵佶《十八学士图》局部

宋·佚名《春宴图卷》局部

当时的文人雅集，品茶是必不可少的一件事，许多士大夫还会定期举行"茶会"，邀三五好友，择一清雅之所，品茗斗茶。

苏轼任扬州知州时，石塔寺也是其经常光顾的地方。元祐七年端午，友人毛正仲送了些好茶叶来，苏轼对茶情有独钟，于是在扬州石塔寺设宴款待。苏轼十分考究原料，他选小羊、乳猪、鲜鱼虾等为原料，洁净的器物为餐具，令名厨烹之。苏东坡在《毛正仲惠茶，端午小集石塔，戏作为谢》道：

我生亦何须，一饱万想灭。
胡为设方丈，养此肤寸舌。
尔来又衰病，过午食辄噎。
谬为淮海帅，每愧厨传缺。
爨无欲倩人，奉使免内热。
空烦赤泥印，远致紫玉玦。
为君伐羔豚，歌舞菰黍节。
禅窗丽午景，蜀井出冰雪。
座客皆可人，鼎器手自洁。

金钗候汤眼，鱼虾亦应诀。

遂令色香味，一日备三绝。

报君不虚受，知我非轻啜。

饭后，苏轼说，色香味是烹饪的最基本的要求。一日之内，几道菜，色香味均佳，真是绝了！这是在其他地方难以尝到的。

传为宋徽宗的作品《文会图》与《十八学士图》，以及宋代佚名的《春宴图卷》，都描绘了文人学士在庭院中举行茶雅集的情景。三图烹茶面画的构图相似，当有传承关系。

二　茶艺——点茶与分茶

点茶

宋人敢说："近岁以来，采择之精，制作之工，品第之胜，烹点之妙，莫不盛造其极。"为什么？因为在中国茶艺史上，宋人的烹茶方式独一无二，是历史上的绝唱。

唐代人饮茶讲究鉴茗，品水，观火，辨器。唐朝中期盛行煎茶，其时有粗茶、散茶、末茶和饼茶。煎茶用的是饼茶，煎茶前，首先要把饼茶碾成细末，煎茶包括烧水和煮水两个过程，先将水放入"鍑"中。鍑是一种两侧有方形耳的大锅。

煮茶分三个阶段，即"三沸"，当水出现鱼眼大气泡，并有沸声时为第一沸，这时适量加入姜、葱、茱萸、薄荷、盐等佐料调味。当锅边缘连珠般的水泡向上涌时为第二沸，这时舀出一瓢开水，用竹夹在"鍑"中搅动，形成水涡，使水的沸度均匀，然后取出适量的茶末投入水中，再进行搅动。等待水面波浪翻腾溅出沫子时，就是第三沸了。此时将原先舀出的一瓢水倒入鍑中，使水停沸生成茶沫，同时将泡沫上形成的似黑云母的一层水膜去掉。"三沸"之后，不能再煮，因为再煮，水便煮老了，不能饮用。

茶圣陆羽认为茶汤的精华是茶汤上的"沫饽"，薄的叫沫，厚的叫饽，细的叫花。茶汤的沫饽多为最好。但他认为，唐人的这种饮用方式比较"粗暴"，贬斥为"沟渠间弃水"。

元明时期形成、流传至今的泡茶法，也过于朴实、简易，难以发展成一套繁复的烹茶工艺。泡茶法所用的茶叶，叫作"散茶"，宋代市场上也有"散茶"，但不流行，而以"团茶""末茶"为主流。什么叫作"团茶"呢？即茶叶采摘下来之后，不是直接焙干待用，而是经过洗涤、蒸芽、压片去膏、研末、拍茶、烘焙等一系列复杂的工序，制成茶饼，这就是"团茶"了。在制茶过程中，茶叶蒸而不研，则是"散茶"；研而不拍，则是"末茶"。

"团茶"制成之后，要用专门的茶焙笼存放起来。烹茶之时，从茶焙笼取出茶饼，用茶槌捣成小块，再用茶磨或茶碾研成粉末，还要用罗合筛过，以确保茶末都是均匀的粉末状。茶末研好之后，便可以冲茶了，宋人称之为"点茶"。

南宋吴自牧《梦粱录》中记载："烧香点茶，挂画插花，四般闲事，不宜累家。"

焚香、点茶、挂画、插花，被称为宋人四雅，在平常日、平常事中花点小心思来点缀，心之所向、嗅之所觉、味之所感、目之所见，各个感官都极尽美的享受，这便是宋人的闲适。

点茶及其延伸的斗茶及茶百戏活动从宫廷盛行到文人追捧，再到成为民间生活的日常优雅了整整一个朝代。

点茶在宋代相当流行，上到天子高官，下到平民百姓，可以说无一不会，无一不爱，但是要点一盏好茶可不是那么容易的，必须遵循以下一些程序：先用茶釜将净水烧开，随后马上调茶膏，每只茶盏舀一勺子茶末放入，注入少量开水，将其调成膏状。然后，一

南宋·刘松年《撵茶图》中的部分点茶工具：茶磨、茶炉、茶瓶、茶盏、盏托

边冲入开水，一边用茶筅击拂，使水与茶末交融，并泛起茶沫。击拂数次，一盏清香四溢的宋式热茶就出炉了。

宋人即便用"散茶"烹茶，也不是拿茶叶直接冲泡，而是先研成茶末，调成茶膏，再入盏冲点。这还是"点茶"的烹茶法。苏辙诗《宋城宰韩秉文惠日铸茶》：

> 君家日铸山前住，
> 冬后茶芽麦粒粗。
> 磨转春雷飞白雪，
> 瓯倾锡水散凝酥。
> ……

诗中的"麦粒粗"是指日铸茶之状，说明日铸茶是散茶，"磨转"

则表明烹茶之时，需要用茶磨将茶叶研磨成茶末。

点茶的过程既如此繁复，好茶的士大夫之家，当然必备一整套茶具。

南宋人董真卿将这套常备的茶具绘成《茶具图赞》，共有十二件，故又称"十二先生"，还给它们分别起了人性化的名字：储放茶团的茶笼叫"韦鸿胪"，用于捣碎茶团的茶槌叫"木待制"，磨茶的小石磨叫"石转运"，研茶的茶碾叫"金法曹"，量水的瓢杓叫"胡员外"（因为一般用葫芦做成），筛茶的罗合叫"罗枢密"，清扫茶末的茶帚叫"宗从事"，放茶盏的木制盏托叫"漆雕秘阁"，茶盏就叫"陶宝文"，装开水的汤瓶叫"汤提点"，调沸茶汤的茶筅叫"竺副帅"，最后用来清洁茶具的方巾叫作"司职方"。什么叫"精致的生活"？这就是了。

当然，如果是不怎么讲究的平民，也可以不用准备这么多的烹茶器具，因为市场上有大量"末茶"出售，可以直接用于调膏、冲点，就如今天的速溶咖啡。但文人雅士很享受研茶的过程，追求的就是全套烹茶流程所代表的品质与格调，因而家中茶槌、茶磨、茶碾之类的茶具是少不了的，正如今天那些追求生活情调的城市小资，喝咖啡一般不会喝速溶的，而是在家里准备了一整套器皿，从磨咖啡豆的研磨器，到煮咖啡的小炉。

日本《类聚名物考》便承认，"茶道之起……由宋传入"。而中国本土，由于宋后点茶失传，今天我们只能通过传世的茶图来观察宋人的点茶过程了。

刘松年的《撵茶图》，描绘的便是宋人烹茶的场面，图上两名男子，一人正在用石磨研茶，一人提着汤瓶，准备点茶。他们身边的方桌上，还放着茶筅、茶盏、盏托、茶罗等茶具。

河北宣化下八里出土的辽墓壁画，也有一幅《备茶图》，反映的应该是辽国汉地的烹茶习俗。从图像看，辽代燕赵贵族之家的烹

南宋·刘松年《撵茶图》局部

茶方式、茶具，都跟宋人的差不多。

宋人点茶，对茶末质量、水质、火候、茶具都非常讲究。他们认为，烹茶的水以"山泉之清洁者"为上佳，"井水之常汲者"为"可用"。

茶叶以白茶为顶级茶品；茶末研磨得越细越好，这样点茶时茶末才能"入汤轻泛"，发泡充分。

火候也极重要，宋人说"候汤最难，未熟则沫浮，过熟则茶沉"，以水刚过二沸为恰到好处；盛茶的茶盏以建盏为宜，"茶色白，宜黑盏。建安新造者，绀黑，纹如兔毫，其坯微厚，熁之久热难冷，最为要用。出他处者，或薄，或色紫，皆不及也"。最后，点出来的茶汤色泽要纯白，茶沫亦以鲜白为佳。宋人点茶尚白，这一点跟现在的日本抹茶不同。不过，白茶的制作非常麻烦，数量极少，民间点茶还是以绿色为尚。宋人自己也说，"上品者亦多碧色，又不可以概论"。

分茶

宋人将点茶的技艺，发挥到极致，又形成了一种高超的茶艺——分茶，分茶又称"茶百戏""汤戏"或"幻汤"。分茶始于宋初，北宋的《清异录》记述说：

近世有下汤运匕，别施妙诀，使汤纹水脉成物象者，禽兽、虫鱼、花草之属纤巧如画，但须臾即就散灭。此茶之变也，时人谓之"茶百戏"。

分茶有点儿像今日咖啡馆玩的花式咖啡：利用咖啡与牛奶、茶、巧克力的不同颜色，调配出有趣的图案。

据说著名的女词人李清照便是一名分茶高人，擅长"活火分茶"，她的不少诗词都提到分茶。如《满庭芳》词：

芳草池塘，绿阴庭院，晚晴寒透窗纱。玉钩金锁，管是客来吵。寂寞尊前席上，唯愁海角天涯。能留否？酴醾落尽，犹赖有梨花。

当年曾胜赏，生香薰袖，活火分茶。极目犹龙骄马，流水轻车。不怕风狂雨骤，恰才称，煮酒笺花。如今也，不成怀抱，得似旧时那？

晓梦
南宋·李清照

晓梦随疏钟，飘然蹑云霞。

因缘安期生，邂逅萼绿华。

秋风正无赖，吹尽玉井花。

共看藕如船，同食枣如瓜。

翩翩坐上客，意妙语亦佳。

嘲辞斗诡辩，活火分新茶。

虽非助帝功，其乐莫可涯。

人生能如此，何必归故家。

起来敛衣坐，掩耳厌喧哗。

心知不可见，念念犹咨嗟。

其中"生香薰袖，活火分茶"；"嘲辞斗诡辩，活火分新茶"之句，都说的是分茶之事。

宋徽宗也是茶艺好手，著有《大观茶论》，还曾亲手表演分茶技艺，"召宰执、亲王等曲宴于延福宫……上命近侍取茶具，亲手注汤击拂，少顷白乳浮盏面，如疏星淡月，顾诸臣曰：'此自布茶'"。

色香味的统一，是宋代茶艺极力追求的目标，真香、真味是宋代茶艺注重的目标。

宋代民间都喝点儿啥？普通百姓早起也有饮茶的习惯，煎点儿汤茶，也就是类似于食补的东西，因为这些汤茶里面放的不只是普通的茶叶，还会加一些姜、盐、桂、椒、绿豆什么的，因为宋人认为，茶叶的药用功效和中药是相当类似的，平时喝点儿更能延年益寿，养颜驻颜。如苏辙《和子瞻煎茶》诗：

> 年来病懒百不堪，
> 未废饮食求芳甘。
> 煎茶旧法出西蜀，
> 水声火候犹能谙。
> 相传煎茶只煎水，
> 茶性仍存偏有味。
> 君不见闽中茶品天下高，
> 倾身事茶不知劳。
> 又不见北方俚人茗饮无不有，
> 盐酪椒姜夸满口。
> 我今倦游思故乡，
> 不学南方与北方。
> 铜铛得火蚯蚓叫，
> 匙铛旋转秋萤光。
> 何时茅檐归去炙背读文字，
> 遣儿折取枯竹女煎汤。

宋徽宗在《大观茶论·香》中说：

茶有真香，非龙麝可拟，要须蒸及熟而压之，及干而研，研细而造，则和美具足，入盏则馨香四达，秋爽洒然，或蒸气如桃人夹杂，则其气酸烈而恶。

宋代茶艺还追求高雅的艺术氛围，吟诗、听琴、观画、赏花、闻香等成为茶艺活动中常见的项目。如梅尧臣《依韵和邵不疑以雨止烹茶观画听琴之会》诗："弹琴阅古画，煮茗仍有期。"张耒《游武昌》诗"看画烹茶每醉饱，还家闭门空寂历"便生动地描绘了宋人将茶、酒、花、香、琴、画等相融合的情景。

三　品茶竞技场——斗茶

点茶是一个技术活儿，对技艺的要求极高，不似元明之后的泡茶，几乎没有什么技术含量。随着饮茶之风日盛，宋代产生了一种饮茶习俗——斗茶。

所谓斗茶，即审评茶叶质量和比试点茶技艺高下的一种茶事活动。

其实，斗茶是在唐代"煎茶"饮法的基础上形成的，具有比较浓厚的审美趣味，因此从其产生之日起，便成为受人们关注的一种高雅的文化娱乐活动，尤其是受到文人雅士的关注，被称之为"盛世之清尚"。

自从湖州紫笋茶和常州阳羡茶被定为贡茶之后，湖州人和常州人美极了。出产于本地的茶能被皇上相中，这是多大的荣耀啊！于是，为了显摆，每年的早春时节，湖州和常州太守就会在两地毗邻的顾渚山，举办一个盛大的茶宴，邀请当时的社会名流前来品茶，看看到底是湖州的紫笋茶好，还是常州的阳羡茶更好。白居易为此赋诗《夜闻贾常州、崔湖州茶山境会想羡》：

遥闻境会茶山夜，珠翠歌钟俱绕身。
盘下中分两州界，灯前合作一家春。
青娥递舞应争妙，紫笋齐尝各斗新。

自叹花时北窗下,蒲黄酒对病眠人。

"紫笋齐尝各斗新",这就是斗茶的来源了。

斗茶能够盛行于宋代,虽然说得益于宋朝的风气和当时制茶技术的发展,但也不得不说是由于贡茶制度的存在。因为当时皇帝的嘴实在是太刁了,喝上一口茶就能尝出茶的好坏,这才让各地官员为了讨好逢迎皇帝,费尽心机找好茶、种好茶,也才有了更多名茶的出现,更发展了斗茶这种活动。

范仲淹在《和章岷从事斗茶歌》中写道:"北苑将期献天子,林下雄豪先斗美。"说的就是每有新茶出产,在进贡给皇帝之前,都要先拿出来斗一斗,看看自己的茶品质如何,味道怎么样,有没有作为贡品的资格。苏东坡作《荔枝叹》感叹:

十里一置飞尘灰,五里一堠兵火催。
颠坑仆谷相枕藉,知是荔枝龙眼来。
飞车跨山鹘横海,风枝露叶如新采。
宫中美人一破颜,惊尘溅血流千载。
永元荔枝来交州,天宝岁贡取之涪。
至今欲食林甫肉,无人举觞酹伯游。
我愿天公怜赤子,莫生尤物为疮痏。
雨顺风调百谷登,民不饥寒为上瑞。
君不见武夷溪边粟粒芽,前丁后蔡相宠加。
争新买宠各出意,今年斗品充官茶。
吾君所乏岂此物,致养口体何陋耶?
洛阳相君忠孝家,可怜亦进姚黄花。

斗茶活动最初只是在献贡茶的地方盛行,实在是因为这种活动太符合宋朝人追求精致生活的个性了，所以一路流行，最终达到普及，成为宋代茶文化的绝唱。

《斗茶记》记载："政和二年三月壬戌，二三君子相与斗茶于寄傲斋。予为取龙塘水烹之，而第其品。以某为上，某次之，某闽人，其所贽宜尤高，而又次之。然大较皆精绝。"这里讲的是几个好友相约，各人拿出自己家里收藏的好茶，泡好之后，大家品鉴。

元·赵孟頫摹宋画《斗茶图》

这群斗茶的小贩，在宋代叫作"提茶瓶人"。北宋开封的夜市上，三更半夜都有提瓶卖茶者，"盖都人公私荣干，夜深方归也"，"冬月虽大风雪阴雨，亦有夜市"。这些上夜班的公吏、市民，下班路上，都习惯买一碗滚热的茶汤喝，以暖暖身子。

在这种斗茶形式里，输赢已经不那么重要，这么做，只是一帮志趣相投的伙伴自娱自乐的活动而已，也是一种聚会时的活动。

蔡襄《茶录·点茶》载："建安斗试，以水痕先者为负，耐久者为胜，故较胜负之说，曰：'相去一水两水'。"

三嗅，是宋代斗茶的第一道程序。所谓"三嗅"，即在烹点前对茶品进行嗅香、尝味、鉴色，观看其色、香、味、形。

这一活动大多在清晨进行，宋人认为这一时间人的嗅觉、味觉器官特别灵敏。

斗茶对用水非常讲究。相传有这样一个故事：苏轼与蔡襄斗茶，蔡襄用的茶叶好，故此选用惠山泉；苏轼用的茶叶差，只得改用竹沥水煎，遂能取胜。以此足见水在斗茶中的重要作用。

斗茶使用的茶品，自然是品质要高。"斗品"是宋代斗茶中所用的极品名茶，黄儒《品茶要录·白合盗叶》记载：

茶之精绝者曰斗，曰亚斗，其次拣芽、茶芽，斗品虽最上，园户或止一株，盖天材间有特异，非能皆然也。……其造，一火曰斗，二火曰亚斗，不过十数銙而已。拣芽则不然，遍园陇中择其精英者耳。

斗茶用的茶盏，也有一些特殊的要求，《大观茶论·盏》记载：

盏色贵青黑，玉毫条达者为上，取其燠发茶采色也。底必差深而微宽。底深则茶宜立而易取乳；宽则运筅旋彻，不碍击拂。然须度茶之多少，用盏之大小。盏高茶少，则掩蔽茶色；茶多盏小，则受汤不尽，盏惟热，则茶发立耐久。

建窑所出的建盏，是宋代最好的斗茶用盏。蔡襄的《茶录·论茶器》中说：

茶盏：茶色白，宜黑盏。建安所造者绀黑，纹如兔毫，其坯微厚，熁之久热难冷，最为要用。出他处者，或薄或色紫，皆不及也。其青白盏，斗试家自不用。

宋代斗茶之风盛行，不论是下层社会的市井人物，还是上流社会的士大夫，只要有闲暇，都喜欢坐下来，摆上各种茶具，煮水点茶，看谁茶艺更高超。

斗茶也叫"茗战"，说白了，就是品茶比赛，是宋人用来评比茶叶优劣的活动。在宋代盛行的斗茶活动中，出现了许多名家高手。

北宋的宋徽宗就是其中的佼佼者。

深受宋徽宗宠幸的道士张继先也是一位斗茶高手，孟宗宝的《洞霄诗集》载《恒甫以新茶战胜因咏歌之》诗：

> 人言青白胜黄白，子月新芽赛旧芽。
> 龙舌急收金鼎火，羽衣争认雪瓯花。
> 蓬瀛高驾应须发，分武微芳不足夸。
> 更重主公能事者，蔡君须入陆生家。

茶陵丞王庭珪甚至沉湎于斗茶而不能自拔，其《刘端行自建溪归，数来斗茶，大小数十战；予惧其坚壁不出，为作斗茶诗一首，且挑之使战也》：

> 乱云碾破苍龙璧，
> 自言鏖战无勍敌。
> 一朝倒垒空壁来，
> 似觉人马俱辟易。
> 我家文开如此儿，
> 客欲造门忧水厄。
> 酒兵先已下愁城，
> 破睡论功如破贼。
> 惟君盛气敢争衡，
> 重看鸣鼍斗春色。

道破了宋人斗茶的游戏与娱乐性质。

宋人斗茶主要是"斗色斗浮"，色是指点出来的茶汤色泽，"以纯白为上真，青白次之，灰白次之，黄白又次之"；浮则是指茶沫，要求点出来的茶沫乳白如瑞雪,并且咬盏。所谓咬盏,即茶沫如"乳雾汹涌,溢盏而起,周回凝而不动",以咬盏最久者胜。当然,茶汤的香气、味道也很重要。范仲淹《和章岷从事斗茶歌》就提到"斗味斗香":"斗余味兮轻醍醐,斗余香兮薄兰芷。"

传世的茶画也佐证了斗茶在宋代之盛行。包括前面提到的刘松年《茗园赌市图》、南宋佚名《斗浆图》、元人赵孟頫摹宋画《斗茶图》,都是描绘宋人斗茶的画面。刘松年还画有一幅《斗茶图》(台北故宫博物院藏),画中两名贩卖茶叶的商贩,各自携带着助手,在松荫下斗茶、品茶。

如果去看明清时期的茶画,基本上找不到一幅《斗茶图》了,也难觅贩夫走卒的饮茶画面。

从生活史的角度来看,繁复的点茶技艺在宋亡之后逐渐消亡,至明代时,完全被更简易的泡茶法所取代,点茶之不存,斗茶又何附焉?那么,点茶技术为何在宋后被淘汰呢?这可能跟元明时期社会风尚的转变有关。历史进入元代后,士大夫地位一落千丈,统治者的审美粗鄙化,宋时雅致的生活品位让位于尚质不文的新风气,恰如千雕万琢的南宋词让位于俚俗的元曲。

历史进入明代,朱元璋极力倡导的社会风气依然是尚质不文,他认为团茶的制作工艺过于繁复,还曾下诏罢贡"团茶",改用"散茶"。

于是,像宋人点茶那样的精致技艺,自然不会受欢迎,遂成绝唱。一位生活在明末清初的学者,居然已经不知道宋人点茶的工具"茶筅"为何物,毛奇龄《辨定祭礼通俗谱》记载:"祭礼无茶,今偶一用之,若朱礼每称茶筅,吾不知茶筅何物,且此是宋人俗制,前此无有,观元人有咏茶筅诗可验。或曰宋时用茶饼,将此搅之,然此何足备礼器乎?"这是何等的悲哀!

四　西湖龙井探踪

提到杭州，除了能让人想到"上有天堂，下有苏杭"的美景和"直把杭州作汴州"的名句之外，恐怕最能让人津津乐道的，就是西湖的明前龙井茶了。约几位好友，坐在西湖边的林荫树下，览湖光山色，或泛舟湖上，观四周美景，再来一壶西湖龙井，真可以说是快意非常了。

清明节前采制的龙井茶叫"明前茶"或"明前龙井"，美称"女儿红"，谷雨前采制的叫"雨前茶"，素有"雨前是上品，明前是珍品"的说法。如果泡一杯西湖龙井，你就会发现杯中茶芽根根直立，汤色澄澈，尤以一芽一叶俗称"一旗一枪"者为极品。

世人只知道杭州有西湖龙井，但龙井茶产于何地，何时被开发，何时闻名天下，恐怕知道的人就不是很多了。其实早在唐朝，"茶圣"陆羽在他的著作《茶经》中就曾介绍，说在天竺寺和灵隐寺一带出产一种茶。当时并没有人知道这种茶的名称，据有关专家考证，这种茶就是西湖龙井的前身。

既然龙井茶始于唐代，为何在唐代默默无闻，却是在宋代才大放异彩呢？这要得益于两个人，一个是方外之人辩才和尚，一个是大文豪苏东坡。

宋朝时，在杭州一带的寺院里，僧人们常在寺院前后的山坡上

南宋·李嵩《西湖图》

种植茶树。

本来，佛门清净之地，即使种植有好茶，也未必能传闻天下，龙井茶的出名，与苏东坡有很大的关系。当时，苏东坡和他的弟弟苏辙，还有辩才和尚，一起到天竺山、龙井山游玩，顺便将当地的茶叶带到其他地方，这才使得这种茶为世人所知。只不过当时还没有"龙井"之名，至少在史料上没有相关记载。

西湖出产的茶叶之所以会以"龙井"命名，主要是因为在北宋之际，老龙井和龙井寺一带的品茶活动相当频繁，而且还有辩才、苏轼等名人参与。

辩才和尚在天竺寺里待了二十年，当然，查阅大量史料可知，没有发现辩才和尚开山种茶的确切记录，但关于天竺和尚种植新茶，制作新茶，却是有据可查的。

辩才晚年时从天竺寺搬到了寿圣院狮子峰佛寺，在狮子峰佛寺，辩才确实开始种植茶树了。这一系列的活动，从他搬过来开始，一直到圆寂，持续了将近十个年头。而也就是在这个时候，龙井茶开始出名。

辩才与苏轼等人唱酬，有许多茶禅诗。其《龙井新亭初成诗呈府帅苏翰林》诗如下：

> 政暇去旌旆，策杖访林邱。
> 人惟尚求旧，况悲蒲柳秋。
> 云谷一临照，声光千载留。
> 轩眉狮子峰，洗眼苍龙湫。
> 路穿乱石脚，亭蔽重岗头。
> 湖山一目尽，万象掌中浮。
> 煮茗款道论，莫爵致龙优。
> 过溪虽犯戒，兹意亦风流。

自惟日老病，当期安养游。

愿公归庙堂，用慰天下忧。

这里所讲的"煮茗"就是指和苏东坡一起品茶论道。

苏轼《次辩才韵诗》：

日月转双毂，古今同一邱。

惟此鹤骨老，凛然不知秋。

去住两无碍，人士争挽留。

去如龙出山，雷雨卷潭湫。

来如珠还浦，鱼鳖争骈头。

此生暂寄寓，常恐名实浮。

我比陶令愧，师为远公优。

送我还过溪，溪水当逆流。

聊使此山人，永记二老游。

大千在掌握，宁有离别忧。

当然，提到龙井的，也并非辩才一人，那个写出了"两情若是

北宋·苏轼墨迹《次辩才韵诗帖》，行书，台北故宫博物院藏

久长时,又岂在朝朝暮暮"的秦观,在《龙井题名记》中也记述了相关的事,他曾于元丰二年(1079年)秋,夜行山路,前往老龙井寿圣院访辩才法师,这里面所用的句子就是"上风篁岭,憩于龙井亭,酌泉据石而饮之"。

在杭州西湖景区,单以"龙井"冠名的即有北宋寿圣院和胡公庙旁、龙井村西隅的老龙井,风篁岭半山的今龙井,翁家山村北口的龙泉井,南高峰的小龙井,等等。其他著名的泉水尚有虎跑泉、狮子泉、法雨泉、刘公泉等。

北宋元丰三年(1080年),上天竺寺高僧辩才,以地处今西湖区西湖街道龙井村的老龙井寿圣院为养老之所。他整治山林、开辟通道,并与知州赵抃、苏轼以及苏辙、杨杰、秦观、释道潜等多有交往,且颇涉茶事。辩才和诸位道友、文友、茶友均有诗文留传后世,多言及寺旁有美泉,即今所谓的老龙井。辩才居龙井以茶待客,无疑是龙井以茶出名的滥觞。

老龙井在西湖茶文化史上的重要性,在于它不但见证过西湖最早发生的与龙井直接相关的茶事活动,而且是极品西湖龙井茶原产地之所在。

宋代《舆地纪胜》《方舆胜览》《淳祐临安志》《武林旧事》等文献对老龙井也多有记载。据说高宗、孝宗曾亲到寿圣院行祭龙典礼。明代田汝成《西湖游览志》称:

龙井之上,为老龙井。老龙井有水一泓,寒碧异常,泯泯丛薄间。幽僻清奥,杳出尘寰,岫壑萦回,西湖已不可复睹矣。

今龙井又称龙泓、龙泉,其历史至少可以追溯到三国时代。明正统十三年(1448年)大旱,驻扎于风篁岭下的一支军队每天从此井取水,几近将水汲干。总督李德亲自率众淘井,淘到了铁牌、玉佛，还有刻有北宋元丰年号的金银元宝。后来又发现一块异样巨石，上面刻有"巉嵲神运石，下有玉泓池""永镇大安"等大字。巨石下又挖得刻有三国时吴国赤乌年号的银条。再继续往下挖时，骤然乌云四合，泉头汹涌，李德惧而止之。

元丰三年，秦观偕释道潜探望辩才，随辩才参观了这口井，并据此写出《游龙井记》，称其为"山之精气所发也"。

辩才则说："此泉之德至矣，美如西湖，不能淫之使迁；壮如浙江，不能威之使屈。"

田汝成《西湖游览志》记载：

龙井，本名龙泓，吴赤乌中，葛稚川炼丹于此。林樾幽古，石鉴平开，寒翠甘澄，深不可测。疏涧流淙，泠泠然不舍昼夜。闲花寂寞，延缘其傍，或隐或见，苍山围绕，杳非人间。时闻鸟韵樵歌，响答虚谷。井中相传有龙居焉，祷雨多应，或见小蟹、斑鱼、蜥蜴之类。上覆以楼，为惠济龙王祠。水经饮马桥，合黄泥岭，东出茅家埠入湖。

古代文献的字里行间传达着这样几层意思：西湖好山孕育了一泉好水，这好水不仅载德利民，而且养育了龙井茶；龙井茶又以龙井泉水泡饮才成佳茗。

前人说"茶禅一味"，龙井茶自成名之际即有佛缘。寿圣院原名报国看经院，建于吴越乾祐二年（949年），至北宋熙宁年间改名寿圣院。在上天竺寺当住持四十余年的辩才为避是非，来到这里，在众人的帮助下，很快将其翻修一新，并不断扩建，香火日旺。《上天竺山志》载，辩才在上天竺寺时，即在白云堂下、雪液池上手植千叶山茶二本。自宋历元，枝叶畅茂，若有呵护。

元祐六年（1091年），81岁的辩才圆寂于寿圣院，弟子为其建塔墓，以便后人参谒。

由于辩才与苏轼、赵抃在寿圣院有过以茶会友的感人故事，南宋时寿圣院增设"三贤祠"，供奉辩才、赵抃和苏轼三人。

寿圣院于南宋绍兴三十一年（1161年）改名为广福院，淳祐六年（1246年）又改名为延恩衍庆院，后又重称广福院。元末毁于兵火。明代林右曾《龙井志叙》云："钱塘虽多胜刹，至语清迹，必曰龙井。凡东西游者，不至龙井，必以为恨"，也指辩才故事。清雍正九年（1731年）寿圣院旧址上建胡则殿，后人又称为胡公庙或老龙井寺，明代李德建于风篁岭今龙井旁的龙井寺，则被称为新龙井寺。胡则于北宋时两度任杭州知州，死后葬于龙井狮峰。胡公庙在浙江一带被视为最灵验的庙宇之一。

龙井探踪之后，再来让大家认识一下何为龙井？

说到龙井，可能很多人最常听到的便是"明前"龙井、"雨前"龙井。这种叫法是根据茶叶的采摘时间不同而形成的。像西湖龙井就分明前茶和雨前茶两种。单从字面上看还是很好理解，所谓"明"和"雨"，其实就是二十四个节气的清明和谷雨。明前茶就是清明之前，把茶树刚生长出来的嫩芽采摘下来，然后经过炒制等工序做成茶叶。而正因为这个时节，龙井茶树还只是刚刚长出嫩芽，所以明前茶可以说是西湖龙井的最上品，因它的嫩芽像莲子芯，也被称为莲心。

清明之后的节气是谷雨，在谷雨之前采摘的就是雨前龙井了。雨前龙井也叫二春茶，虽然不及明前龙井那么珍贵，但其品质在龙井茶中也是数一数二的。因为，除了嫩芽之外，还有一芽一嫩叶的或一芽两嫩叶的。而又因为一芽一嫩叶的茶叶泡在水里，像展开旌旗的古代的枪，所以又被称为旗枪，而一芽两嫩叶则像雀类的舌头，被称为雀舌。

古人对茶叶的追求很讲究，所以那时的西湖龙井在每年五月一日之后就不再采摘。但现在的西湖龙井会一直采摘到立夏，而这时的茶则被称为"三春茶"，品质真的可以说是一般般，和其他绿茶也就没有什么大的区别了。

大家看到连采摘的时间都这么讲究，是不是觉得龙井茶确实是高端大气上档次呢？可是你只是看到了采摘的时间，如果你知道它的采摘过程和炒制的方法，就更会觉得这真的是高端茶。

由于西湖龙井的新芽特别嫩，所以采摘的时候不能用指甲掐断，否则会留下永久痕迹。正确的采法是拔出嫩芽，相传高级的新茶需要采茶姑娘用嘴唇来采下。

采摘下来之后，就要进行晾晒了。晾晒是在竹筛上进行的，一般需要半天左右的时间，这样可以减少茶叶中的青草味道，使水分达到炒制的要求，同时使新茶在炒制时不至于结团。然后再对晾好的新叶进行大致分类，根据叶子的品质档次来决定下一步炒制的锅温、力道等。

高级西湖龙井茶全凭一双手在铁锅中不断变换手法炒制而成。炒制手法有抖、搭、拓、捺、甩、抓、推、扣、压、磨，号称"十大手法"，只有技艺娴熟的人，才能炒出色、香、味、形俱佳的龙井茶。

西湖龙井经过技师的双手百般打磨，才成就了它的秀丽模样与美妙滋味。春风十里，也不如一口手工炒制的龙井新味。

所以说，西湖龙井能够闻名于世，绝非浪得虚名，它凝结着采茶人、制茶人的心血，才造就了西湖龙井与众不同的色泽和味道。

西湖龙井一向以"色绿、香郁、味甘、形美"而著名。色绿，是指茶叶的颜色是翠绿的或带点糙米色，冲泡到水里后，汤色碧绿澄清。其气味香郁。茶叶香气清爽持久。喝到嘴里，能体会到其味的甘甜，有一种甘鲜醇和的别样风味。而其外形也是美极的，不但扁平光滑，而且大小匀称。

当然，龙井茶的盛用器具也是很讲究的，不是什么样的茶杯都适合用来喝龙井茶。如果想品尝龙井茶，则需要拿一个玻璃杯，或用白瓷杯，而水的温度需要保持在80℃左右。当然，我们这说的是现代人冲泡西湖龙井，宋人或者其他朝代的人，很多是用虎跑泉的泉水来冲泡龙井茶的。因此，自古也有"虎跑泉水龙井茶"的说法。可见在很多时候，古代人可能要比我们更加有品位，更能享受生活。

五　品西湖龙井，悟茶之真味

茶文化的发展与历代文人雅士的参与密不可分，单一的茶叶生产与单一的饮茶功能，难以构成茶文化，只有赋予茶叶的审美意义，将茶饮从解渴疗疾的日常生活层面上升到精神的高度，才能称得上是茶文化。

南宋时期，社会相对安定和平，经济和文化得到高度发展，给文人雅士们的闲适情趣提供了社会基础。品茗活动正合他们的胃口，品茗，不仅是一种很高的物质享受，而且是一种精神享受。文人雅士们通过长期的饮茶、品茶，悟透了茶之真味，总结出品茗五字真言：真、甘、美、雅、灵。

味之真

味，指茶味，真，指茶的本味。唐代之前，煮茶饮茶要用葱、姜、枣、桔皮、茱萸、薄荷等物加入水中，煮沸后再把沫去掉。唐代这种加料不再盛行，但煮茶还加香料，且喜欢加一种非常名贵、名叫"龙涎"的香料。这样煮出来的茶，香味盖过了茶味。

宋代流行散茶，特别是南宋文人，摒弃了加香料加盐的煮法，完全追求茶的本味，也就是"真味"。茶是自然之物，品茗应品自然之味。这是品茗的一个很大的进步，为后世"清饮"盛行打下了基础。

茶中的味与香密不可分，其香与味取决于茶的品质，不同的产地，不同的品种，香与味的浓淡、鲜涩、甘酸、醇苦是不同的。醇而不淡，浓而不苦,微带苦涩而回味甘的茶,才是上品,粗涩平淡之茶,为下品。

古代文人墨客品茶重香味,唐人卢仝诗《忆金鹅山沈山人二首》:

> 君家山头松树风,
> 适来入我竹林里。
> 一片新茶破鼻香,
> 请君速来助我喜。

范仲淹作《斗茶歌》也说:"斗茶味兮轻醍醐,斗茶香兮薄兰芷。"另外,如"春茶扑鼻香""茶香别院风"等诗句,说的都是茶的香味。古人凭经验识别各种茶的香与味,并强调是茶叶本身之味,绝不是外添加物造成的香与味。

水之甘

"甘"是泛指水好,非单指甜味。"茶滋于水",煮一壶好茶,既要有名茶,还要有好水。水是茶的载体,离开了水,茶的茶色、茶香、茶味都无法体现。所以,择水成为饮茶的一个重要组成部分。煮茶对水的要求有两个方面,一是水质,二是水味。水质要清要活,水味要甘与冽。

水有泉水、江河水、井水之分,泉水最好,井水最差。南宋斗茶之风盛行,强调茶汤以白为贵,这对水质的要求更高,择水在"山泉之清者"。

清,就是水要洁净,烹茶之水要澄澈无垢,清明不淆。斗茶要求茶汤白而微青色为上,只有水的清澈,才能点出表面鲜白的花。

活,烹茶之水,不仅要清,而且要"活"。苏东坡在《汲江煎茶》诗中说:

活水还须活火煎，自临钓石取深清。
大瓢贮月归春瓮，小杓分江入夜瓶。
茶雨已翻煎处脚，松风忽作泻时声。
枯肠未易禁三碗，坐数荒村长短更。

宋人还说"水不问江井，贵之要活"。所谓活水，就是指山泉流动之水。瀑布、湍流虽是流动之水，因其缺乏中和淳厚之气，与主静之茶旨不合。

轻，也是烹茶之水的一个重要标准。山上之泉水清而轻，山下之泉水清而重。只有清而轻之水才是最佳的烹茶之水。所谓"轻""重"，实际上是指水中矿物质的含量多少。古人并无测试水质的技术，只凭经验而论。用现代标准说，每五百毫升水中含钙镁离子少于四十毫克就是软水，反之则是硬水。硬水烹茶，损坏茶质茶味，所以古人讲的水轻，就是要用软水，是有道理的。只有清而轻之水才能使天然茶品不受损害，茶汤汤色与香味俱佳。

甘，是指水中天然的甜味，没有苦涩感，而且颇有回味。王安石就曾说"水甘茶香"。宋徽宗在《大观茶论》对水提出"以清轻甘洁为美"的标准。甘是标准之一。

冽，是寒冷。古人认为"不寒则烦躁，而味必啬"。烹茶冰水、雪水最佳。宋人用雪水烹茶已很普遍。杨万里"缎圭椎壁调冰水"，辛弃疾"细写茶经煮雪香"的诗句，都讲用雪水烹茶。

清、活、轻、甘、冽五个标准都符合的水，找到也真不是易事，其实文人雅士们这种对水的追求过程，本身就是一种幽香雅韵的精神境界的追求。

壶之美

壶，并非专指具体的壶，这里泛指饮茶器具。宋代的饮茶器具虽然大体沿袭唐代，但煮茶器具则不同。唐代煮茶用"鍑"，宋代流行点茶法，所以改用体积较小的茶瓶，又增加"茶筅"。宋人饮茶主要用"盏"，是一种敞口底小壁厚小碗。特别喜欢一种产于福建建州的黑釉盏，也叫建盏。将烹煎好的茶倒入黑色茶盏里，泛起白色的茶花，很能显出茶的特色。

宋代茶具材料多样化，主要以铜、铁、银为主。同时，江西景德镇的青花瓷也受到人们的喜爱。

宋代除独领风骚的建窑外，著名的还有北宋开封和南宋杭州的官窑，浙江龙泉窑，河北定窑，河南汝窑、钧窑，这些名窑出产的茶具，占领宋代茶具的半壁江山。

宋徽宗的《大观茶论》中就说："天下之士励志清白，啜英咀华，较筐箧之精，争鉴裁之别。"手握一盏福建产的兔毫盏，釉黑青色，盏底有向上放射状的毫毛纹条，闪现一种奇幻的银光，非常美丽多变。用此种茶盏点茶，茶面汤花纯白，着盏没有水痕，由此获得情趣和精神享受，真是难以言状。

宜兴紫砂壶茶具最早出现在晚唐，宋代还处在萌芽时期。但苏东坡在宜兴任职，却喜欢上了这种粗糙的紫砂陶器，特别酷爱提梁壶，所以，后人把它叫作"东坡提梁"。

河南钧窑出产钧瓷，改变了单色瓷具的历史。窑工们利用氧化铜与铁黑色不一的特点，烧制出了"窑变"的茶器，"绿如春水出生日，红似朝霞欲上时"，如此绚丽的茶具，深受人们的喜爱。

浙江龙泉窑烧制的碎裂纹茶器，清奇淡雅，适应了文人雅士们高品位的要求。或精美或古朴，或淡雅的茶具，与宋代士大夫们隐逸情绪相通，把茶、茶具的内涵、风格、形式、色彩与精神情趣融于一体，达到更高的精神境界。

境之雅

有了名茶、好水、美器，文人雅士们还十分追求品茶的环境。他们认为，只有在优美、清雅、幽静的环境中，才能品出真正的茶味，从而使人进入品茗的精神境界中去。中国古代文人受老庄道家思想感染很深，他们主张"天人合一"。"天"就是大

南宋·马远《高士观瀑图》局部

自然，强调人与大自然运作相契合，把大自然中的山水景物当作感情载体，寄情于大自然的情景交融，顺应人与大自然的和谐。

品茗是一种精神活动，所以，品茗对环境的选择十分讲究。宋代李南金写了一首《茶声》：

砌虫唧唧万蝉催，
忽有千车捆载来。
听得松风并涧水，
急呼缥色绿瓷杯。

他把烹茶水沸的声音，与周围唧唧喳喳的蝉鸣声、独轮小车的吱嘎声、松林发出的松涛声，以及溪涧的流水声交融在一起，形成独特的煮茶声，犹如一首田野意趣的乐曲，令人快意和神往。

南宋安定和平的社会环境，使文人雅士们的闲情逸致得以充分发挥，他们或在精致的茶室中，或在幽疏竹篁里，相聚品茗，有时在松间明月下、花香鸟语间或溪边柳下、船头吹火烹茶。在如此清

幽静雅的环境中一边品茗，一边品悟人生，感观世界，这已达到"世间闲人地上仙"的境界了。

心之灵

灵，灵感，是品茗过程中精神境界的升华。试想那些品茗的文人雅士，或面对青山绿水之美景，或在柳下溪边、明月星光之下，享受着典雅精致的点茶技艺，手握精美的黑釉建盏，盏里凝聚着鲜白的汤花，悠闲地细品着甘醇的佳茗，品悟着茶性的真谛，同时也品悟着人生、感观着世界，于是一篇篇、一首首精美隽永的茶文茶诗诞生了。

宋人最懂得此种妙趣的当然首推苏东坡了。他好茶，常临溪品茶，吟诗作赋，以此为乐事，他在《自评文》说："吾文如万斛泉源，不择地皆可出，在平地滔滔汩汩，虽一日千里无难。得其与山石曲折，随物赋形，而不可知者，常行于不可不止。"确也如此，东坡诗文雄健豪放，又却似行云流水般流畅自然。他写的《叶嘉传》可谓一篇奇文。叶嘉，茶的别称，雅称。文章通过对叶嘉君的兴衰际遇描述，以及对它品行的赞赏，实际上是暗喻自己的心意。文辞委婉、情节曲折，行文幽默风趣，是宋代关于茶事文章的扛鼎之作。

苏东坡对茶一往情深，写了许多茶诗，其中不少为后人津津乐道。如《次韵曹辅寄壑源试焙新茶》：

仙山灵草湿行云，洗遍香肌粉未匀。明月来投玉川子，清风吹破武林春。要知冰雪心肠好，不是膏油首面新。戏作小诗君一笑，从来佳茗似佳人。

苏东坡把佳茗比作佳人，各种独特的审美感受，是他品茗审美意境的高度体现。

陆游是南宋著名的爱国诗人，也是一位好茶爱茶的茶人，他一生创作了大量的闲适诗，其中，体性典雅、风骨遒劲、文采斐然的茶诗，便是很重要的部分。既描绘了时代的风物世情，又展现了诗人士大夫的丰富情韵，颇具认识意义和审美价值。

陆游以独特的艺术眼光，结合茶的质朴、淳洁、灵动的属性营造出茶诗的别致一格的美学神韵：以茶禅一体的精神体验酝酿出茶诗的空灵静寂之美。其在《秋霁》一诗中得到充分体现：

驱除云雾极知难，敢意天公不作悭。
汛扫中庭待明月，攀跻危榭望青山。
取琴理曲茶烟畔，看鹤梳翎竹影间。
不为新晴宜著句，拟将幽事破除闲。

"茶烟"典出唐代杜牧《题禅院》"今日鬓丝禅榻畔，茶烟轻飐落花风"，本指煎、点茶时出现的氤氲之气，体现的是一种只可意会无法言传的意境，饱含着"茶禅一味"的机锋和奥秘。佛家讲求明心见性、顿悟成佛，茶道也要求人超越感观的享受，达到一种终极体验，二者都强调人的身心与自然的和谐无间，茶和禅在精神特质上的相通，极易让诗人在品茶中达到物我两忘的境界。诗人身旁有香茶和仙鹤相伴，周围的一切都是那么空寂沉静，开篇的满腹牢骚转瞬间便被湮没于其间，引领诗人专注于对周围事物的体验和感受。他凝望清冷明月和幽幽青山，轻扣琴弦，泠泠琴声于指间悠悠飘过，打破了沉寂，又仿佛天籁之音。诗人深深陶醉、沉迷于其中，忘却了世间烦恼，享受着难得的宁静与惬意，或许所有不适和委屈都会在这禅定似的茶烟中随风而逝去吧。诗中无一"禅"字，而禅境毕现；并没有刻意营造空灵之美境，但"青山""茶烟""琴""鹤"等意象共同渲染出的境界，又让人着实体会到了一种空灵的美感。

诗人的另一首诗《幽居即事》，则又是一番意境：

> 小硙落雪花，修绠汲牛乳。
> 幽人作茶供，爽气生眉宇。
> 年来不把酒，杯榼委尘土。
> 卧石听松风，萧然老桑苎。

诗人看着磨茶时纷纷落下的雪花状的茶屑，从深井里汲取牛乳般的上佳泉水用于烹煮茶叶，悠悠茶香渐渐浮上鼻端，诗翁心中的那份自适和清爽不觉挂上脸庞，即使年来不饮酒又有何妨？茶是诗人的至爱，其得天地之精华、钟山川之灵秀，有甘露之芳泽，秉性清灵不浊。韦应物《喜园中茶生》诗："洁性不可污，为饮涤尘烦。"没有酒的喧嚣和放纵，恰如白云蓝天、清风明月，高人相对幽静沉稳、味永意远。饮罢香茗，老诗翁卧于青石之上，四周静谧清绝，没有世间的烦杂和躁乱，唯有耳边簌簌松声不绝于耳，只是闭目享受神仙般的安逸和超脱，仿佛达到了"天人合一"的极致境界，又像是进入了禅定般的涅槃。诗中动静结合，虚实相生，把对茶的感观体会转化为一种独特而超脱的内心体验，营造出空灵静寂的诗境美。这种意境是诗人宁静清明的心境观照大自然的结果，是对生命律动的深刻体会，让人仰羡又感觉委实遥远。

陆游的另一首诗《临安春雨初霁》：

> 世味年来薄似纱，谁令骑马客京华。
> 小楼一夜听春雨，深巷明朝卖杏花。
> 矮纸斜行闲作草，晴窗细乳戏分茶。
> 素衣莫起风尘叹，犹及清明可到家。

这首诗反映了作者除了在战场上、幕帐中和夜空下高唱报国之外,偶尔也有惆怅徘徊的时候。透过原诗的表面,依稀可见一个威武不屈的形象,这个形象才是作者真正的一贯的自己。

陆游凭一腔热血为北伐而呼喊,然报国无门,郁郁寡欢而终其一身。幸好香茶的熏陶,支持他的意念。他曾写了《系舟下牢溪游三游洞二十八韵》:

息倦盘石上,
拾樵置茶铛。
长啸答谷响,
清吟和松声。

诗虽短,但却透露出豪客之气。当他收到朋友寄来的建溪茶,当即写下《喜得建茶》:

玉食何由到草莱,重奁初喜坼封开。
雪霏庾岭红丝硙,乳泛闽溪绿地材。
舌本常留甘尽日,鼻端无复鼾如雷。
故应不负朋游意,手挈风炉竹下来。

言辞之间流露出得到好茶后的兴奋以及对朋友送茶的感激之情。可见他对茶的酷爱程度。

宋人喜茶,也喜斗茶,其间的文人雅士与茶结下了不解之缘,留下了大量的茶文茶诗,成为中华文学宝库的重要组成部分。

喝西湖龙井,品茶之真味,南宋品茗"真、甘、美、雅、灵"五字诀,把茶的物质与精神、功能以及人与大自然,人与人间和人类的创造性,茶的平和本质,都集中地体现出来,把中国的茶文化推向了高峰。

六　饮茶器具有讲究

品茶的人，对茶具的重视丝毫不亚于对茶的选择，宋代是茶文化的超市，文人雅士对饮茶的过程津津乐道，对分茶的技艺推崇备至，对捧茶的纤手念念不忘，相比之下，茶具在他们的笔下，似乎要寂寞得多。其实则不然，在他们的词句中，仍然隐藏着饮茶中必不可少的茶具。周紫芝的《摊破浣溪沙·茶词》中便出现了茶具：

苍璧新敲小凤团。赤泥开印煮清泉。醉捧纤纤双玉笋，鹧鸪斑。
雪浪浅翻金缕袖，松风吹醒玉酡颜。更待微甘回齿颊，且留连。

在描述了美女捧茶的纤纤玉手之后，出现了"鹧鸪斑"一词。

鹧鸪是一种美丽的鸟儿，羽毛上有着紫赤相间的条纹，然而最美的还不是它的羽毛，而是胸前遍布的椭圆形的白点，宛若露珠，这就是"鹧鸪斑"，在鸟类中独一无二，风韵独具。问题是，鹧鸪斑为何会出现在词中呢？当然不可能是形容美女的手了。那么可以猜想是形容美女手捧的东西，也就是茶具。

管鉴的《浣溪沙·寿程将》一词证实了这种猜测：

小小梅花巧耐寒。曛曛晴日醉醒间。茶瓯金缕鹧鸪斑。
三寿作朋须共醉，一杯留客未应悭。酒肠如海寿如山。

酒酣之后上一盏茶，茶瓯上带有金色的纹理和鹧鸪斑。宋初陶谷的《清异录》载："闽中造盏，花纹鹧鸪斑，试茶家珍之。"福建的建窑是宋代名窑之一，鹧鸪斑茶盏就出自那里。因其烧制工艺极为复杂，成品极少，自然就是一盏难求了。至于后世的仿制，也都没有成功过。当时建窑出产的黑色瓷釉闻名远近，尤以兔毫盏享誉甚隆。兔毫盏，因茶盏胎体为黑釉，釉面烧制成条纹状的结晶纹理，细密可爱，并因之而得名。

兔毫盏在宋词里时有出现，如白玉蟾《水调歌头·咏茶》：

二月一番雨，昨夜一声雷。枪旗争展，建溪春色占先魁。采取枝头雀舌，带露和烟捣碎，炼作紫云堆。碾破香无限，飞起绿尘埃。

汲新泉，烹活水、试将来，放下兔毫瓯子，滋味舌头回。唤醒青州从事，战退睡魔百万，梦不到阳台，两腋清风起，我欲上蓬莱。

黄庭坚的《西江月·茶》，也提到了茶具：

龙焙头纲春早，谷帘第一泉香。已醺浮蚁嫩鹅黄。想见翻成雪浪。兔褐金丝宝碗，松风蟹眼新汤。无因更发次公狂。甘露来从仙掌。

"兔毫瓯子"是建窑出产的茶盏，由于烧制条件的不同，使得黑色瓷釉里透出的兔毫形状不但长短粗细有所不同，还有一种黄金色最难得，就是黄庭坚词里的"兔褐金丝宝碗"。前面管鉴词中的"茶瓯金缕鹧鸪斑"，其实也是鹧鸪斑纹的兔毫盏，可想而知，其是何等的珍贵了。

因为黄金色兔毫盏的烧制已是不易，更何况还要在上面烧出鹧鸪斑来，真可谓是茶盏中的极品，这种稀有的珍品在出土文物中极为罕见。

黄庭坚《满庭芳·茶》一词写名贵的贡茶龙凤团茶时，也提到了这种茶盏：

北苑春风，方圭圆璧，万里名动京关。碎身粉骨，功合上凌烟。尊俎风流战胜，降春睡、开拓愁边。纤纤捧，研膏浅乳，金缕鹧鸪斑。

……

唐代推崇的茶具以淡青色的越瓷为尊，为何到了宋代会推崇青黑色的茶具呢？这就要从喝茶方式说起。唐代煎茶法得到的茶汤，用陆羽的话说是"白红"色，也就是淡红色，如果倒在淡青色的越瓷茶具里，会呈现出怡人的绿色。而宋代点茶法得到的茶汤是接近白色的，加上要突出乳白色的汤花，青黑色的茶盏最能起到衬托作用，所以建窑的黑色瓷釉茶具深受青睐。蔡襄在《茶录》中说：

茶色白，宜黑盏，建安所造者绀黑，纹如兔毫，其胚微厚，燖之久热难冷，最为要用。出他处者，或薄或色紫，皆不及也，斗试家自不用。

这段话透出许多信息，"斗试家自不用"，说明当时斗茶很盛行，在"斗"的内容里，除了茶汤汤花、分茶技艺之外，斗茶的茶具也很重要。因为黑色茶盏能让观者对"乳花"的醇厚、"咬盏"时间看得很清楚，分茶时幻化出的各种奇异图案也更清晰，所以斗茶者都不用青色或玉色的茶盏，而选用黑色茶盏。此外，建窑的茶盏除了纹理特殊，其盏壁也要厚一些，盛上热茶后有"久热难冷"的好处。王千秋的《临江仙》一词说：

柳巷莺啼春未晓，画堂环佩珊珊。薰炉烘暖鹧鸪斑。寿杯须斗酌，舞袖正弓弯。

未说珥貂横玉事，勋名且勒燕然。归来方卜五湖闲。年年花月夜，沈醉绮罗间。

其实，黑釉茶盏正好符合了宋人在恬淡典雅的平静中追求变化的审美情趣。正如卢祖皋的《画堂春》词中所透露出来的意境：

柳黄移上袂罗单。酒醒娇鬟风鬘。茗瓯才试鹧鸪斑。沈炷熏残。
夜雨可无归梦，晓风何处征鞍。海棠开了尚凭阑。划地春寒。

闺中人轻快又惆怅的淡淡春愁，还有既为花开而喜悦，又为思人而黯然神伤的纷乱心绪，就仿佛鹧鸪斑盏里才点出的新茶。

建盏固然让人青睐，但由于其烧制不易，价格昂贵，不是什么人都能消受得起的。像鹧鸪斑盏、兔毫盏这样的珍品，就连身居宰相之位的欧阳修、范仲淹这样的人都难以拥有。甚至一般的建盏也难以轻易得到，于是只能退而求其次，选用蔡襄所说的"出他处者，或薄或色紫"的茶盏：

雅燕飞觞，清谈挥座，使君高会群贤。密云双凤，初破缕金团。窗外炉烟似动，开瓶试、一品香泉。轻淘起，香生玉尘，雪溅紫瓯圆。……（北宋·秦观《满庭芳·茶词》）

阶下宝鞍罗帕，门前绛蜡纱笼。留连佳客怅匆匆。赖有新团小凤。琼碎黄金碾里，乳浮紫玉瓯中。归来袭袭袖生风。齿颊馀甘入梦。……（北宋·程邻《西江月》）

红牙板歇。韶声断、六幺初彻。小槽酒滴真珠竭。紫玉瓯圆，浅浪泛春雪。……（宋·佚名《醉落魄》）

这种泛紫色的黑釉茶具虽然不及建盏，但用来点茶，一样也有不错的视觉效果。因为其颜色深，自然也能够衬得汤花的乳白醇厚，这种茶具的使用较之建盏更为普遍。

虽然以黑釉茶具为尊，但宋人受唐人审美观的影响也还是不小的，所以仍然有人秉承陆羽的看法，选择如玉的青瓷白瓷来点茶。

从茶具的形状来看，虽然宋代首次出现了"茶杯"一说，但茶盏还是占主导地位的。以盏盛茶，在唐代以前就出现了。所谓盏，就是一种小型茶碗，一般有直口和喇叭口两种形状，而宋代的茶盏多是敞口式。如著名的建盏，其口犹如翻转的斗笠，这样的设计能够更多地容纳击拂而出的汤花。

从出土文物看，建盏的盏口一两厘米下还有一条"注汤线"，这些设计都是为了方便斗茶者观察汤花、水痕而设计的。从宋词里也能看到这种茶盏的影子：

西江月·侑茶词
北宋·毛滂

……

汤点瓶心未老，乳堆盏面初肥。留连能得几多时。两腋清风唤起。

西江月·茶词
北宋·苏轼

龙焙今年绝品，谷帘自古珍泉。雪芽双井散神仙。苗裔来从北苑。汤发云腴酽白，盏浮花乳轻圆。人间谁敢更争妍。斗取红窗粉面。

渔家傲
宋·佚名

轻拍红牙留客住。韩家石鼎联新句。珍重龙团并凤髓。君王与。春风吹破黄金缕。

往事不须凭陆羽。且看盏面浓如乳。若是蓬莱鳌稳负。知何处。玉川一枕清风去。

盏面上堆满了乳白醇厚的汤花,如果盏口不够宽敞的话,汤花就会溢出来,而不是在盏面上形成"轻圆"的乳状汤花了。所以可以说,正因为有了相得益彰的茶盏,宋代的点茶分茶才更显得如此情趣盎然吧!

七 养身怡性的汤饮

汤是宋人第三大饮料,其地位仅次于酒和茶,时人往往将其与茶合称为"茶汤",而喝牛奶之俗也自北而南,在江南广大地区推广开来。

宋人喝的汤,是一种用药物配制成的饮料,或温或凉,而甘草则是一种最常见的汤材。

甘草又名蜜甘、美草、蜜草、蕗草,生河西川谷积沙山及上郡。二月、八月除日采根,曝干十日即成。

甘草品种不一,以坚实断理者为佳,轻虚纵理及细韧者最差,这种货只卖给商家制汤之用。

甘草性味甘平,无毒,长期服用可以起到轻身延年的功效。因此,有人认为"客至设汤,是饮人以药也"。其实也有不用甘草,而用蜜渍橙、木瓜之类为汤。当时汤的品种非常多,有二陈汤、枣汤、生姜汤、荔枝圆眼汤、薄荷汤、木星汤、无尘汤、木香汤、香苏汤、盐豉汤、干木瓜汤、缩砂汤、湿木瓜汤、白梅汤、乌梅汤、桂花汤、豆蔻汤、破气汤、玉真汤、益智汤、檀汤、杏霜汤、胡椒汤、紫苏汤、洞庭汤等,别说喝,听起来都十分陌生。

宋人有"客来啜茶,客去啜汤"的习俗,家里来了客人,主人先要向客人敬茶，客人离去时，主人要向客人上汤，这便是当时的待客之礼。

皇室也遵循这个习俗，皇帝下赐大臣礼物，也都是汤和茶一起打包赐给大臣们。召见大臣时，在大臣坐下之后，也是先上茶，起身离去时，再上汤。这些都是十分讲究。但普通百姓人家，就没有这么多说道，先茶后汤，还是先汤后茶，那要看主人家的习惯，没有明确的先后之分。

晁以道在《晁氏客语》中说：范纯夫每当"进讲"之日前一天，便要在家里预讲，他和弟子们都来听讲，讲完之后，"煮汤而退"。有人研究，客罢点汤，缘起或如宋佚名著《南窗纪谈》所说："客坐既久，恐其语多伤气。"实际上，这种彬彬有礼的背后，却明白无误地表示：或客至稍久，欲结束会晤，或恶客临门，不愿接待，便以点汤示意客速去。据宋袁文《瓮牖闲评》记载："古人客来点茶，茶罢点汤，此常礼也。"

另据《南窗纪谈》说道：

客至则设汤，不知起于何时，然上至官府，下至闾里，莫之或废……盖客坐既久，恐其语多伤气故其欲云，则饮之以汤。

又见宋朱彧《萍洲可谈》：

今世俗客至则啜茶，去则啜汤。汤取药材甘香者屑之，或温或凉，未有不用甘草者，此俗遍天下。

"点汤"的另一意则作"逐客"解。上述"点汤"原为"客辞敬汤"之礼俗，后来被人引用作为"文明逐客"的手段。

魏泰的《爱轩笔录》中讲到宋时有一个吏部官员叫胡枚，被调到陕西兴元去做知府，他因家贫路远，无力赴任，于是去求见枢密院长官陈升之，不料陈升之不通融，也不愿听他的陈诉，"遽索汤使起"，也就是立即点汤，下逐客令了。"枚得汤，三奠于地而辞去"，胡枚接汤后没有喝，而是把它泼在地下愤怒离去。

"点汤"逐客在元杂剧中也多有反映，如"点汤是逐客，我则索起""你休来耳边厢叫点汤"等。近人张相在《诗词曲语辞汇释》中对此也有解释：

旧时主客会晤，有端茶送客之习惯，客濒行时，主人要端茶敬客，以为礼节。其有恶客不愿与之交谈者，主人亦往往端茶示意，以速其行。

由此可见，举起茶杯也可用来送客、逐客了。

乳奶也是宋人常常饮用的饮料之一。这种习惯的盛行，当与时人对其营养价值的充分认识有关。如唐慎微在《重修政和经史证类备用本草》中说：牛乳、羊乳实为补润，故北人皆多肥健。又说羊乳：温，补寒冷虚乏；马乳：味甘，治热，性冷利，饮之止渴。宋人饮用的动物乳奶有牛奶、马奶、羊奶、驴奶数种，其中以牛奶最为普遍。

牛奶不仅为北方人经常饮的乳品，而且也深受南方人的喜爱。如张仲文《白獭髓》就记载：浙江人以牛乳为素养食。当时人们往往将其作为老人的食补之物。陈直在《养老奉亲书》中说：

牛乳最宜老人，平补血脉，益心，长肌肉，使人身体康强润泽，面目光悦，志不衰，故为人子者，常须供之以为常食，或为乳饼，或作断乳等，恒使恣意充足为度，此物胜肉远矣。

宋代的汤饮还包括果汁与凉水。凉水是指冷的饮料，宋代有豆儿水、沉瀣浆、卤梅水、姜蜜水、绿豆汤、椰子水、甘蔗汁、木瓜汁、沉香水、大散、荔枝膏水、金橘、杨梅渴水、香糖渴水、木瓜渴水、五味渴水、乳糖真雪、香薷饮、紫苏饮、甘豆饧、五苓大顺散等数十种。

这些凉水主要是供夏天饮用，配方在《事林广记》别卷7中有详细记载。

翻开宋词，常常会看到汤词。既然是茶词是进茶时所唱的词，那么汤词就是进汤时所唱的词了，如程垓的两首《朝中措》：

华筵饮散撤芳尊。人影乱纷纷。且约玉骢留住，细将团凤平分。一瓯看取，招回酒兴，爽彻诗魂。歌罢清风两腋，归来明月千门。

龙团分罢觉芳滋。歌彻碧云词。翠袖且留纤玉，沈香载捧冰坭。一声清唱，半瓯轻啜，愁绪如丝。记取临汾馀味，图教归后相思。

筵席结束，酒樽撤下，就该上茶了。一盏好茶，能把已尽的酒兴重新唤起，掀起新的一轮聚会高潮。品茶完毕，端上汤来，宣告这一次的欢聚结束，所以饮汤的人总是惆怅的。也许正是因为这个缘故，词人们对汤的品相、种类等的描述，没有像对茶那样津津乐道。对此，黄庭坚的《好事近·汤词》说得明白：

歌罢酒阑时，潇洒座中风色。主礼到君须尽，奈宾朋南北。
暂时分散总寻常，难堪久离拆。不似建溪春草，解留连佳客。

茶是留客的，汤是送客的，不堪离别的人恐怕都不愿意看到汤端上来。但无论如何，筵席总是会散，主人盛情也是要领的，还是把这汤一饮而尽吧！

梦回南宋 重拾真实的南宋文化

第二篇 服饰篇

第一章　南宋人的服饰风尚

第一节　冠服制度

服饰文化历史源远流长，可上溯至原始社会。人类最早用树叶、动物毛皮做成衣服，服饰文化史由此发端。

服饰是装饰人体物件的总称，包括服装、鞋、帽、袜子、手套、围巾、领带、配饰、包、伞等，是人类文明的标志，又是人类生存的要素，除了满足人们物质生活需要外，还代表着一定时期的文化。

"衣"，统指人身上穿的衣服，但有广义和狭义之分。狭义上的衣，专指上衣；广义的衣，包括一切蔽体的物件。"饰"，用以增加人们形貌的华美。

中国素有"衣冠王国"之称，自夏、商时起便出现了冠服制度，到西周时已基本完善。战国期间，诸子兴起，思想活跃，服饰也日新月异。隋唐时期，经济繁荣，服饰愈益华丽，逐步走向开放，甚至有袒胸露臂的女服。

冠服制度实际上是一种等级制度，规定什么样的人穿什么样的服饰，不可逾越，如果不小心穿错了衣服，就有可能惹火烧身，引来杀身之祸。

唐朝时，黄色是民间的禁忌，因为皇帝的龙袍是黄色的，象征着尊贵和独一无二。如果平民穿黄色衣服，会被人看作是想要"造反"。那可是满门抄斩的大罪啊！

宋朝在穿衣习惯和样式上都承袭了唐朝，甚至比唐朝更进一步，比如黄色。

在宋朝，普通人穿黄色是大忌，而且恐怕比唐朝更严重。这和宋朝开国有很大关系。众所周知，宋太祖赵匡胤是经过"陈桥兵变""黄袍加身"等一系列活动登上皇位。从那之后，他对武将们的权力进行了限制，采用"杯酒释兵权"的方法，剥夺了开国将军们的兵权。这么一个疑心重重的人，对于普通人穿着象征"皇权"的黄色衣服，心里肯定是没办法接受的。所以，在宋朝穿着黄色衣服，你还是不用考虑了，不然的话，几时丢了性命还不知道呢！

除了黄色之外，你也不要打紫色的主意。如果你是一个普通人，请记住一个忠告：千万不要穿。这又是为何呢？因为在宋朝，紫色是贵色，并明确规定，民间是不可以穿紫颜色的衣服。

除了皇帝的专属颜色黄色外，紫色最为尊贵，官员三品以上官服为紫色，四至五品为红色，六至七品为绿色，八至九品为青色。当然，这是宋初的规定，到宋神宗元丰年间之后，对穿紫色衣服宽容一点儿，四品官员也可以穿着了。

南宋高宗、孝宗、宁宗各朝也都申令服制等级，并要求天下"务从省约"，严禁华丽逾越，绍兴五年（1135年），高宗对身边的大臣们说："金翠为妇人服饰，不惟靡货害物，而侈靡之习，实关风化。已戒中外，及下令不许入宫门，今无一人犯者。尚恐士民之家未能尽革，宜申严禁，仍定销金及采捕金翠罪赏格。"禁止用黄金和翠毛为妇人服饰。

淳熙年间，又将朱熹所定的祭祀、冠婚之服颁行天下。要求凡是士大夫家祭祀、冠婚，则要具盛服。有官者幞头、带、靴、笏；进士则幞头、襕衫、带；处士则幞头、皂衫、带；无官者通用帽子、衫、带。如果因家庭财力有限，无法具备上述服饰，则可改穿深衣或凉衫。有官者也通用帽子以下，但不为盛服。妇人则假髻、大衣、长裙。女子在室者冠子、背子，众妾则假紒、背子。由此可见，统治者在服饰式样、服装色彩及制作材料等方面，对臣民的服饰做了严格的规定。

第二节　日新月异的服饰风尚

南宋统治者虽然对社会各阶层的服饰作出了严格而具体的规定，然而这样一种僵滞不变的服饰制度，势必会与追求时尚的南宋人的思想意识发生冲突。生活于南宋前期的周辉在《清波杂志》中说：

> 辉自提孩见妇女装束，数岁即一变，况乎数十百年前样制，自应不同。如高冠长梳，犹及见之，当时名"大梳裹"，非盛礼不用，若施于今日，未必不夸为新奇。但非时所尚而不售。大抵前辈治器物，盖屋宇，皆务高大，后渐从狭小，首饰亦然。

这种日新月异的服饰风尚，加之女人们热切的爱美之心，突破了冠服制度的等级堤防，波及南宋社会。无论士族庶人，衣着皆崇尚绮罗靡丽、时样奇巧，人人都成了追求时髦的时尚达人。

北宋都城开封和南宋都城临安，是宋代服饰风尚体现得最显著、最突出

河南白沙宋墓壁画《梳妆图》

的地区，引领着服饰风尚的潮流。在这里，官方的法律规定在商品经济的冲击下，直接或间接地遭到破坏，市民不仅公然穿着违禁衣服悠哉闲哉地漫步街头，而且还在市场上公开出售违禁衣饰，甚至还将其列为婚嫁必具的彩礼服饰。

女子爱美，争相穿美衣、戴华饰，化妆比现代人还要复杂许多。即使是生活在最低层的妓女，在北宋都城开封也是穿旋裙时，必前后开叉，方便骑驴。

城中妇女乃至士大夫家竞相仿效，甚至波及到农村，陆游就有"谁言农家不入时，小姑画得城中眉"的诗句。而"堂堂须眉"爱起美来那是连"巾帼"都害怕，南宋儿郎们身上佩戴的金银饰物达到了前所未有的密集程度，插花簪、戴玉佩，走起路来"叮铃啷当"响，成为杭州城一道靓丽的风景。

从时代来看，宋代的服饰风尚经历了简朴、奢侈、再简朴、再奢侈的过程。

北宋初年的服饰风尚崇尚俭朴，大约在太宗朝，社会上的服饰风尚已经趋向奢侈，至真宗朝，更甚于前代，衣饰等由贵近之家仿效宫禁，以至流传到民间。

仁宗时期，社会上奇装异服纷纷涌现，妇人"冠服涂饰，损益用舍，盖不可名记"。比如宫中的妇人崇尚白角冠梳，民间很快便争相仿效，称为"内样"，意思是从宫里传出来的式样。黝紫色的服饰风靡一时。有鉴于此，当时的大臣张方平针对这种乱了规矩的服饰风尚，专门给皇帝上奏折，引起了仁宗的重视，于是诏令开封府限制禁止妇女穿奇装异服。

庆历年间，服饰奢侈之风已蔓延到军队中。各路军帅从卒，一袭新紫罗衫、红罗抱肚、白绫裤、丝鞋，戴青纱帽，拖长绅带，鲜华烂然。

神宗时，社会上的服装奢侈风尚更盛。

徽宗是一个吃喝玩乐的皇帝，服装奢侈之风愈刮愈烈。

钦宗在位虽然仅一年，但其统治期间的服饰奢靡风尚仍不逊于前。

南宋初年的服饰风尚与北宋初年一样，也是以俭朴为主，其原因在于政权初建，国家刚从战争的泥潭中挣脱出来，耗费了大量钱财，民力困竭。但一旦国家稳定，经济有了一定程度的恢复后，奢侈之风又重新刮了起来。过去严禁的黝紫，又成为人们服饰的流行色。但这一服饰上的奢侈风尚只局限于京城一些地区，绝大多数地区尚未受到波及，仍然保持着俭朴的风气。

但是，孝宗时期，服装上的奢侈风气迅速吹遍全国。当时的官员李椿曾上奏说：

自军兴以来，士大夫服紫衫以便戎事，不为过也，而四方皂吏士庶服之，不复有上下之别。且一衫之费，贫者亦难办。甲服而乙不服，人情所耻，故虽欲从俭，不可得也。（明·杨士奇、黄淮等《历代名臣奏议》卷一一七）

梁克家记闽地三十年以前的风俗说：

自缙绅而下，士人富民胥吏商贾皂隶衣服递有等级，不敢略相陵躐。士人冠带或弱笼衫，富民、胥吏、皂衫，贩下户白布

宋·佚名《四美图》中浓妆艳抹的贵妇

襕衫，妇人非命妇不敢用霞帔，非大姓不敢戴冠用背子。

三十年来渐失等威，近岁尤甚。农贩细民至用道服、背子、紫衫者，其妇女至用背子霞帔。（南宋·梁克家《淳熙三山志》）

原先的"等级"已不再被遵行。秦桧之子秦熺就曾穿"黄葛衫"，说这是"贵贱所通用"的。朱熹也有同感，认为"今衣服无章，上下混淆"。

社会上服用胡服的现象，在绍兴年间偃旗息鼓一段时间后再度兴起。袁说友《论衣冠服制》说：

今来都下年来衣冠服制，习为虏俗。官民士庶浸相效习……姑以最甚者言之：紫袍紫衫必欲为红赤紫色，谓之顺圣紫。靴鞋常履必欲前尖后高，用皂草，谓之不到头。巾制则辫发低髻，为短统塌顶巾。棹篦则虽武夫力士皆插巾侧。如此等类，不一而足。

更有甚者"身披虏服而敢执事禁庭"。此风对南宋后期的服饰风尚影响深远。

南宋末期，这种服饰上的奢侈之风愈来愈烈，当时的都府临安衣冠更易极快，吴自牧在《梦粱录·民俗》载杭城风俗：

自淳祐年来，衣冠更易，有一等晚年后生，不体旧规，裹奇巾异服，三五成群，斗美夸丽，殊令人厌见，非复旧时淳朴矣。

梅尧臣《苏幕遮·草》也载：

露堤平，烟墅杳。乱碧萋萋，雨后江天晓。独有庾郎年最少。窣地春袍，嫩色宜相照。

"不体旧规，裹奇巾异服""窣地春袍"，都是标新立异的奇装异服。

当时的宫妃，更是引领了服饰风尚的新潮流，身穿前后掩裙，长至窣地（拂地），称之为"赶上裙"；头发梳成高髻，称"不走落""梳高髻"。

针对统治者禁止百姓佩戴珠翠的规定，爱美的都城女人便以琉璃为首饰，当时曾有人赋诗说："京师禁珠翠，天下尽琉璃。"

古代的发簪材质多样，贵重的有金、银、玉、犀角、象牙，常见的是铜或骨，瓷与琉璃最稀少难见。

琉璃饰品早在战国就有出现，唐代时曾经风行一时，甚至惊动朝野，视为妖孽。琉璃首饰与"流离"二字谐音，被一些文人认为是亡国之兆。

宋代的女人就是这么任性，她们可不管什么亡国不亡国，以热切的爱美之心，冲破了贵贱等级的阶级堤防，让她们那些标新立异的服饰，风靡于天下。

从此，宋人佩戴琉璃发簪成为一时风尚，成为了汉代以来使用琉璃饰品的新热潮。

琉璃和玉石一般色泽美丽，又更加轻盈，是理想的材料。除此之外，琉璃技术传自西方，到了宋代，制作工艺已经相当完善，几乎可以制作任何饰品。这使得以琉璃做成的首饰比如簪钗等，很容易获得，普通人家也能使用，故而就有了"天下尽琉璃"的流行局面。

第二章　帝后服饰

第一节　皇帝服饰

帝后服饰，是宋代品级最高的服饰，代表着宋代服饰的最高制作水平，服饰材料至高无上，制作精致，色彩华丽，可分为天子服饰和皇后后妃服饰两种。

天子之服包括大裘冕、衮冕、通天冠、履袍、衫袍、窄袍、御阅服（天子戎）装共七种。

大裘冕

大裘冕是天子祭祀天地时所穿的礼服，用黑羊羔皮做成，领用黑缯，有冕无旒，前圆后方，前高后低，玄缯为表，朱缯为衬。为祭昊天上帝，及五帝时穿的祭服。最初以最好的"关西羊羔"为材料，因其用量实在太大，每件用羊多至百只，供不应求，后来只好改用黑缯。

衮冕

衮冕是天子所穿着的衮衣和冠冕的合称，是在祭天地、宗庙等重大庆典活动时穿戴用的最尊的正式服装之一。《周礼》中即有关于衮冕的记载，从西周到明朝灭亡延续两千余年。各朝细节略不同，大体样式不变，在清朝入关剃发易服之后消亡。

据《宋史·舆服志三》记载：衮冕制度，宋初沿袭五代的制度，天子之服有衮冕，广一尺二寸，长二尺四寸，前后十二旒，二纩，并贯真珠。又有翠旒十二，碧凤御之，在珠旒外。冕版以龙鳞锦表，上缀玉为七星，旁施琥珀瓶、犀瓶各二十四，周缀金丝网，钿以真珠、杂宝玉，加紫云白鹤锦里。四柱饰以七宝，红绫里。金饰玉簪导，红丝绦组带。这种冕称为"平天冠"。《东京梦粱录·驾诣郊坛行礼》记载：

更换祭服，平天冠，二十四旒，青衮龙服，中单、朱舄、纯玉佩，二中贵扶侍，行至坛前。

平天冠延板前低后高，象征至高至尊的皇帝有向下的倾向。冕有垂旒以蔽明，表示王者不视邪、不视非之意。两边的珠玉，表示以充耳，象征皇帝不听谗言的意思。总之，是希望皇帝不尊大，不视邪，不听谗言，求大德等美意。

天子的衮服为青色，上面绘绣有龙、日、月、星辰、山、雉、虎蜼七章及红裙、藻、火、粉米、黼黻五章，共十二种图案。

十二团龙左右两肩各一，前后身各三，左右两侧各二。

日、月分布在两肩，星辰、山分布于后，华虫饰于两袖，宗彝、藻、火、粉米、黼黻分别饰于前后襟的团龙两侧。

十二种图案，其含义各不相同。

日、月、星辰，古人认为三者发光，有照临光明之间。

龙，象征有天之灵的人君之意。

山，巍然屹立，表示王者镇重安静四方之意。

华虫、雉属，有文采，表示王者有文章之德。

宗彝，为宗庙中的礼器，以蜼为孝为智的意思。

藻，水草，象征水清玉洁。

火，火焰向上而明，象征四方之民归土上命之意。

米粉，洁白而养人，表示有济美之德。

黼与斧音近，金斧能斫断。

黻，为两已相背，君臣相济，见恶改善或背恶向善之意。

通天冠，绛纱袍

通天冠服是宋代皇帝专用的次礼服或简礼服，如祭祖用家人礼时、藉田礼、接见外国使者等场合使用。《宋史·舆服志三》记载：

通天冠。二十四梁，加金博山，附蝉十二，高广各一尺。青表朱里，首施珠翠，黑介帻，组缨翠緌，玉犀簪导。绛纱袍，以织成云龙红金条纱为之，红里，皂褾、襈、裾，绛纱裙，蔽膝如袍饰，并皂褾、襈。白纱中单，朱领、褾、襈、裾。白罗方心曲领。白袜，黑舄，佩绶如衮。大祭祀致斋、正旦冬至五月朔大朝会、大册命、亲耕籍田皆服之。

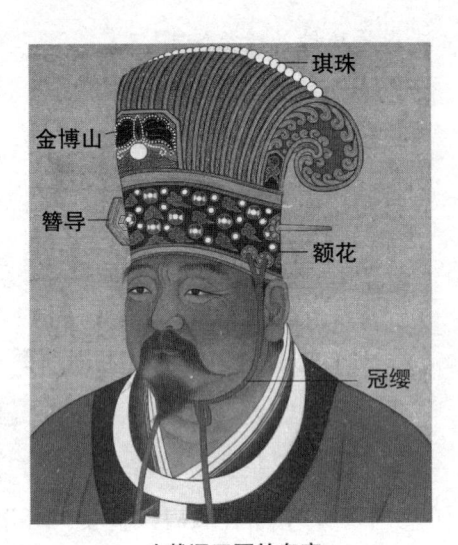

头戴通天冠的皇帝

仁宗天圣二年为避讳，通天冠改名为承天冠。因其形似卷云，故又名"卷云冠"。《梦粱录》卷五记载：

上御冠服，如图画星官之状，其通天冠俱用北珠卷结，又名"卷云冠"。

据此可知，通天冠用北珠卷结于冠上，有二十四梁，冠前有金博山加蝉装饰，与织成云龙的绛纱袍、方心曲领、绛纱裙相配，腰束金玉带。绛纱袍以织成云龙红金条纱为之，红里，皂褾、襈、裾。绛纱裙，蔽膝如袍饰，并皂褾、襈。

履袍

履袍，宋代皇帝祭祀用黑革履（单底）和绛罗袍作礼服，称"履袍"。袍以绛罗为材料，折上巾。通犀金玉带，系履，故而称"履袍"。

衫袍

衫袍为宋代皇帝出席大宴时穿着的礼服，又名常服。此服的服制沿袭隋唐之制，有赭黄、淡黄袍衫，玉装红束带，皂文靴。又有赭黄、淡黄袍、红衫袍，常服则服之。

窄袍

窄袍，为宋代皇帝平时便坐视事时所穿的便装，因其袍身狭小、两袖紧窄而得名。此袍又有多种名称，如系履，则称履袍；服靴，则称靴袍。履、靴皆用黑革。

第二节　皇后服饰

宋代皇后的服饰，沿袭唐代，分为袆衣、朱衣、礼衣、鞠衣四等。

袆衣

袆衣是宋代皇后最高形制的礼服，既是祭祀先祖时的礼服，也是朝服和册封、婚礼的吉服。据《宋史·舆服志三》记载：

袆衣，深青织成，上面绘饰有五彩翚雉（野鸡）形象十二个。而衬以青纱制成的单及，衣领为朱红上有"斧"形纹饰。罗縠制成袖端（褾），底边（襈）。蔽膝随蔽膝随裳之色，以緅色（黑中带红）为领缘，蔽膝上有长尾雉纹饰，三层。

大带也是随衣服的颜色，朱里：带的外表，饰有两道绲边，上为朱锦，下为绿锦，镶以青色的缘边。革带以青衣之，白玉双佩，黑组，双大绶，小绶三，间施玉环三。足穿青色的袜子和舄，舄加金饰。

朱衣

朱衣以大红色罗为材料制成的衣服，形制与袆衣大同小异，是皇后朝见天子的礼服。蔽膝、带革、大带、佩绶、袜、金饰履等，均随衣色而定。

礼衣

礼衣，为皇后宴见宾客时所穿戴的礼服，形制与袆衣相同，钗钿十二，双佩小绶。

鞠衣

鞠衣，为宋代皇后的礼服之一，此服黄罗为之，蔽膝、大带、革舄随衣色，余同袆衣，唯无翟文，亲蚕服之。妃首饰花九株，小花同，并两博鬓，冠饰以九翚、四凤。褕翟，青罗绣为摇翟之形，编次于衣，青质，五色九等。素纱中单，黼领罗縠褾襈，蔽膝随裳色，以緅为领缘，以摇翟为章，二等。大带随衣色，不朱里，纰其外，余仿皇后冠服之制，受册服之。

南宋时在宫中，后妃们还盛行穿戴霞帔。《西湖老人繁胜录》载：

诸殿阁分：皇后、贵妃、淑妃、美人、才人、婕妤以、国夫人、郡夫人，紫韦帔、红韦帔。

凤冠、九龙花钗冠、仪天冠和云月冠，都是宋代后妃所佩戴的礼冠。

皇后戴龙凤花钗冠，上缀大小花二十四株，与皇帝天平冠的旒数、通天冠的梁数相对应。皇后冠见于宋画中，备极详确。

太子妃带花钗冠，缀大小花十八株，与太子冠的梁数对应。

第三章 官员服饰

第一节 朝服

宋代文武百官服饰分朝服、常服、祭服和时服四大类，有严格的服饰制度：不同场合穿不同的服饰，不同等级的官员穿不同的衣服，不可乱了规矩。最典型的当属朝服和公服。

朝服是官员参加皇家盛典如郊祭、大朝会，或为帝后庆寿时穿的礼服。区别品级的是帽子上梁的数目，共七等。《宋史·舆服志四》记载：

朝服：一曰进贤冠，二曰貂蝉冠，三曰獬豸冠，皆朱衣朱裳。

宋初之制，进贤五梁冠：涂金银花额，犀、玳瑁簪导，立笔。绯罗袍，白花罗中单，绯罗裙，绯罗蔽膝，并皂缥襈，白罗大带，白罗方心曲领，玉剑、佩、银革带，晕锦绶，二玉环，白绫袜，皂皮履。一品、二品侍祠朝会则服之，中书门下则冠加笼巾貂蝉。

三梁冠：犀角簪导，无中单，银剑、佩，师子锦绶，银环，余同五梁冠。诸司三品、御史台四品、两省五品侍祠朝会则服之。御史大夫、中丞则冠有獬豸角，衣有中单。

两梁冠：犀角簪导，铜剑、佩，练鹊锦绶，铜环，余同三梁冠。四品、五品侍祠朝会则服之。

六品以下无中单，无剑、佩、绶。御史则冠有獬豸角，衣有中单。

袴褶紫、绯、绿，各从本服色，白绫中单，白绫裤，白罗方心曲领，本品官导驾，则骑而服之。

从上述史料可知，宋初百官的服饰依职位的高低，大体可分为三大类：第一类为五梁冠，仅限于一、二品官员穿戴，地位相当于正副宰相；第二类为三梁冠，为三、四、五品官员穿戴；第三类为两梁冠，一般为六品以下官员穿戴。

在宋代官员的冠帽中，以貂蝉冠最为尊贵。貂蝉冠简称貂冠，为官员上朝的朝冠。朝冠用藤丝织成，外面涂漆，其形正方，左右有用细藤丝编成如蝉翼般的二片，饰以银，前面有银花，上缀有黄金附蝉。

南宋以后改为玳瑁附蝉，左右两侧各为三枚白玉小蝉，并有玉鼻在左旁插以貂尾，所以称为貂冠笼巾，为三公、亲王等达官显贵所戴的冠帽。如宋敏求《春明退朝录》卷下载："丁晋公、冯魏公位三公、侍中，而未尝冠貂蝉。"

进贤冠

进贤冠在汉代便已盛行，宋代虽沿袭汉唐旧之制，但形制发生了变化。宋代的进贤冠用漆布为主要材料，冠额上有镂金涂银额花，冠后有"纳言"，用罗为冠缨，垂于颔下而结之。再用玳瑁、犀牛角或其他角制的簪导横贯冠中。冠上有银地涂金的冠梁。

獬豸冠

獬豸冠因冠梁上有象征獬豸角的装饰而得名。獬豸是古代传说中的一种独角神兽。据说，它独角高额，能分辨是非曲直，见到有人相斗，会用角"触不直者"；听到有人相争，会"咋不正者"。后来被战国时的楚王所捕获，照其形象制成衣冠。秦灭楚国后，将该冠赐给御史佩戴，称为"獬豸冠"。獬豸冠上通常以铁制成冠柱，寓意戴冠的执法者坚定不移、威武不屈，所以也称为法冠、铁冠。其梁数、獬豸角，按本官品级而定。御史大夫用金，侍御史用犀牛角，侍御史以下用羚羊角。

第二节 常服

南宋官员平常穿的服饰，叫常服，又称省服、公服。式样一般为圆领、宽袖、长袍，袍长及足，头上戴硬幞头，腰间束以革带，脚穿皮革靴。平日上朝、内外办公都穿常服，可称为宋代公务员的制服。

宋代官袍上没有绣禽兽图案的方形"补缀"，领口与下摆处也没有加其他纹样。显示品级尊卑的标志是服色：三品以上为紫色；五品以上为朱色；七品以上为绿色，九品以下为青色。

南宋的幞头是由头巾发展而来，是当时朝服中最有特点、最有创意的首服。上自帝王，下至文武百官，除了参加重大的祭祀典礼及朝会的时候需要戴冠冕之外，一般都戴幞头。

幞头又称为"折上巾""折上巾子""四脚"等。唐代时，幞头的两角很短，但到了后来，直角幞头的两脚越伸越长，据说是防止大臣们在朝议时交头接耳，窃窃私语。但至南宋时，幞头的展角开始短了起来。故陈叔方《颍川语小》卷下说：

> 幞头式范，与淳熙以前微有不同，秘阁奉藏艺祖御容，幞头展脚，倍今之长，其制所未详也。

宋代依前代制，还有时服。所谓时服，就是官员按照季节穿戴的服饰。时服分夏服与冬服两种。宋代朝廷惯例，在每年的端午节和十月一日两天，或遇到皇帝的五圣节时，分别赐百官过夏、过冬的衣服。所赐的衣服有袍、袄、衫、抱肚、勒帛、裤等。这类赐服大多是以各式有鸟兽纹样的锦纹衣料制作。根据官员的职位不同，所赐数量也有所不同，如中书、门下、枢密院等高官赐锦衬袍，赐五件公服，一般职位低的官员如殿直京官、编修、秘书郎等，只给一件公服。

质地轻薄的纱罗制成的纱袍，又称纱公服，其服式有圆领大襟、斜领大襟等数种，一般在炎热的夏季穿着。因其有伤观瞻，曾受到正统理学家的非议，并一度被统治者禁止。但由于其具有穿戴方便、轻薄凉爽等优点，在社会上仍然有一定的市场。

时服中的"抱肚"，也称"包肚"或"袍肚""裹肚"，为包裹在腰部的一种服饰。通常以纳帛、彩帛为材料制成，为阔幅、四角圆裁，考究者还配上彩绣，周围镶有边饰。初时只赐给武士，后来文武官员通用。其中官吏所用者通常由朝廷颁赐，但色彩及纹样有专门的规定。如《宣和遗事》记载：

是时底王孙公子，才子佳人，男子汉都是丫顶背，带头巾，窄地长背子，宽口裤，侧面丝鞋、吴绫袜，销金裹肚，状著神仙。

随着服式的丰富，宋代官服上的配饰也越来越多，其中最具代表性的是腰带现鱼袋。宋代官员的腰带，并不是用来扎紧裤子的，而是用来扎紧衣服的，并且腰带上还能挂一些装饰品什么的，这种腰带叫"銙带"。

"銙带"的制作材料是皮革，由带鞓、带扣、带銙和带尾四个部分组成。

带鞓指皮革带身；带扣，装有扣舌、起联接作用；带銙，钉缀于皮带外表的片状饰牌，有金、玉等材质。銙上有环，用于系鞢。"鞢"

原指马鞍上垂下的装饰皮条，后来用于牧民的腰带上，以悬挂随身小工具。铊尾，又名带尾、鱼尾、獭尾。装在革带末端的护鞘，一头方，尾梢圆弧。

最开始这种腰带只是一种装饰物，到了唐朝才逐渐演变为可以区分官员身份的标志，形制也发生了变化，饰牌上不再使用环、鞢，失去了实用的功能。

宋朝的腰带带銙有玉、金、银、犀、铜、铁、角、石、墨玉各种材料，玉銙带不许用于官服。铜、铁、角、石、墨玉带銙，普通人和各级吏都可以使用。

宋朝的腰带与前朝不同之处在于，不但以带的材质和数量区别官阶，而且以带的纹饰、重量和附高（鱼袋）相区别。规定宰臣、枢密使、知枢密院事、参知政事等一品朝官"赐金笏头二十五两带，副以鱼袋。武臣御花仙带，无鱼袋"，其他等级官员，腰带的材质

辽·佚名《散乐图》中辽人乐部仍着北宋幞头宽衫官服的绛员

与重量逐渐减少。

北宋官员金样式和纹饰共计有单尾金带五种、单尾涂金带十种，双尾金束带八种，双尾涂金银带四种，合计二十七种。

纹饰有球路、御仙花、狮蛮、海捷、宝藏、天王、八仙、犀牛、宝瓶、双鹿、行虎、洼面、戏童、胡荽、凤子、宝相花和野马共计十七种。

宋代腰带的制作非常讲究，腰带颜色有红、黄、紫、鹅黄等。

第四章　军戎服饰

第一节　铠甲

宋代军队的服装统一由朝廷军器库负责制造。军人服饰可分为两种，一种用于实战，另一种用于仪卫。用于实战的军服，又可分为以下数种：一种是头上戴的叫作盔，也称兜鍪；二是身上披挂的铠（或称甲）；三是平时所穿的袍衫。

制造盔甲的原材料有两种，一是皮革，二是金属。

用铁做的头盔和铠甲叫铁盔、铁铠或金甲、铁甲、钢甲。这种铠甲在宋代使用很普遍。

皮做的盔和甲，分别叫皮笠子、皮甲。皮甲是一种以皮革作甲片，上附薄铜或铁片制成的重量较轻的软甲。这种皮甲在考古资料中可见。

此外，还有用黄金、铜和纸等材料制成的盔甲。黄金制成的盔甲主要供帝王使用，象征意义大于实用价值。如宋神宗率军征讨契丹时就穿着了黄金甲。

除用金属和皮革制作盔甲外，还有一种用极为柔韧的纸做的甲，称纸甲。做法是用极柔的纸加工锤软，叠厚三寸，在方寸之间布以四个钉，如遇雨水浸湿，则铳箭不能穿透。

除了这种全身披挂的锁甲外，另有一种只掩前胸和后背的叫作裆甲。

宋代铠甲的品种较多，主要有金装甲、长齐头甲、短齐头甲、金脊铁甲、连锁甲、锁子甲、黑漆顺水山字甲、光明细钢甲等多种，其中连锁甲与锁子甲相类。著名将领岳飞有锁子甲、兜鍪。此外，宋代文献中还有重甲、轻甲、硬甲、软甲之分。

中国甲走过了三代青铜皮革的发轫，秦汉朴素札甲的基奠，南北朝铁猛兽的肆滥，隋唐才艺激情的躁动，终于走向成熟。

传统大铠的结构特征是各部分高度的有机整合：甲身腿裙合为一，披膊掩心为一，再围上抱肚束甲绦，极简便，又极合理，华美大气，堪称是我国甲胄发展的巅峰。

人们不难体味到经典大铠繁札甲所呈现出的律动美，而寒光映霜的金属特质又颇具冷峻威严的震慑力。

《武经总要》记录的五领甲胄不能代表宋代甲胄的全貌，但足以证明宋代经典大铠的确是中国传统铠式的最终定型。

宋代的盔甲由披膊、甲身、腿裙、鹘尾、兜鍪和兜帘、杯子、眉子等组成，相互间用皮线穿联，全副盔甲由一千八百二十五片甲叶组成。由于结构复杂，一副铁铠甲重达四十九斤。

在作战、日常巡逻及仪仗出行时，也有穿用比较轻捷灵便的军士装束，如战袄、战袍等。

第二节　袍、袄

袍和袄只是长短的不同，都是一种紧身窄袖而比较短的、便于行动的装束。

宋太祖戒禁兵的衣长不得过膝，宋人"山僧见我衣裳窄，知道新从战事来"诗句，指的便是此。也有在袍、袄上加上抱肚或裆甲的。

宋代的军戎服饰，仪仗的甲胄又称为"五色介胄"，是一种装饰非常华丽的甲胄。这种"五色介胄"的制作，据《宋史·仪卫志六》

记载：

甲以布为里，黄氵宁表之，青绿画为甲文，红锦绿青氵宁为下裙，绛韦为络，金铜玦，长短至膝。前膺为人面二目，背连膺缠以红锦腾蛇。

由此可见，宋代仪卫中军士们所穿的甲胄，形式上是仿军士的，只是用"黄氵宁"（即粗布）为面和以布为里子，以青绿画成甲叶的纹样，并加红锦缘边，以青氵宁为下裙，红皮为络带，长短至膝，前胸绘有人面二眼，自背后至前胸缠以锦带，并且有五色彩装。毫无疑问，这种装束华丽的甲胄，只能用于仪卫，没有实用价值。

宋代的军戎装束，除上述的甲胄和兜鍪外，军队中的武官仍沿袭旧制，着一种专用的武冠。

武士或仪卫则流行抹额。所谓抹额，就是将不同颜色的布帛剪成条状，然后系在额间以作标志。

第五章　男子服饰

文人服饰大体可分为五种类型：一是带有魏晋遗风的上衣下裳，外加广袖宽袍样式；二是宋代的流行时装，外着道衣或褙子的样式；三是窄袖长袍，更为简便；四是帽子与头巾；五是文人出行服。

第一类服装，多为隐逸放达之人所穿；第二类服装，则多为名流文人所穿；第三类服装，是一般人所穿，是为大众化服饰；第四类是帽子与头巾，品目繁多，各凭己好；第五类是文人出行服，五花八门。

北宋·李公麟《维摩诘像》

第一节　魏晋遗风

自汉末到三国魏晋南北朝，战乱既久，政治黑暗，士大夫惧祸而尚清谈，表现在服装上"皆冠小而衣裳博大，风流相仿"，以至"一袖之大，足断为二"。这种服饰在绘画中多有反映。北宋后期、南宋中后期有相似的背景，于是一些士大夫不由慕古而仿之。

北宋李公麟《维摩诘像》中画的是一个谈禅的贵族士大夫。北宋张激《白莲社图》中间的那位，是一个谈禅的士大夫。头裹纶巾，手执羽扇，即所谓"羽扇纶巾"者。

南宋佚名《斫琴图》右边三个文人：两人席地而坐，一个正在拨弦调音，一个似在为其校音，一人站立一旁，似在观赏。画中人都是宽衣大袖，冠小仅束髻。此等服饰乃魏晋南北朝时文人雅士所穿之服装，南宋仍有人摹仿此画，可见这种服装在南宋时仍有一定的市场。也就是说，南宋时期文人雅士的服饰，仍存魏晋遗风。

第二节　流行时装

南宋中后期，政治日益黑暗，危机日益深重，在马远一派画家的笔下，出现了众多超然欲遁的士大夫形象，但已无魏晋服饰，大

南宋·马远《松寿图》局部

南宋·马远《松下闲吟图》局部

南宋·马远《竹涧焚香图》局部

南宋·马麟《静听松风图》局部

多是身穿"时装",或方巾、软巾,或道衣衫袍。宋代的一些服饰正成为新的传统,为后代所继承。

《静听松风图》中一贵族文人,白色长袍,下裤,已无裳。

道服也是士庶人喜欢穿的便服。这种服饰的形制如长袍,因领袖等处缘以黑边,与道袍相似,故名道服。《宣和遗事·亨集》记载:

徽宗闻言大喜,即时易了衣服,将龙袍卸却,把一领皂褙穿着,上面着一领紫道服,系一条红丝吕公绦。

北宋·赵佶《听琴图》局部

南宋·马远《西园雅集图》局部

《听琴图》画中左边坐着的是头戴软幞头,身穿便服的文官,右边是穿着红色衣服、头戴软幞头,身穿便服的文官,中间抚琴者乃宋徽宗赵佶,这是他唯一穿便服——道服的画像。

《西园雅集图》画的是北宋驸马王诜家的一次集会,参与集会的文人雅士很多,其中有名的人物有苏轼、米芾、李公麟等人,画中写字的人就是米芾。画中人物服装除侍女、书童外,均为上襦下裳和道服。

南宋佚名《竹林拨阮图》，画中两位文士，一人持琴、一人坐在持琴者身边，两人正在商讨问题，二人都是身穿宽袖道服，身边的一男一女，则是两位侍人。

《梦粱录》对南宋未入仕而靠一技之长谋生的文人，统称为"食客"。包括"训导蒙童子弟者（家庭教师），谓之馆客；又有讲古论今、吟诗和曲、围棋抚琴、投壶打马、撇竹写兰，名曰食客"。当然，授职的待诏的画家、书法家、棋手、文学家不在此列。

与衣相比，宋代男子的裳则要简单得多。贵族男子盛行穿戴绸、绢等制成的膝裤、红裙等，而一般男子则穿纱裙等。

上右图为赵佶《文会图》，左边一位，穿短袖褙子，下裳为淡黄色，身后是一位皂衣小吏，上衣为黑袍，下裳为白色。

下右图为梁楷《黄庭经图》，画中文士内穿斜领上衣，外长褙子，下裳。

南宋·佚名《竹林拨阮图》

北宋·赵佶《文会图》局部

南宋·梁楷《黄庭经图》局部

第三节　衣裳

上衣下裳是中国传统的主流审美观。衣裳的形制是谁开创的呢？大家普遍引用的出处是《周易·系辞下》里的一句话："黄帝尧舜垂衣裳而天下治，盖取诸乾坤。"东汉荀爽的《九家易》说："衣取象乾，居上覆物，裳取象坤，在下含物也。"在中国，乾为天，坤是地，天地所代表的意象不言而喻。可见，衣裳所蕴含的思想与秉持的法度。

春秋战国之际，又出现了一种服装，名曰"深衣"，其形制是将上衣下裳合并为一体，如同连身服。唯一不同之处在于，深衣在裁剪时，依旧先裁出上衣下裳来，缝制时再将上下相连。何必这么费事呢？因为这是对衣裳的继承，也就是遵从祖制。

深衣对衣裳的继承，不仅在于上衣下裳间的那条接缝，还被赋予了更多的内涵。儒家经典《礼记》甚至专门著有"深衣"篇，对其进行解读：

古者深衣，盖有制度，以应规、矩、绳、权、衡。……

袂圜以应规；曲袷如矩以应方；负绳及踝以应直；下齐如权衡以应平。故规者，行举手以为容；负绳抱方者，以直其政，方其义也。……下齐如权衡者，以安志而平心也。五法已施，故圣人服之。故规矩取其无私，绳取其直，权衡取其平，故先王贵之。故可以为文，可以为武，可以摈相，可以治军旅，完且弗费，善衣之次也。

以一件连身服表现规、矩、绳、权、衡，比如深衣的袖口圆似规，象征举手投足要合乎规矩；领方似矩，背缝垂直如绳，象征品行方正。下摆平衡似权，象征公平等。因为体现了规、矩、绳、权、衡，所以圣人服之，先王贵之。穿着它，可以习文，可以练武，可以做傧相，是朝服、祭服以外最好的衣服了。

深衣有曲裾与直裾之分，裾为衣服的大襟。直裾，就是衣襟从身子的侧面垂直而下。曲裾，则是把衣襟接长为三角形，绕到身后，然后用丝带系扎。直裾其实很像当时的内衣袍，而东汉后，它们也确实合二为一，变成既可内穿也能外穿的"袍"。隋唐时期，承袭深衣形制的袍，遇到了喜欢胡风的皇帝。于是胡人的圆领与汉族的长袍（交领）被合为一体，变为圆领长袍，而且还成了官服。

遵从祖制的思想，早已融入中国人的血液里，因此即便是袍改成圆领，也仍是上衣下裳制——在袍的膝盖处，留有一道接缝，称之"横襕"。这道横襕，就是对衣裳的恪守与象征——横襕以下，表示裳。后来，不管汉服形制如何变化，这道襕，总是或高或低、或显或隐地存在着。

圆领袍并不能一统天下，宋时，汉族男子日常穿着的袍"直裰"，仍与圆领袍并行不悖。

元·华祖立《玄门十子图》其二

上图是《玄门十子像》中两例身着上襦下裳的十子中的两位。

《五王嬉春图》，又名《宋人消夏图》，画中描绘庭园之中赏画消暑之景。画中五位主角都是有节度使之衔的南宋大员。画面中人或凝神谛观，或相与评赏，书童在旁侍应，画家将衣纹、叶片绘得精准圆劲，树叶之石青点染，鲜丽夺目。画中共有八个人物，其中五位儒士，俱着纱罗头巾，一名成年仆人，两名小童。仆人用画杆擎起画轴，三位儒士正在观赏，神情俨然，一人手执画卷，一人拈须微笑，另一人倒背双手，颇为怡然。空地上，另外二儒士正互相作揖，显然来客方至，与主人见礼。来客所携小童，怀抱胡琴，四下张望。另一小童站在荷花缸前，手捧水盆，应是主人家童。

南宋·佚名《五王嬉春图》局部

由此可知，官员不穿常服的时候，所穿的服装与士大夫并没有多大区别，在平常人眼里是很难将他们区别开来的。更为有趣的是，五位朝中大员衣着却各不同。左上角第一、二两位，头戴软幞头，身穿斜襟窄袖服装；第三位束发裹软巾，着斜襟宽袖上衣，且束于裳中；第四位头上束软巾，身穿宽袖长袍，束带；第五位头戴错折巾，上身穿斜襟襦，罩在长袍外，开衩处，露出内裳，裳内又有裤。

《香山九老图》中白居易等九人衣冠均为宋代名士装束，高桶东坡巾、道衣、云头履。

夏装与冬装，古代不像现代那样在服式上有明显的区别。本来就是夹层袍、袄、襦，在里面放进丝棉、棉絮，就成了冬衣，在外

南宋·马兴祖《香山九老图》局部

出时戴上一个风帽，就可防风御寒了。但不见披风兜篷一类的衣物，夏天则减衣，豪门贵邸防暑主要靠窖藏的去冬积存的天然冰。

南宋时，有位退隐庐山的文学家，叫作周紫芝。酷暑之下，长日漫漫，燥热非常。某一天，他穿着薄衣服，摇着短扇子，斜躺在床上，居然在炎炎白日之下睡着了，并且做得大梦一场，惬意非常。梦醒之后，周紫芝才知道睡梦当中曾经雨急风骤，快意消暑。随即感叹道怪不得睡得如此深沉。于是，诗兴大起，提笔写下一首"消夏词"——《减字木兰花·雨中熟睡》：

快风消暑。门近雨边梅子树。昼梦腾腾。急雨声中唤不醒。
轻衫短簟。林下日长聊散发无计医贫，长作云山高卧人。

亭内屏前设卧榻，漆桌上置书卷、瓷瓶、香炉，文士右手持羽扇，

南宋·佚名《槐荫消夏图》中一个袒胸而眠的文人

元·刘贯道《消夏图》

左手倚凭几，神态悠闲。从中既可以窥视宋代文人品茶挂画的生活文化，也可以窥视当时文人雅士的服饰文化。

第四节 帽子与头巾

戴帽之风盛行于士大夫之流。黑色的缁冠通常用作士人的礼冠，士大夫家冠婚、祭祀、宴居、交际时穿戴。

道冠则为文人士大夫最为流行的便冠之一，道冠又称道帽，低矮而小，常被男人们用作平时的便冠。

宋代帽子的式样和名目繁多，用途也较多，可以保暖、防雨、挡风、遮日等。保暖御寒之帽称暖帽，宋代文献常见的毡笠，也是一种暖帽，时人往往在冬天穿戴。《西湖老人繁胜录》记载："遇雪，公子王孙雪，多乘马披毡笠，人从则油绢衣，毡笠红边。"

裘毛制成的裘帽也是一种暖帽。风帽则以挡风为主，兼及防雨御寒，如李光《渔家傲》词：

海外无寒花发早。一枝不忍簪风帽。归插净瓶花转好。维摩老。

年来却被花枝恼。

忽忆故乡花满道。狂歌痛饮俱年少。桃坞花开如野烧,都醉倒。花深往往眠芳草。

帽冠的制作材料也是五花八门,有金属、玉、竹、木、琥珀、动物皮等。据制作材料不同,分别称之为金冠、竹冠、皮冠等。还有一种椰子冠,苏东坡曾作《椰子冠》诗:

> 天教日饮欲全丝,
> 美酒生林不待仪。
> 自漉疏巾邀醉客,
> 更将空壳付冠师。
> 规摹简古人争看,
> 簪导轻安发不知。
> 更着短檐高屋帽,
> 东坡何事不违时。

漆帽是用漆纱制成的冠。絮帽是纳以绵絮之帽。纸帽,故名思义是由纸制成的,一般是丧事中使用。

席帽、裁帽都是以藤席为骨架编成的笠帽,两者的区别在于后者缀以皂纱,前者则无,宋人常用其蔽日遮雨。因其具有轻便实用的特点,成为当时男女老少通用的一种帽子。但宋人席帽、裁帽的佩戴有一定的制度。叶梦得《石林燕语》有更具体的说明:

今席帽、裁帽分为两等,中丞至御史与六曹郎中则于席帽前加全幅皂纱。仅围其半为裁帽。非台官及自中郎以上,与员外而下,则无有为席帽,不知何义。而"裁"与"席"之名,亦不可解。

按叶梦得的说法，必须达到一定官阶才有权戴垂纱之帽。垂纱之帽又分两种样式，在帽檐周围挂满一圈乌色纱或罗，叫"席帽"，仅限于"中丞、御史与六曹郎中"等高官佩戴，只围挂一半，则叫"裁帽"，为更低阶的官员们使用。

时人还往往别出心裁，自创新的式样，如温公帽、伊川帽分别由北宋司马光、程颐创制。

苏东坡是有名的吃货，给世人留下了东坡肉、东坡饼、东坡羹等美味佳肴，在服饰的创造新上，也是不落人后。

东坡帽相传是由苏轼被贬时创制，以乌纱为之，高顶短檐，形似桶样，时人又称为子瞻帽、高桶帽、桶帽、子瞻样、工潮坡巾、乌角巾、桶顶帽等。

苏东坡还是宋代矮帽的创制者。宋吕祖谦《少仪外传》卷下记载：

崇宁初，衣服尚窄袖狭缘，有不如是者，皆取怒于时。故当时章疏有云："褒衣博带，尚存元祐之风；矮帽幅巾，犹袭奸臣之体。"盖东坡喜戴矮帽，当时谓之东坡帽；鲁直喜戴幅巾，故言犹袭奸臣之体也。

除帽子外，宋代男子还盛行头巾，从巾的形制说，有幅巾、角巾之别。幅巾为方形，角巾指有棱角的头巾。从米芾《西园雅集图》中所绘当时士大夫常用的头巾来看，有仙桃巾、幅巾、团巾、道巾、披巾、唐巾等。

华阳巾为隐士逸人所戴的纱罗头巾。士大夫的头巾称儒巾。如林景熙《元日得家书喜》诗中有：

爆竹声残事事新，
独怜临境尚儒巾。

隐士往往佩戴以黑色纱罗制成的乌纱头巾。如陆游《晨至湖上》诗中有：

荷香浮绿酒，
藤露落乌巾。

结带巾为宋代士人常用的一种头巾，因此巾后缀有垂带，故而得名。还有逍遥巾、纶巾、燕尾巾，也都是宋代文士喜爱的头巾。燕尾巾即云巾，以其形似而出名，苏轼《谢人惠云巾方舄二首》诗：

燕尾称呼理未便，剪裁云叶却天然。
无心只是青山物，覆顶宜归紫府仙。
转觉周家新样俗，未容陶令旧名传。
鹿门佳士勤相赠，黑雾玄霜合比肩。

第五节　文士出行服

从宋画与宋代笔记小说看，当时士大夫出门访友、游赏、游学，乃至赶考、赴任，甚至发配充军，都带有随行的服务人员，视情多寡不定。最起码的也要带几名家童或仆人。在宋画中是常见的，便是一名书童加上一名家仆。这些数人组合的形象，不只有助于对不同身份人物服式的区别，也是一种形象的历史知识。

《春游晚归图》画南宋事。每逢二月朝廷拨款，由临安府雇工，将西湖四周桥道亭馆"油饰一新"，以"备都人游观"。西湖旅游，由此大盛。贵宅富家，率先出游，时称"预赏"。图中行列，从者十人，一色服装，配备齐全，当为贵宅之仆从，圆领窄褥，裤皆扎于膝下，

宋·佚名《春游晚归图》局部

南宋·佚名《花坞醉归图》局部

北宋·李公麟《莲社图》

以便行走。

　　画中走在最前面的一、二位为开道者，第三人牵马，第四、五位护卫，第六位背笠，第七位扛茶床，第九位背交椅，第八、十位厨师，拎食盒，挑灶及餐具箱。骑在马上的人是主人。一人出游，侍奉者达十人之多，足见主人之阔。

　　下图是《清明上河图》中人数最多的一支行列。前面是戴交脚幞头的衙卒，可知骑者是一位官员。内在一人执杖开道，四位导从，

北宋·张择端《清明上河图》局部

北宋·张择端《清明上河图》局部

北宋·张择端《清明上河图》局部

二人牵马，一人扛伞，一人挑担，共九名随从人员。主人作游归状，便衣戴笠，腰垂文具袋，神情闲畅。

张择端绘制的《清明上河图》在十三组外出的行列，有官员、士大夫、乡绅、女眷等，或骑马、驴，或有眷属乘车轿的，随行仆僮卒役少则一二人，最多九人，主仆衣着有明显区别，从者皆短衣、裤，穿着草鞋或麻鞋。

第六节　平民服饰

宋代规定平民只许穿白黑两色衣服，后又禁止用黑紫色和"蓝、黄、紫地撮晕花样"。凡是没有功名（即举人、进士之类的资历）的男女老幼，统属平民。

《梦粱录》记载，两宋的"士、农、工、商、诸行百户衣装，各有本色，不敢越外"。可见当时服装制度非常严格。"香铺裹香人即顶帽披背子，库质掌事，即着衫、角带……街市行人，便认得是何色目"。每个行业几乎各有专门的服装，以至在街市上行走，一眼便可以看出你是哪个行业的人员。

小贩

小贩沿街叫卖，称为"盘卖"，按其载物的工具，分为车、担、架、盘数种。盘子最简单，物托篾盘，盘中盛物，即可叫卖。卖茶人与托盘同理而稍繁。

据《梦粱录》记载，杭州城内外到处都有卖茶人，"以便观游"。下图中卖茶人的茶具十分清晰。服饰皆为上襦（或衫）长裤，浙西至今仍有这样的装束，称为"汤布"。

刘松年《茗园赌市图》中的临安天街卖茶担与男女卖茶人。竹担有贮物柜与凉棚，棚上装花（疑为帛花），斜面一方块中有字不清，或是为茶品名。图中卖茶女之衣装为宋画中仅见，裙与襦、鞋袜的关系交代得十分清楚，足见劳动妇女已流行长裤外穿。

南宋·刘松年《茗园赌市图》局部

货郎

右图苏汉臣《货郎图》中的推车货郎，车为独轮车，所售小商品百余种，几乎涉及各制作行业及材料。

李嵩《货郎图》（见下页），画中的老货郎，全身挂着、插着的全都是小孩子玩儿的各种玩具，可谓是标新立异了。

货郎售卖的小商品，引起小孩子的兴趣。

北宋末南宋初·苏汉臣《货郎图》局部

脚夫

《梦粱录》记载：

> 或官员士大夫等人欲出路、还乡、上官、赴任、游学，亦有出陆行老顾倩脚夫脚从，承揽在途服役，无有失节。

南宋·李嵩《货郎图》局部

北宋·张择端《清明上河图》中的轿夫、挑夫、牵牛车夫,均穿短衣(当为褐),着裤,草鞋

宋画中有不少画到这类脚夫脚从,都在主人的鞍前马后,或挑担、导行,为适应旅途生活,这些人的服饰均作短衣,或襦塞腰,裤管结束,或打绑腿,穿着草鞋或麻鞋。头裹青巾,脑后二脚甚短。

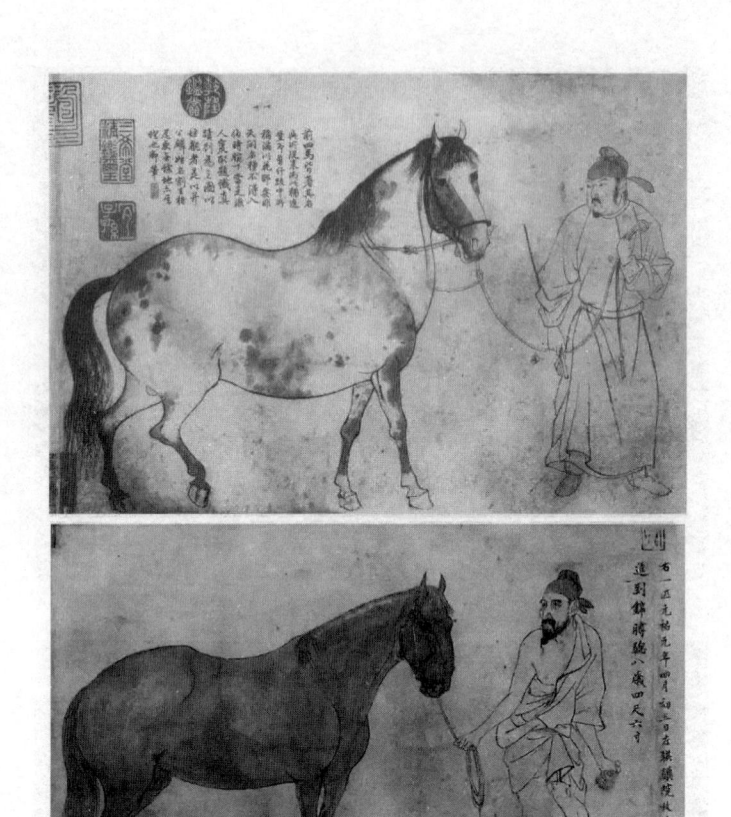

北宋·李公麟《五马图》中的两个马倌

马倌

从唐代韩干所画的马倌，到元代任仁发之画，马倌的服饰一直相沿不变，即幞头、窄袖袍，束带。着靴或蒲鞋。

农夫

农业是封建经济的基础，农民是封建社会人口最多而生活状况最差的底层人员，但宋代农民的生活较之唐代有所改善。农民的服式，一般为短褐一类。

南宋·马远《踏歌图》中的农夫

走在最前面的一位，头戴方巾；束带。第四位，头戴诨裹；第二、三位，均戴幞头。上衣皆襦，下裤。

清·陈枚《耕织图》局部

此图清晰地展示出农村妇女并不缠足。当缠足陋习从宫中向城市蔓延时，农妇为生活所需，仍保持天足。

宋·佚名《耕作图》之一

第六章　女子服饰

宋代女子的化妆服饰与唐代相比，发生了颠覆性的变化。唐代那种以丰满为美、崇尚浓烈明艳的服色、追新求奇、包容开放的潮流，一去不复返。在传世的宋画中，再无肥腴浑圆的腰身，贴满花钿的脸庞，戴胡帽、穿胡服、着胡靴的仕女。往日的繁华浓艳，过多的修饰与奢丽，一扫而空。取而代之的是清新、质朴、典雅、自然的全新风尚。以本真的妆容、苗条的身材、贴身裁剪的衣裙，显现着女性本原之美。奇装异服受外来服饰影响，成为朝廷不断禁绝的对象，因而宋代服饰的保守性是不容置疑的，但宋代女装中的亮点又成为后世传统中新的要素。

第一节　冠巾

无论什么年代，女人恐怕都是作为爱美一族而存在，即使是在物资还不算丰富的宋代，女人们无时无刻不在尽心地打扮自己。这也使宋代女子戴的冠的式样多种多样。

宋代女性的头上，各式各样的冠子是比鲜花还要引人注目的风景。冠巾的名目和形制很多，常见的有凤冠、九龙花钗冠、仪天冠、珠冠、花冠、团冠、角冠、仙冠等。

珠冠为贵族妇女佩戴的一种冠。

角冠为宋代女子的礼冠。所谓角冠，就是一种饰有梳的冠。在宋代，贵妇们往往在冠上饰以数把白角梳子，左右对称，上下相合，人称白角冠。角冠冠身很大，有三尺长，垂至肩，故又称垂肩冠、等肩冠。由于角冠造价昂贵，使用者多为贵族妇女，遭时人非议，仁宗严令禁止。宋人王栐在《燕翼诒谋录》中说：

> 旧制，妇人冠以漆纱为之，而加以饰。金银珠翠、采色装花，初无定制。……其后侈靡之风盛行，冠不特白角，又易以鱼枕；梳不特白角，又易以象牙、玳瑁矣。

花冠是民间妇女喜戴的一种冠，形制有两种，一是由像生花制成，另一种为鲜花制成。团冠、弹肩冠等也是宋代年轻女子喜爱的冠。

头巾在宋代妇女中也很盛行，额巾就是其中之一。所谓额巾，就是用一块帕巾，将其折成条状，然后绕额一圈儿，系结于前。

河南禹州白沙宋墓壁画中对镜梳妆的仕女

宋代女子所戴的一种头巾，其形状如两山之谷，故名"山谷巾"，有瘦高、矮小等式样。上图画中女子正对着梳妆镜将高大的山谷巾扶正，巾前巾后均插有螺形簪，起固定和装饰作用。

盖头在宋代有三种，一种是宋代妇女外出时盛行佩戴的"盖头"。这种盖头实际上是一种面幕，即用一块方幅紫罗障蔽半身，形似风帽。另一种盖头则是当时妇女在日常家居中所戴的，上覆于顶，下垂于肩。第三种盖头是女子结婚时用以盖头的红色帛巾。

北宋·王居正《纺车图》，左：中老年村妇，右：荆钗蓬鬓的年轻农妇服饰

第二节 衣裳

宋代女子的衣裳分上衣下裳两个部分，再加上披帛（又叫领巾、披巾），是宋代青年女子最时髦的打扮。上衣有襦、袄、衫、背心、半臂、背子等多种形制，下裳则以裙子为主。

翟衣、大袖、霞帔、纬衣、朱衣等，是宋代命妇的礼服和常服。如翟衣，据《宋史·舆服志三》记载：

青罗绣为翟，编次于衣及裳。第一品，花钗九株，宝钿准花数，翟九等；第二品，花钗八株，翟八等；第三品，花钗七株，翟七等；第四品，花钗六株，翟六等；第五品，花钗五株，翟五等。

翟衣是古代中国后妃命妇的最高礼服，因其衣上绣有翟鸟花纹而得名，这种礼

翟衣服饰

服一般在命妇受册、朝会、从蚕及外命婚嫁时穿着。

两袖宽博的宋大袖衣，是宋代命妇的礼服。士大夫家的夫人只有结婚了才能拥有大袖。

大袖属于贵妇之服，普通妇女一般不穿大袖，而以背子代大袖。背子又作"褙子"，唐时多指短袖上衣。

宋代背子有数种含意：一种指贵族男子着在祭服、朝服内的衬里之衣，其制如古代中单，盘领、长袖，两腋开衩，下长至足；一种指武士、仪卫的圆领制服，对襟、短袖，下长至膝；还有一种即专指妇女常用之服。

其制为对襟直领，两腋开衩，下长过膝。衣袖有宽窄二式，着时罩在襦袄之外。上至后妃，下自百姓以至于妓妾均可穿着。

除礼服与常服外，贵妇们在服饰的奢侈性消费中扮演了急先锋的角色，她们穿着美丽华贵的丝绸服装，上面饰有珍珠、金银等。

衣的形式有宽窄、有袖无袖、长袖短袖之别，穿法也有衣束在裙内裙外之分，这里所讲的最时髦，是下面各式"窄薄罗衫"，加上飘飘曳地的长裙与披帛，充分体现出体型美又风韵潇洒。

南宋画家马和之《女孝经图》绘有九章，按附题顺序为：一、开宗明义章，二、后妃章，三、夫人章，四、邦君章，五、庶人章，六、事舅姑章，七、三才章，八、孝治章，九、贤明章。画面中均

一、开宗明义章

以庭园做背景，图像以树石为界限，画中仕女们穿着服饰，引领着当时的服饰风尚。

坐于绣墩上的仕女右手持团扇，梳包髻，身穿交领大袖襦裙，两肩披帛，腰间环佩。包髻是古代女子发式的一种，《东京梦华录》载："中等说媒人者戴冠子，黄包髻。"制法是在发式造型定型后，再将绢、帛一类的布巾加以包裹。此种发式的特征在于利用绢帛布巾的包裹技巧，将发髻包成各式花形，或做成一朵浮云等物状，装饰于发髻造型之上，并饰以鲜花、珠宝等装饰物。在一旁站立的侍女梳珠翠芭蕉髻，身穿窄袖上襦，下身着曳地长裙，肩披帛，腰间系带。

二、后妃章

皇后头戴龙凤花钗冠。"龙凤花钗冠"也称"龙凤珠翠冠"，其样式总体上类似唐代圆角幞头，帽顶高耸，帽后靠下的位置有一对帽翅，其上有花钗二十四株，还有九龙四凤图案和珍珠装饰，布满整个冠体、帽翅。

皇后身穿交领大袖祎衣，下着裙、蔽膝，腰间系带沿前中垂下，领、袖、襟、下摆均镶以红色缘边。其身后一位仕女梳三鬟髻，髻上插梳，并系有红飘带，身穿交领窄袖曳地襦裙，外罩披帛。另一拿器物的侍女梳有同样的三鬟髻，身穿窄袖上襦，下身着裙，腰间环佩，肩披赤色披帛。

三、夫人章

画中一仕女端坐于屏风前，以红帛包裹包髻，身穿交领窄袖襦裙，肩披帛，腰间系腰带。其身后一侍女梳双螺髻，身穿襦裙，腰间系带。画面右侧站立有两位侍女，梳三鬟髻，身穿窄袖曳地襦裙，肩披帛，腰间环佩。鬟髻在两宋很受欢迎。

四、邦君章

画中皇后头戴冠饰，身穿蓝色绣有对雉的长袍。为祭祀忙碌的两位侍女似是在一旁等候，装束与前几幅画中一样。

有纺车缝衣宫女四人。缝补衣物的宫女梳三鬟髻，身穿交领窄袖襦裙，肩披红色披帛。其身旁似将衣物放于竹篮里的宫女个子画得小，是因为其地位更低，年龄也稍小，梳双垂髻，身穿窄袖交领上襦，下着长裤。画面右侧盘腿纺线的两位宫女梳圆环椎髻，髻上插梳，后用红带系束。

五、庶人章

六、事舅姑章

七、三才章

　　坐于凳上的男子头裹巾子，身穿交领大袖长袍，下身着长裤，腰间系腰带。其前一仕女似正恭敬地向他请安，梳包髻，身穿窄袖曳地襦裙，肩披帛，腰间同样结有玉环绶。站立于一旁的两位仕女梳双垂髻，身穿交领窄袖襦裙，腰间系带。"双垂髻"也称"双髻"。其是将头发分成两部分，在头的两侧各盘卷一垂髻；未婚女子或侍

八、孝治章

女、婢伎、童仆等都梳有这种发式。

画中有仕女八人，其中两人头戴花冠；四人梳三鬟髻；一人梳包髻；一人梳圆环椎髻。画中仕女均身穿交领窄袖襦裙，着披帛。其左侧站有一侍女梳双鬟髻，身穿交领窄袖襦裙，结玉环绶。

九、贤明章

苏汉臣《晓妆图》中的小姐，披帛衣飘飞，对镜自赏。

南宋牟益《捣衣图》，图中三十多名妇女三十多衣饰全同，即：窄衫长裙，披巾；发式多作大福盘，仅三人双髻，无首饰；衣斜领，开低而裙束高；均在室内与庭院中。与《女孝经图》服饰相同。

宋代妇女所穿着的褙子，长袖，长衣身，两腋开衩，下长过膝，领型为直领对襟式。其颜色除红背子、黄背子外，尚有紫背子、游街背子等。

游街背子是一种黑色的半臂，流行于岭南地区。

刘宗古《瑶台步月图》中两妇人衣着华丽。说明长褙是一种比较贵重的服饰，一般平民妇女是穿不起的，半臂为短袖上衣，在宫廷和富家婢女中颇为流行。

北宋末南宋初·苏汉臣《晓妆图》局部　　南宋·刘宗古《瑶台步月图》

南宋·牟益《捣衣图》中的妇女服饰

河北井陉宋金墓画《捣练图》中的妇女，皆上短褙下百褶裙

从上图可以看出，短褙子是中小地主家庭主妇、劳动妇女、城市中下层妇女的通用服饰。

宋代妇女的下裳以裙子为主，时有长裙、百褶裙、旋裙、红裙、上马裙、碎摺裙、婆裙等。

第三节　女性的衣着很性感

有人认为，大唐盛世社会开放，依据是唐代女性的服装华丽、性感；又有人认为，宋代社会趋向保守，女子衣着单调，裹得严严实实。但只要看了宋人自己的描述，就会知道此种看法是不切实际的的成见。南宋人周辉的《清波杂志》记载：

> 女妇装束，数岁即一变，况杯数十百年前，样制自就不同，如高冠长梳，犹及见之，当时名大梳裹，非盛礼不用，若施于今日，未必不夸为新奇。

从其中的描述就可以看出，宋朝女子的服饰是不断更新迭代的，

南宋·萧照《中兴瑞应图》局部

用现在的话说就是几年换一流趋势，人人都追求时髦，以至于时间长了的服饰再拿出去穿，便显得有些过时了。

宋代风俗画，图像史料上的宋朝女性装束，比文献记录更为直观，更真切地向我们展示了宋代女子的服装审美风格。

南宋萧照《中兴瑞应图》上的宋廷嫔妃与宫女，都是上身着一件抹胸，外面套一件褙子，前襟敞开，颈部与上胸是敞露出来的。

南宋刘松年《茗园赌市图》，画中一名提茶瓶的市井女子，但你看她的着装，内衣外穿，并没有裹得严严实实。

可能有人会说，卖茶的女

南宋·刘松年《茗园赌市图》局部

子为了招揽吸引顾客的眼球，才穿得如此暴露，但还有一幅画，就是南宋梁楷的《八高僧故事图卷》，共有八幅画面，其中第五幅为李源《圆择紧舟，女子行汲》。

图中李源与圆泽乘着小舟偕游四川眉山，游舟在南浦（今四川万州）停泊，隔江岸滩上，一个弓背女子担水瓮迈步归去，一个隆

南宋·梁楷《八高僧故事图卷》之李源《圆择紧舟，女子行汲》

南宋·梁楷《蚕织图》

腹孕妇将衣袖正在挽缍汲水。从图中可以看到，吸水女子的红色内衣与半个丰满的胸脯。

梁楷的另一幅作品《蚕织图》，画中的普通农家妇女，穿的也都是低胸的上衣，十分性感。

不难看出，宋代从宫庭到民间，女性的服饰都很时尚。

第四节　典型装束——抹胸+褙子

在人们的印象中，古代女子的身体总是埋藏在一层又一层的衣物后面，隐秘得连想象的空间都没有留下，所以唐代女子"慢束罗裙半露胸"的开放曾经让人们感叹。宋代给人的感觉是风气保守、礼教严苛，其实则不然，宋代女子外衣底下的风光，比起唐代来有过之而无不及。先来看看王平子的这首《谒金门·春恨》：

书一纸。小研吴笺香细。读到别来心下事。蹙残眉上翠。
怕落傍人眼底。握向抹胸儿里。针线不忺收拾起。和衣和闷睡。

词中写到一个女子收到情人的来信心绪千回百转，为了不让别人发现，她把这一纸情书紧紧握着贴在胸口。此时的她已无心针线，连衣服也没脱就躺在床上，带着满怀的相思愁绪入睡了。这里的"抹胸儿"让现代的我们备感亲切，因为如今抹胸还非常流行，就是一种可以外穿的内衣，

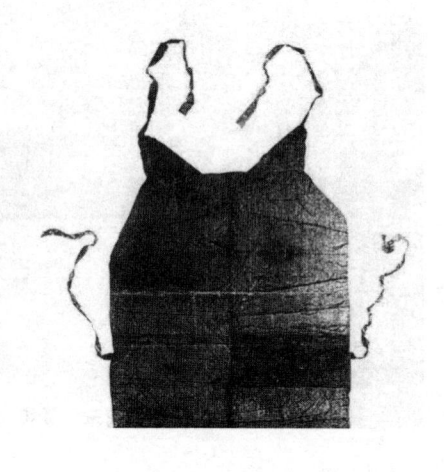

同时又很惊异，宋代的抹胸跟现在的抹胸是一回事吗？

"抹胸"是宋代女子穿的内衣，因后背是空的，故名"抹胸"。抹胸是在左右两个上端和左右腰部各缀有帛带，穿的时候，上端的两根带子在脖子，左右帛带在后面交叉系扎，穿时上盖住胸，遮住乳部，下垂于腰，遮住肚皮。通常以罗绢绣成，上面往往绣有彩色的花纹图案。现代的抹胸则是胸部前后都遮住的。这样看来，宋代的抹胸其实和后世的肚兜相似，差别只在遮住胸腹部分的布帛不是菱形的。

在众多宋代壁画和绘画里可以看到，抹胸就直接穿在敞开的对襟上衣或者褙子之内，形成"抹胸+褙子"的服装款式。

从宋朝风俗画所透露出来的信息来看，几乎所有社会阶层的宋朝女性都流行着"抹胸+褙子"的服装款式。

河南禹州白沙北宋赵大翁墓出土的壁画《梳妆图》

褙子，又名背子。宋朝褙子直领对襟，两腋开叉，衣裾短者及腰，长者过膝。宋朝女性多以褙子内着抹胸为搭配。

在众多宋代绘画和壁画里可以看到，抹胸就直接穿在敞开的对襟上衣或者褙子之内。

比如河南禹州白沙北宋赵大翁墓出土的壁画《梳妆图》中的贵妇们的着装。

比如南偃师酒流沟宋墓出土厨娘画像砖。

还有南宋《歌乐图卷》，描绘了一群宋朝宫廷乐伎正在彩排乐器演奏的情景，图中乐伎均着淡雅的抹胸，外套一件红色的褙子。

这些已经可以说明当时流行的女装典型格配。这样的搭配不仅为上层女性和歌舞伎们所崇尚，连下层劳动妇女也是这样的装扮。

这些宋朝图像史料告诉我们，从皇家成员、宫女、大家闺秀，到宫廷乐伎、市井伶人、平民女性，几乎在所有的社会阶层中，都

南宋·佚名《歌乐图卷》

南宋·佚名《女孝经图》局部

可以看到"抹胸+褙子"的典型装束，"内衣外穿"的款式寻常可见。即便不是"抹胸+褙子"，穿襦裙的宋朝女子也能恰到好处地展示性感。

文献的记载也证明了"抹胸+褙子"在宋朝女性群体中的普及性。抹胸与褙子，从北宋末至南宋，风行于天下，"通国皆服之"。

据《宋史·舆服志》载，干道年间朝廷定后妃常服："大袖生色领，长裙，霞帔，玉坠子，背子，生色领，皆用绛色，盖与臣下无异。"

《武林旧事》记录有宋朝公主出嫁时要准备的嫁妆：

诣后殿西廊观看公主房奁：真珠九翚四凤冠，褕翟衣一副，真珠玉佩一副，金革带一条，玉龙冠，绶玉环，北珠冠花篦环，七宝冠花篦环，真珠大衣、背子，真珠翠领四时衣服。

这里面就有"背子"。

《繁胜录》亦记载，杭州的酒库请歌伎做广告，"选像生有颜色者三四十人，戴冠子花朵，着艳色衫子；稍年高者，都着红背子、特髻"。这里的"像生有颜色"是容貌漂亮的意思。为官营酒库做广告代言人的漂亮歌伎也是身着红色褙子。

褙子还是宋朝女性的礼服。一位宋朝女性穿着抹胸，套上一件微微敞开的褙子，是可以出来见客人的。

在炎热的夏天，女性的褙子往往是半透明的薄纱罗，双肩、背部与小半个胸脯在朦胧的罗衫下隐约可见，更是性感迷人。结合宋朝图像史料，我们可以发现，宋朝女子的身材不如唐人丰腴，多如当今的时装模特，以纤瘦为美。她们的服饰也不如唐人华丽夸饰，但绝对不是拘谨、呆板。

宋朝大家闺秀的衣着打扮，素雅中透出小性感；市井女子的装束，质朴却不乏野性。按学者孟晖《中原女子服饰史稿》的考证：

内衣外穿，袒露颈、胸，实在是有宋一代的平常风气，虽然其裸露程度较之前代有所收敛。

显然，在宋朝那个时代，人们并不觉得女子微露"事业线"是一件很羞耻的事。

"抹胸＋褙子"的装束，为宋代最时兴的上衣款式，直领对襟，两腋开衩，衣裾短者及腰，长者过膝。上身穿一件抹胸，外套上一件褙子，双襟自然垂下，不系带，不扣纽，任其敞开，胸间内衣也略为外露，可以看到女性的一抹酥胸，这正是文人墨客反复吟咏的。

罗带双垂画不成。嫔人娇态最轻盈。酥胸斜抱天边月，玉手轻弹水面冰。（苏轼《鹧鸪天·佳人》）

舞鬟娟好。白发黄花帽。醉任旁观嘲潦倒。扶老偏宜年小。
舞回脸玉胸酥。缠头一斛明珠。日日梁州薄媚，年年金菊茱萸。（黄庭坚《减字木兰花》）

对词人来说，女子隐约而露一抹雪白的胸脯是最具诱惑力也是最易激发想象力的。苏轼把佳人着抹胸时微露的酥胸比喻成天边的弯月，含蓄又惹人暇想。黄庭坚词写一个舞女起舞的情态，起舞旋转回头的一瞬间，脸儿似玉，雪胸如酥，仿佛定格一般停留在词人的脑海里，并且以后久久回味。舞伎的种种娇态呼之欲出：

微绽樱桃一颗红。断肠声里唱玲珑。轻罗小扇掩酥胸。惹鬓蛛丝新有喜，窥窗月彩旧相从。清宵一醉许谁同。（吕渭老《浣溪沙》）

歌女在唱歌的时候，看似不轻意地用半透明的轻罗小扇去遮挡酥胸，这简直是欲盖弥彰，更把客人的目光引向她曼妙的雪胸上去了。

抹胸的质地，据说一般人家的女子多用布，而富贵人家则用丝质而料：

锦额重帘深几许。绣履弯弯，未省离朱户。强出娇羞都不语。绛绡频掩酥胸素。……（赵令畤《蝶恋花》）

绛绡就是丝质，素，则是说没有绣上任何图案。词里所说是一相深闺里女子，非常矜庄重，因为害羞而时时掩着没有绣花的素绢抹胸。

其实，抹胸应该可以更为娇艳一些，而且，作为衣饰如此重要的部分，精美的刺绣能增加整套衣服的华美感：。还有一位诗人北宋毛滂，听歌妓弹唱琵琶曲，也写了一首《蝶恋花》：

闻说君家传窈窕。秀色天真，更夺丹青妙。细意端相都总好，春愁春媚生颦笑。琼玉胸前金凤小。……（毛滂《蝶恋花·听周生鼓琵琶》）

"琼玉胸前金凤小",是说歌妓穿的抹胸上绣着小小的金凤图案。

这些词中描写的抹胸,就是宋朝女性的贴身内衣。宋人对抹胸极讲究,从出土的文物看,抹胸材质多为罗、绢、纱;从传世的宋代图像看,抹胸颜色多为鲜红、粉红、橙色;抹胸上面往往还绣有花朵、鸳鸯等装饰图案。诗人毛滂为什么能够知道弹琵琶的歌妓穿着绣了金凤图饰的内衣呢?无非因为,按宋朝社会的时尚,女子内衣是可以露出来的。

南宋初诗人陈克的《谢曹中甫惠著色山水抹胸》中描绘了一件绘有山水图画的宋代抹胸:

曹郎富天巧,发思绮纨间。规模宝月团,浅淡分眉山。
丹青缀锦树,金碧罗烟鬟。炉峰香自涌,楚云杳难攀。
政宜林下风,妙想非人寰。飘萧河官步,罗袜陵九关。
我家老孟光,刻画非妖娴。绣凤褐颠倒,锦鲸弃榛菅。
忍将漫汗泽,败此脩连娟。缄藏寄书篆,晓梦生斓斑。

这件女性内衣出自当时的"服装设计师"曹中甫(诗中的"曹郎")之手,制作非常精美。陈克此诗的题目《谢曹中甫惠著色山水抹胸》以及诗的下半部分:"我家老孟光,刻画非妖娴。绣凤褐颠倒,锦鲸弃榛菅。"原来,曹中甫做了一件抹胸,作为礼物送给陈克的妻子,陈克写诗致谢。可见宋人观念之豁达。

若是说一个社会的开放度,可以从女子的服装体现出来,倒是有几分道理。宋朝女性服装的典雅、性感风格,恰恰便是宋代社会自由度与开放性较高的表现。

从某种意义上来说,不妨将中国历史上女性颈部至胸脯上半部的裸露程度,视为社会自由度的一个风向标。唐代宫廷女性的妆扮最为性感奔放,礼教对于宫廷女性的束缚也最为松懈,乃至皇室贵族盛行乱伦荒淫不德之风。朱熹对唐室风气就颇有微词，他说："唐源流出于夷狄，故闺门失礼之事不以为异。"

后人以"脏唐"相称，不全然是诬蔑之词。相比之下，觉得宋朝女性的裸露程度才恰到好处，既展现出女性的性感，又不似唐人放浪。

第五节 腰佩与鞋

宋代女子盛行使用腰带，时人美称为"香罗带"。腰带大多以布帛制成，时有实带、手巾等称呼，其中以罗带最为常见。如林逋《相思令》词："君泪盈，妾泪盈，罗带同心结未成，江头潮已平。"

宋代妇女腰带的名称和种类很多，如合欢带、鸳鸯带、同心带等，名称不同，含义有异。如：以两种不同颜色的彩丝交相编结而成的合欢带，深受年轻妇女喜爱，往往将其佩于裙边，以为装饰，象征男女恩爱，情意绵绵。朱熹《拟古》诗写道：

结作同心花，缀在红罗襦。
双垂合欢带，丽服眷微躯。

以两种不同颜色丝缕合编而成的鸳鸯带，常被青年女子用作定情信物，象征相亲相爱。李莱老《倦寻芳》词："宝幄香销龙麝饼，钿车生冷鸳鸯带。"

系结玉环的丝结带子称玉环带，由秦汉印绶演变而来，使用时悬挂在腰间，左右各一。

同心带是指绾有同心结的衣带。欧阳修《武陵春》词："金泥双结同心带，留与记情浓。"李莱老《生查子》词："罗带绾同心，谁信愁千结？"

香缨又称香璎，是女子出嫁时系缚在衣襟或腰间的彩色带子。因其上兼系有香囊等物而得名。通常由其长辈为之系结，以示身有所系。新妇过门后礼拜尊长，则需手托此带。

宋代妇女的腰佩除腰带外，还有玉佩、玉环、流苏等。玉佩常用于贵族妇女佩饰中，一般佩戴在裙子两侧。如周密《武林旧事》卷2《公主下降》载：

诣后殿西廊观看公主房奁：真珠九翚四凤冠，褕翟衣一副，真珠玉佩一副，金革带一条……

绣囊也是宋代妇女服饰中常见的，其功能与现代的口袋相同，用来贮放随身用的手巾、钱币等物品，一般佩挂于腰间。

香囊与绣囊一样，也常被妇女们用作饰物。香囊是一种贮入香料的布袋，一般佩放在腰间及胸襟，也有置放在袖中者。其作用有二：一是散发香气；二是驱虫除秽。

宋代女子的鞋子颇为讲究，主要有金缕鞋、珠鞋、花靴等。金缕鞋为宫中后妃所穿，如王珪《宫词》：

侍辇归来步玉阶，试穿缕金凤头鞋。

阶前摘得且男草，笑插黄金十二钗。

北宋末年盛行一时的镶色女鞋——错到底，其鞋底部分以二色合成，色彩交错，形状颇为奇特，时人将其视为不祥之物。如陆游《老学庵笔记》卷3载："宣和末，妇人鞋底尖以二色合成，名'错到底'……皆服妖也。"

从当时女子穿用的鞋子形状来看，平头鞋颇为常见。如王观《庆清朝慢·踏青》词：

调雨为酥，催冰做水，东君分付春还。何人便将轻暖，点破残寒？结伴踏青去好，平头鞋子小双鸾。烟郊外、望中秀色，如有无间。

由于缠足的关系，宋代女子流行穿小头鞋履。弓鞋就是当时缠足女子所穿的一种小头鞋子，时人多有描述。如辛弃疾《菩萨蛮》词：

淡黄弓样鞋儿小。腰肢只怕风吹倒。蓦地管弦催。一团红雪飞。曲终娇欲诉。定忆梨园谱。指日按新声。主人朝玉京。

宋代女子缠足现象，从其流行的地区来看，多见于城市中；从社会阶层来说，仅局限于贵族妇女和妓女，下层劳动妇女缠足的现象颇为罕见。如传为王居正所绘的《纺车图》中的两名妇女，就都

宋·王居正《纺车图》中的妇人

穿着平底鞋。

宋室南渡以后，缠足之风更盛。沈自南《艺林汇考·服饰篇》卷8记载：

> 南渡后，妓女窄袜弓鞋如良人，故当时有"苏州头，杭州脚"之谚。

对于缠足陋习，宋人车若水早就提出了反对意见，他在《脚气集》中说：

> 妇人缠足，不知起于何时，小儿未四五岁，无罪无辜，而使之受无限之苦。缠得小束，不知何用？

这是有史记载以来反对缠足的最早呼声。在数百年前，车若水有此认识，真是难能可贵。

第七章 女子化妆

第一节 面部化妆——画眉

宋代女子化妆，较之唐人的浓妆艳抹，更多倾向于淡雅之美。

在当时，妇人画眉、油面、涂面、抹粉、穿耳、涂脂、妆靥、斜红、额黄、花钿、点唇等是一种很平常的事。

女子的面部容颜最为引人注目，因而，面部化妆在妇女的化妆中具有举足轻重的作用。为了博取男人们的好感，宋代妇女在脸、眉、唇、耳等面部的化妆上动足了脑筋，当时的面部化妆有额黄、鸦黄、眉黛、轻煤、茶油、花子油、红粉、口脂、花钿、靥钿等名目。

北宋末南宋初·苏汉臣《妆靓仕女图》局部

崇尚眉目美，是中国古代妇女的传统，并被文人士大夫视为女性的代名词。宋代妇女们也竞尚眉间之美，为此，她们往往将自己的眉毛剃去，再以石黛等颜料描画成各种样式的眉毛。如朱翌《猗觉寮杂记》下卷载：

今妇人削去眉，画以墨，盖古法也。《释名》曰："黛，代也，灭去眉毛以代其处也。"

故称之为"黛眉"。

除青黛点眉法外，名妓莹姐发明了轻煤点眉的技法，并在五代"十眉图"的基础上创造了花样繁多、奇巧多变的百眉图，时称"莹姐百眉"。陶谷《清异录》卷下《胶煤变相》载：

莹姐，平康妓也。玉净花明，尤善梳掠画眉，日作一样。唐斯立戏之曰："西蜀有十眉图，妆眉癖若是，可作百眉图。更假以岁年，

河南白沙一号宋墓壁画。壁画描绘了穿褙子、头戴尖角大冠的贵妇对镜理红妆的景象

当率同志为修眉史矣。"

以后,"眉史"一词遂成为妓女的代名词,时有"细宅眷而不喜莹者,谤之为胶煤变相"。

宋代妇女还在眉间施以鸦黄。鸦黄又称眉黄,是指在眉间施以黄粉。如苏轼的词《浣溪沙》:

惟见眉间一点黄。诏书催发羽书忙。从教娇泪洗红妆。
上殿云霄生羽翼,论兵齿颊带风霜。归来衫袖有天香。

从宋代妇女流行的画眉来看,有浓广、细淡之分,这从当时文人的文学作品中可以看出。关于浓广的,如吴渭《春游诗》:"今朝出阁去,拂镜浓扫眉。"

细淡的则有苏轼:"春来赢得小宫腰,淡淡纤眉也嫩描。"

宋代女子的眉式大多沿袭前代,如苏轼《眉子石砚歌赠胡誾》诗:"成都画手开十眉,横云却月争新奇。"

这里所说的"横云""却月"眉式,均源自唐代。"倒晕眉"盛行于宫中,是一种画成宽阔月形的眉式,在一端由浅入深,逐渐向外晕染,直至黛色消失。这种眉式在宋人所绘的《历代帝后像》中表现得十分明显。

太平兴国年间,范阳凤池院尼姑静慧,年二十时曾创制了一种新的眉式,浓艳明媚,有别于当时盛行的眉式。人们以其为佛门弟子,故争相仿效,并名为"浅文殊眉"(陶谷《清异录》卷下)。

宋代妇女的嘴唇化妆,则往往以鲜红的唇脂点染成各种形状,式样繁多,流行的有石榴娇、大红春、小红春、万金红等名目。从唇妆的色彩来看,除了胭脂、朱砂本身的色调在化妆时有浓淡之分外,宋代妇女又喜欢用檀色。如秦观《南歌子》词:"揉蓝衫子淡黄裙,独倚玉栏语点檀唇。"

宋代妇女的脸部化妆有额黄、红妆、素妆、佛妆等。

额黄就是在额部涂抹黄色的颜料。这种妆式最初始自宫中,故又称"宫黄"。如周邦彦《瑞龙吟》词:"侵晨浅约宫黄,障风映袖,盈盈笑语。"张先《汉宫春》词:"红粉苔墙。透新春消息,……汉家宫额涂黄。何人斗巧,运紫檀、蒻出蜂房。"

红妆则是在颊间施以红粉,唇点口脂。这一妆法深受仕女的喜爱,如欧阳修《浣溪沙》词:"红粉佳人白玉杯,木兰船稳棹歌催,绿荷风里笑声来。"张先《醉垂鞭》词:"双蝶绣罗裙,东池宴,初相见。朱粉不深匀,闲花淡淡春。"

薄妆又称淡妆,是在脸部施以淡淡的粉,以显得雅致。如黄庭坚题周昉琴阮美人图诗:"髻重发根急,薄妆无意添。"

素妆就是在脸部涂以白色的铅粉或米粉。这种妆法在当时颇为少见,被时人视为服妖。

泪妆以白粉抹颊或点染眼角,因其状如啼哭,故而得名。

檀晕妆也是一种素雅的妆式,方法是:先以浅赭铅粉打底,然后施以檀粉,面颊中部微红,并逐渐向四周晕染。苏轼《次韵杨公济奉议梅花》诗有"蛟绡剪碎玉簪轻,檀晕妆成雪月明"之句。陆游《和谭德称送牡丹》诗:"洛阳春色擅中州,檀晕鞓红总胜流。"

慵来妆,简称"慵妆"。这种妆式始自汉武帝时,至宋犹存。方法是:薄傅红粉,浅画双眉,鬓发蓬松而卷曲,给人以慵困、倦怠之感。

梅妆是指妇女在眉额上点画或粘贴梅花形花钿,又称梅额、落梅妆、梅妆额、花额、额妆、寿阳妆等。吴文英《玉楼春·京市舞女》词:"茸茸狸帽遮梅额,金蝉罗翦胡衫窄。"

第二节　头饰——发式+梳子与钗

在冠的下面，是梳好的发髻。在中国古代，梳发髻是女子成年的象征。古代女子成年之后，都会把头发在脑后盘成一个发髻，这种礼节就是女子的成人礼，还被称为笄礼。只要一个女孩儿把发盘成髻，就说明这个女子已经是个成年人，可以进行婚配了。这样看来，古代发髻对于女孩儿来说，不仅有装饰的作用，还是年龄上的象征，代表着一个女子的年龄阶段。

宋代妇女的发式，大体沿袭唐代，通常有髻、鬟两种。不过，她们在发式的装饰上要比唐代进步，非常讲究。当时妇女的发式主要有云髻、芭蕉髻、龙蕊髻、大盘髻、小盘髻、堕马髻、高髻、假髻、特髻等。这些式样有的是沿袭前代，有的是自创。北宋初流行的发髻有前代传下来的堕马髻、盘鸦髻、闹扫髻等及宋人自创的云髻、芭蕉髻、龙蕊髻、大盘髻、小盘髻等。高髻在汉代时就已经很盛行，到宋代仍沿袭不衰，同时还有朝天髻、同心髻、流苏髻等发型。

宋初蜀地女子束高发为高髻，称之"朝天髻"，后人附会说这是孟蜀降宋的谶兆。西蜀女子崇尚束高髻，当年陆游入蜀时，见蜀地的未嫁少女多梳"同心髻"，其形制高达两尺，女子只要将头发高高束起，再编一圈儿圆髻即成同心髻。同心髻的寓意是蜀人期盼阖家团圆、天下太平的心愿。宋宫中那些顶着"龙儿特髻"的宫人，其发髻也是高髻，但它或是一种显示头发厚密、发髻丰满挺立的辅饰。

与高髻同盛的是高冠。女冠"重楼子"模仿天髻在北宋时极为盛行，尊卑皆用。编制方法：将头发梳到额顶为两束，挽成两个圆柱，由后朝前高高耸立，时人还在髻下衬以首饰。自"朝天髻"蓬兴，北宋的女子高冠与高髻渐转危巧，终至官方出面干预。

太宗朝曾诏令："妇人假髻并宜禁断，仍不得作高髻及高冠。"然而宋代官府对国民生活的约束向来是说得多，执行得少，那些爱靓不爱命的女子们等朝廷"喊停"的风头一过，依然故我。其后尚高的发髻与头冠复再繁盛。宋词中有大量描摹女子高髻的词句。如米芾的《醉太平》：

风炉煮茶。霜刀剖瓜。暗香微透窗纱。是池中藕花。
高梳髻鸦。浓妆脸霞。玉尖弹动琵琶。问香醪饮么。

王之道的《浪淘沙》：

高髻堕香鬟。遗恨眉山。老年花似梦中看。厌泡一枝溥晓露，珠泪阑干。
卮酒发酡颜。休更留残。满城风雨麦秋寒。馀馥尚能消酒恶，谁敢包弹。

南宋理宗时，宫嫔还梳着称为"不走落"的高髻。

唐·周昉《簪花仕女图》中的高髻女子

懒梳髻亦称懒梳头、懒梳妆。始于北宋，其实就是假发，由于使用时不用梳掠，只要套在头上即可，故而得名。流行于青年妇女。其髻式是：梳发于顶，分成数绺，盘绾成髻。

罗髻多行于民间妇女，髻式是由发盘辫而成。

危髻也是一种高耸的发髻，孟元老《东京梦华录·饮食果子》："更有街坊妇人，腰系青花手巾，绾危髻，为酒客换汤斟酒。"

堕马髻是宋代最为流行的一种发式，自汉代流传以来一直盛行不衰。张先《菊花新·中吕调》词：

堕髻慵妆来日暮。家在画桥堤下住。衣缓绛绡垂，琼树袅、一枝红雾。

院深池静娇相妒。粉墙低、乐声时度。长恐舞筵空，轻化作、彩云飞去。

流苏髻集于发顶，编绾为髻，髻根用带系扎，带梢下垂于肩，其发式见宋人绘《半闲秋兴图》。

内家髻出自宫中，后民间竞相仿效。张先《醉落魄》词：

云轻柳弱，内家髻子新梳掠，生香真色人难学。……

还有云髻、芭蕉髻、仙人髻等，不一而足。

杭州鬏盛行于南宋

宋·佚名《半闲秋兴图》

都城临安,该发髻由一窝丝发式聚演变而来,直接将头发聚集在后面,盘成一个圆髻,给人一种鬓发蓬松、妩媚多情之感。为防止发髻散乱滑落,还用一种特制的网罩罩住。明代小说《金瓶梅词话》第五十九回对此有详细而生动的描述:

郑爱月儿出来,不戴鬏髻,头上挽着一窝丝杭州缵,梳成黑鬒鬒,光油油的乌云,云鬓堆鸦,犹若轻烟密雾。上着白藕丝对衿仙裳,下穿紫绡翠纹裙,脚下露红鸳凤嘴鞋,前摇宝玉玲珑,越显那芙蓉粉面。

爱美的宋代女子们会梳好发髻后,在发髻上加上饰物,这便是钗子与簪花。

凤钗,就是顶端是凤凰的钗子,宋代周邦彦就有"凤钗半脱云鬓,窗影烛光摇"的诗句。

《四美图》描绘了四个盛装的仕女,人物皆身着襦裙,头戴花冠,肩有披帛,手持绣物,从中也可看到宋代女子的几种发髻样式。

在发髻或头冠插上梳子是宋代的通式。簪、钗、胜、梳、步摇是宋代女子最爱用的搭饰。

簪也称"搔头",它是插定发髻或头冠的长针,多以金玉珠宝等物为饰料,并常加工成凤凰、彩蝶、花鸟等簪形。搔头如花易落,常

宋·佚名《四美图》

使男人遐想联翩。如王之道《菩萨蛮》之上阕：

香鬟倭堕兰膏腻，睡起搔头红玉坠。秋水不胜情，盈盈横沁人。

这娇慵的女郎，教人如何不心动？

今人时将簪与钗混为一谈，但它们是不尽相同的。

钗为双股长针，簪是单股长针。簪算得上是钗的"始祖"。钗更易于夹在鬓发上，女子鬓上若别满钗子，从远观之，仿似一丛偎人不起的娇花。

胜是一种仿花的女性饰物。它由金箔、银片、玉石或绢纸等物雕裁而成，常蔽在女子发前为饰，宋人将它们分为金胜、银胜、罗胜、花胜、人胜等等。人胜是立春之日的节日饰品，立春时，妇女将五色绸或彩纸剪成人形、燕子形和花蝶形等，戴上头鬟，以贺春神的再临。南宋史浩《喜迁莺·立春》写到了钗头结上金胜的美态："最好是，看彩幡金胜，钗头双结。"

梳子既能梳头，亦能饰头。宋代女子喜用插梳作为发髻的衬饰，绾着同心髻的少女亦常在髻上插银钗六根，后插象牙梳子。但象牙梳价高，民女为图省钱，多用木梳。

梳子是一物两用的用品，故其销量也颇高，南宋杭州的商业大街上，就有直销梳子的"梳行"。

步摇是可挂在鬓发前后左右的挂饰，多附丽于簪钗之上，其花枝多由金银丝编就，上缀翠玉花饰，下垂五彩珠带。戴着步摇的女子起步时，美人的鬓影与步摇同轻，好比是仙女凌云而行。

官府是女子头饰的"大敌"，因为民女的服饰千姿百态，常有僭越之嫌。朝廷屡下禁令，让庶民禁穿或禁用某类服饰，但收效甚微，因为"冒法者，众"，法不责众，让那些满口"之乎者也"的官员情何以堪啊！

即使禁风正劲，民间的女子还是上有政策，下有对策。南宋咸淳五年，杭城禁用珠翠为饰，杭州的女士们就改用琉璃制的首饰。以致出现"京师禁珠翠，天下尽琉璃"的现象。对宋代女子来说，如不许用钗头凤，用钗头燕也行，而对烈女子来说，头可不留，钗头凤须留！

头饰也是宋代女子传情的信物。古代夫妻和情侣在相别前，有一种分钗的习俗：女子将头上的对钗分折成两枝，一枝赠予男子，一枝自己保留，待不知何夕再逢时重聚成对。朱敦儒《临江仙》是一曲时代的哀歌，诉说了汴京失守后，他与爱人离散的哀痛：

直自凤凰城破后，擘钗破镜分飞。天涯海角信音稀。梦回辽海北，魂断玉关西。月解重圆星解聚，如何不见人归？今春还听杜鹃啼。年年看塞雁，一十四番回。

转眼就过了十四年，分钗恐难合璧，那种唯朱敦儒自晓的断魂之痛，非因对钗的分散，而是缘于已成迷梦的心上人永不可期的魂兮归来……

第三节　宋人的嗜好——簪花

"插花"一词在宋词里出现的频率很高，然而细读一下，发现绝大部分说的不是插花这种艺术，而是在头上簪花。

宋代民俗多肇兴于唐朝，"簪花"也不例外。王维名诗《九月九日忆山东兄弟》名句："遥知兄弟登高处，遍插茱萸少一人。"说的就是插花。

簪花到宋时才成士庶的普遍俗习。每逢国家大典、佳节良辰、岁时祭祀等喜庆时分，赵宋君臣都会将花儿簪在头上。按惯例，皇帝要在琼林苑主持"闻喜宴"款宴新科进士，赐戴名花。"闻喜宴"亦名"琼林宴"，能够与宴是士子的无上荣耀，若能得到皇上赐花，则更是莫大的荣幸。如陈济翁的《蓦山溪》一词写道：

去年今日，从驾游西苑。彩仗压金波，看水戏、鱼龙曼衍。宝津南殿，宴坐近天颜，金杯酒，君王劝。头上宫花颤。

……

一个"颤"字生动地描述了这种心态。诗人杨万里"春色何须羯鼓催，君王元日领春回。牡丹芍药蔷薇朵，都向千官帽上开"的诗句，说的也是簪花。

在某个特定的节日插花，这是最常见的，比如重阳簪菊。曾流行一时的《中华民谣》里有"大雁飞过菊花插满头"的唱词，正是宋人过重阳的典型景象：

宋·佚名《田畯醉归图》　　《宋仁宗皇后像》中的簪花侍女所戴的是"一年景"花冠

虞美人

北宋·晁补之

荒城又见重阳到。狂醉还吹帽。人生开口笑难逢。何况良辰一半、别离中。

平台珠履登高处。犹自怀人否。且簪黄菊满头归。惟有此花风韵、似年时。

人们不但要簪菊,还要插得满头都是,且他们头上的花,随季节的变化而呈现不同的风姿:

定风波·夜赏海棠

南宋·王质

曲曲阑干曲曲池。万红缭绕锦相围。花到黄昏思欲睡。休睡。眼前都是好相知。

银烛转添花转好,人在,花深深处更相宜。似此好花须爱惜。休惜。鬓边消得两三枝。

春天的海棠花,夏天的茉莉花,秋天的木犀花,冬天的梅花,四季就这样在宋人鬓边鲜明地流转着。这里只是列举了有明显季节特征的花,至于四季所簪花种类的丰富多彩,是远远无法穷举的。可以说,但凡能开在视线里的花,都免不了被"簪",正所谓"似此好花须爱惜。休惜。鬓边消得两三枝"。对漫山遍野的野花,宋人自然也不会放过:

最高楼
南宋·刘克庄

……

漫摘取、野花簪一朵。更拣取、小词填一个。晞素发，暖丹田。罗浮杖胜如旌节，华阳巾不减貂蝉。这先生，非散圣，即臞仙。

另外，城里卖花行业的兴盛，是能满足人们簪花的喜好和需求的，所以买花是宋人头上所簪花朵的主要来源之一。出游时兴致很浓，买上一朵花簪插在帽子上，似乎这样才更有心情去尽兴。

簪花这道风景的最动人处，当然还是在美女头上。在她们梳妆打扮的琐碎程序里，簪花是绝对重要的一步。女子头上簪花从魏晋南北朝就已经成为风气了，在唐代更是发扬光大，周昉的《簪花仕女图》里，贵妇们头上大朵鲜艳明丽的花儿异常惹眼。

宋代的女子簪花，已成为普遍的现象。唐代时，尽管后来出现了镂空花钗越来越多地代替了鲜花，不过，在宋代，女子们显然还是更喜爱将鲜花簪在头上。

如梦令
南宋·石孝友

折寄陇头春信。香浅绿柔红嫩。插向鬓云边，添得几多风韵。但问。但问。管与玉容相称。

唐·周昉《簪花仕女图》

妆成之后，在鬓边斜斜簪上一枝花朵，顿时增色许多，再配上飘逸的衣裳，怎一个美字了得。也只有这色彩缤纷的花朵，才能与美女的娇艳容颜相称。所以当美女忧思伤神之时无心装扮，用"一春不簪花"，就足以表明是如何心灰意冷。

西湖风月一年四季不曾冷落，能供杭州人选戴的花色品种，可谓是"乱花迷眼"。《梦粱录》称得上是杭州人全年的"选花指南"。其"暮春"条说：

"是月春光将暮，百花尽开，如牡丹、芍药、棣棠、木香、酴醾、蔷薇、金纱、玉绣球、小牡丹、海棠、锦李、徘徊、月季、粉团、杜鹃、宝相、千叶桃、绯桃、香梅、紫笑、长春、紫荆、金雀儿、笑靥、香兰、水仙、映山红等花，种种奇绝。"其卷十三则说："四时有扑带朵花，亦有卖成窠时花，插瓶把花、柏桂、罗汉叶。春扑带朵桃花、四香、瑞香、木香等花。夏扑金灯花、茉莉、葵花、榴花、栀子花。秋则扑茉莉、兰花、木樨、秋茶花。冬则扑木春花、梅花、瑞香、兰花、水仙花、腊梅花。"

杭州卖花人将花放在竹篮上，"歌叫于市，买者纷然"。他们寓唱于卖的销售手法，也见于《东京梦华录》：

是日季春，万花烂漫，牡丹芍药，棣棠木香，种种上市，卖花者以马头竹篮铺排，歌叫之声，清奇可听。

由于受限于运输、供求等因素，不是谁都能随时簪插应季的花儿。所幸宋人能造出堪与真花媲美的人造花。

据《铁围山丛谈》记载，皇家宴饮所赐的人造花有三品。下品是"绢花"，辽国使节入贺宋主生日时，为向外邦示以崇俭，分赐

南宋·李嵩《花篮图页》

绢花；中品是"罗帛花"，多用于春秋两季的会宴；上品是"滴粉缕金花"，遇有大礼后的朝贺、上元节游春，或是到金明池游园，近臣都陪驾出游，届时将设小宴，列席的重臣将分到滴粉缕金花。依官品高低，同游的随员也会分到数量与品相皆有差别的"燕（宴）花"，而以"滴粉缕金花"为最。

受益于宋人的簪花习俗，假花制造业成为蓬蓬勃勃的朝阳产业。洪迈《夷坚志》记载：南宋饶州天庆观居民李小二，便是以制造通草花朵为业。"通草花"就是一种用通草制作的假花。

苏轼在《四花相似说》中，曾以四种假花比喻"四花"："荼蘼花似通草花，桃花似蜡花，海棠花似绢花，罂粟花似纸花。"

耐得翁在《都城纪胜》回忆过花店出售假花的画面："官巷之花行，所聚花朵、冠梳、钗环、领抹，极其工巧，古所无也。"

南宋还有官办的制花作坊"文思院"，掌造"金银犀玉工巧之物，金彩绘素装钿之饰，以供舆辇、册宝、法物及凡器服之用"。上文已述的幡胜也是假花，由文思院进造。周密《齐东野语》：

花之早放者名曰"堂花"，其法以纸饰密室，凿地为坎，缏竹置花其上，粪以牛溲（尿液）硫磺，然后置沸汤于坎中，汤气熏蒸，盎然春融，经宿则花放矣。如牡丹、梅、桃之类无不然。

宋人已经掌握了温室栽培和花卉保鲜技术，即便过了花的生长季节，人们也能购得想要的花。

南宋皇帝亦也爱簪花。淳熙十三年（1186年），宋孝宗为敬贺太上皇（高宗赵构）八十大寿，在元旦日举办庆典。《武林旧事》的开篇首记此事："御宴极欢。自皇帝以至群臣禁卫吏卒，往来皆簪花。"

三天后，杭州的喜庆气氛依然很浓，"四方百姓，不远千里"，皆来一睹盛事，诗人杨万里赋诗赞道：

春色何须羯鼓催，
君王元日领春回。
牡丹芍药蔷薇朵，
都向千官帽上开。

宋代扬州的芍药名闻天下，开明桥"春月有花市"，而花价时时见涨。韩琦任太守时，其价已高过每况愈下的洛阳牡丹花。韩琦曾赋诗感叹：

广陵芍药真奇差，
名与洛花相上下。

> 洛花年来品格卑，
> 所在随人趁高价。

在闲暇时，簪花戴紫的男女无处不有。北宋时的开封城，南宋时的临安府，无不是如此。开封少年昔以插花相尚，欧阳修《谢观文王尚书惠西京牡丹》诗：

> 京师轻薄儿，
> 意气多豪侠。
> 争夸朱颜事年少，
> 肯慰白发将花插。

骑在牛背上的南宋小牧童，也学着他们的模样，在斗笠上插花。杨万里以此景入诗《安乐坊牧童》：

> 前儿牵牛渡溪水，
> 后儿骑牛回问事。
> 一儿吹笛笠簪花，
> 一牛载儿行引子。

《梦粱录》卷十三"夜市"条载：

并在五间楼前大街坐铺中瓦前，有带三朵花点茶婆婆，敲响盏，掇头儿拍板，大街游玩人看了，无不哂笑。

范成大《夔州竹枝歌》中也咏赞了那个红花簪头的老婆婆：

白头老媪簪红花,
黑头女娘三髻丫。
背上儿眠上山去,
采桑已闲当采茶。

看来,宋代老来俏的婆婆还真不少!语涉村妇簪花的诗篇也较多见。如苏门子弟张文潜诗《田家三首·其二》:

插花野妇抱儿至,
曳杖老翁扶背行。
淋漓醉饱不知夜,
裸股掣肘时欢争。

清·金廷标《簪花图》中的簪花贵妇

宋人喜欢头簪鲜花,还有一个很重要的原因:头上的鲜花能够散发出香气,簪花女子行动时,便会有幽香从鬓边散出来,隐隐约约、淡雅怡人,闻起来让人心醉,女子头上的风情,就这样被各种鲜花占尽。

南宋以后,簪花的人,尤其是簪花的男子逐渐少见,元明清三代,只见于零星的记载。明清时,簪花似成女性的特权,明末清初的卫咏说:"美人是花真身,花是美人小影。"随着世变风移,以花簪发的女子亦渐不多。

第四节　手上化妆——美甲与饰品

对手部的化妆，宋代妇女也颇为讲究，往往不惜时间修饰指甲，以增加女性的魅力。当时风俗以凤仙花染甲，称为"金凤染指"。周密《癸辛杂识》续集上《金凤染甲》详细地记载了这种方法：

凤仙花，红者用叶捣碎，入明矾少许在内，先洗净指甲，然后以此敷甲上，用片帛缠定过夜。初染色淡，连染三五次，其色若胭脂，洗涤不去，可经旬，直至退甲，方渐去之。或云此守宫之法，非也。今回回妇人多喜此，或以染手并猫狗为戏。

女子的纤手除美甲之外，玉臂也是备受文人细细吟咏的对象，而女子给自己的玉臂做装饰，不一定只是为了吸引男人的眼球，而是一件自然的爱美之举。手上的饰品除了戒指便是手镯了。戒指是定情之物，古代女子在没有定亲或出嫁之前，手上是没有戒指的。而对歌台舞榭的女子来说，就更不存在戴戒指的问题了。所以，在宋代女子的手上，手镯可以说是最重要的饰物。不过，在南宋时代还没有手镯这一说，女性臂腕上的装饰品有两个称谓，一个是古老的"跳脱"，一个是"钏"。

跳脱是手镯一类的饰品，周邦彦与陈允平的词中都曾提到过跳脱。

浣溪沙·黄钟
北宋·周邦彦
争挽桐花两鬓垂。小妆弄影照清池。出帘踏袜趁蜂儿。
跳脱添金双腕重，琵琶拨尽四弦悲。夜寒谁肯剪春衣。

塞垣春
南宋·陈允平

……

临镜理残妆，依然是、京兆柔雅。落叶感秋声，啼螀叹凉夜。对黄花共说憔悴，相思梦，顿醒西窗下。两腕玉挑脱，素纤悭半把。

钏是一种可以戴在手臂上，也可以戴在手腕处的饰品，除了大小以外，质地、形制、花样与手镯并没有太大的区别。类似的还有周邦彦《侧犯·暮霞霁雨》词中所提：

金环皓腕，雪藉清泉莹。谁念省。满身香、犹是旧荀令。见说胡姬，酒垆寂静。烟锁漠漠，藻池苔井。

用手腕处的金环来指代腕钏，是最简洁直白的说法。然而，戴在手臂上的臂钏更能出现在宋词里。因为是用金银条盘绕成螺旋圈状而成，所以臂钏又有"缠臂金""臂金"之称。苏东坡《寒具》一诗：

纤手搓来玉数寻，
碧油轻蘸嫩黄深。
夜来春睡浓于酒，
压褊佳人缠臂金。

其实写的是一种叫馓子的食物，但他却用一个睡得甜美的女子形象来比喻，而人们似乎也乐得忽略这个事实，

南宋·佚名《杂剧打花鼓图》中戴腕钏的宋代女子

把这两句诗看成一幅动人的美女春睡图：这个女子手臂上的金钏在熟睡中被压扁了，别具一种妩媚风情。无名氏的《贺新郎》一词则写道：

……

拥出个、仙娥窈窕。秋水芙蓉相映照。算人间、天上真希少。肌玉润，臂金瘦。

……

词中描写一个具备天仙仪容的女子，也是用缠臂的金钏来衬托她的美丽动人。说明这种饰物在装点女性方面的突出作用。

不管是臂钏还是腕钏，多选择光灿的黄金为质材，女子着装是不会露出手臂的，而装饰手臂的钏当然希望能被别人看见，所以选择光灿灿的黄金制作钏，罗衣里就更能隐约透出金钏的影子。如果选择用银为质材，效果就差得多。不过，还有另外一种材质的钏——"玉钏"出现：

一剪梅
北宋·周邦彦

……

夜渐寒深酒渐消。袖里时闻玉钏敲。城头谁凭促残更，银漏何如，且慢明朝。

这里的玉钏更像是单个的手镯组合而成，而非螺旋圈的形状。因此时常能够听到袖子里的玉钏在响。

宋词里还出现了一种特别的钏，从词意理解，是将琉璃珠子串起来做成的：

南歌子

南宋·杨无咎

彩缕牵肠断，明珠暗滴圆。从头颗颗手亲穿。寄与仙卿同结、此生缘。

和串拢瑜臂，连云坠雪肩。循环密数对沈烟。似我真情不断、永相联。

彩线串起的透明珠子套在玉臂上，两者的光洁相互映衬。钏的式样从古至今大体是一样的，不过，宋代的钏在纹饰上是很讲究的，比如丘崈《谒金门·罗袖薄》：

罗袖薄。玉臂镂花金约。起晚欠伸莲步弱。倚床娇韵恶。
独自青楼珠箔。怎向日长花落。门掩东风春寂寞。误人瞑喜鹊。

镂花是在钏的面上镂空刻花的工艺，这已经很奢华了，而更考究的钏还有镶嵌，比如枣花金钏就是在金钏上镶嵌枣花形的金额饰。周紫芝的《阮郎归》里写道：

月棂疏影照婵娟。闲临小玉盘。枣花金钏出纤纤。棋声敲夜寒。
飞霭冷，水精圆。夜深人未眠。笑催炉兽暖衾鸳。莫教银漏残。

一个钏所盘圈数并没有一个统一规定，普通的多是三至八圈，也有十二三圈之多，全凭个人喜好。

钏可以单只佩戴，也可以成对佩戴。钏成双佩戴，与衣物上绣鸳鸯、结同心的寄寓是一样的，所以吴文英《满江红》写道：

……

帘底事，凭燕说。合欢缕，双条脱。自香销红臂，旧情都别。湘水离魂菰叶怨，扬州无梦铜华缺。倩卧箫、吹裂晚天云，看新月。

下层劳动妇女在手臂上戴钏的现象也很普遍，在河南偃师酒流沟宋墓出土的画像砖上，我们看到几位厨娘正捋起袖子，做着厨房里的各种杂务，她们的身份相当卑微，做的又是体力活儿，可腕部却都赫然套着钏这种饰物。这是钏在当时流行程度之广的最好证明。

当然，套钏在手臂上并不方便劳作，这种饰物还是更适合那些不需劳作的女子，给她们种种复杂情思做最好的注解：

浣溪沙
南宋·陈允平
自别萧郎锦帐寒。凤楼日日望平安。杏花枝上露才干。
眉皱但嫌钿翠堕，臂销惟觉钏金宽。薄情杨柳征鞍。

用钏的宽来衬托人的消瘦，这点和裙带是一样的，总之是怎样和愁绪，都能找到最贴切的表达。

第八章 僧道服饰

第一节 僧服

佛教到宋代已完全中国化，宋真宗、徽宗推崇道教，宋室南渡之后，在杭州新建十大御前宫观，盛极一时。但从整体来看，佛教的影响大于道教。士大夫谈佛谈禅多，信道的少。苏东坡有不少僧友，李公麟、刘松年、梁楷都好画佛。佛道之别在于，佛教求来世之福，道教求今生之福，所以有得势求道，失意求佛之说。士大夫可两全，梁楷画佛又画道，为后人留下了齐全的资料。

僧侣在宋代有专门的服饰，称为僧服。《汉族僧服考略》记载：

佛教僧侣的衣服，根据佛教的制度，限于三衣或五衣。三衣是安陀会、郁多罗和僧伽黎。安陀会是五条布缝成的衷衣；郁多罗是七条布缝成的外衣；僧伽黎是九条乃至二十五条布缝成的大衣。五衣是于三衣之外加上僧祇支和涅槃僧。僧祇支是覆肩衣，用以衬三衣穿着的，涅槃僧是裙子。

三衣规定颜色不许用上色或纯色，在新制的衣服上必须缀上一块另一种颜色的布，用以打破衣色的整齐，所以叫作坏衣色。

宋代僧侣的服饰仍以袈裟或缁衣为主。在当时，这些服装统称为僧衣或衲衣。

袈裟，又称"袈裟野""迦沙""加沙"等，这是梵语"迦逻沙曳"

的简称，意译为作坏色、不正色、赤色、染色等，是一种覆左膊而右掖的衣式，乃佛教僧众所穿的法衣，以其色不正，故有此名。因其在袈裟的右肩下用一大环作为扣搭之用，故名为"哲那环"，又叫作"跋遮那"。又因袈裟是由许多块碎布补缀而成，而又称为"衲衣"。

南宋·刘松年《补衲图》

由于这种僧人穿着的袈裟式样与一般人穿的相类似，唯其式是宽袖而衣也宽作方形，不像世人所穿的袖管作垂胡式，所以称之为"方袍"。此外，民间还称为"莲服""离尘服""逍遥服""覆膊""忍辱衣""忍辱铠""掩衣""无垢衣""无尘衣""福田衣""稻畦帔"等。

袈裟的品种也较多，百衲衣是僧人服装中最具特色的一种。山

宋绘画中穿僧衣的和尚

南宋·马远《洞山涉水图》中穿僧衣的和尚

北宋·张激《白莲社图》中的僧人

水衲是当时一种极为流行的衲衣。元照《行事钞资持记》卷下载：

> 今时禅众多作衲衫，而非法服。裁剪缯彩，刺缀花纹，号山水衲。价值数千，更乃各斗新奇，全乖节俭。

僧人所穿的法衣颜色一般为紫绯色。但黑色的"缁衣"也颇为常见，宋代僧人日常穿着的服装，一般为黑色的布帛制成，且以浅黑色最为常见。

南宋·佚名《无准师范像》

除了上述两种僧人服装外，还有直裰、定衣等。

直裰为僧人所着之袍。用素布制作，服式为：对襟大袖，衣缘四周镶以黑边，腰缀横襕。

定衣为僧尼的御寒之衣。所谓"定"，乃是指坐禅入定的僧人。

至于僧帽，据有关史料记载有：毗罗帽、宝公帽、僧伽帽、山子帽、班吒帽、瓢帽、六和巾、项包等八种。其中，僧伽帽为佛教徒所戴的一种帽。此外，见于文献记载的还有莲花笠。莲花笠以形状而得名，一般为僧人所戴。

第二节　道服

道教是宋朝的国教，欲求仙以长生不老，永享富贵。所以道教

北宋·武宗元《朝元仙仗图》局部

的仪仗及服色，都照搬现实加以神化。宋武宗元《朝元仙仗图》和梁楷《黄庭经图》中都有反映。

道士服饰有法衣、褐被和常服的道袍、大衫，统称为道服或道衣。

法衣是法师执行拜表、戒期、斋坛时所穿，指的是全真派中的霞衣、净衣、信衣、鹤氅（又名羽衣）等，以及正一派的行衣、罡衣、混元衣、班衣、忏衣之类。其中，法衣、鹤氅等一般以直领对襟为多，有边缘、垂带。服色有褐、青和绯，是指法衣而言。自唐开始赐李泌紫色之后，宋代也有赐林灵

南宋·梁楷《黄庭经神像图》局部，道士像

素紫服的事例。但传统服色的法衣仍然非常流行。

道士服饰还往往饰有花纹，如《夷坚支志丁·樱桃园法师》载："见一道士，古貌长须，戴七黑冠，披紫云霞服。"

常服即是道袍，所着的大小褂或名大小衫，为平常所穿，大多为交领斜襟。这种外衣和内衣，大致和一般人相似。如道教中的八仙之一的吕洞宾，穿黄道服，皂练，草履，手持棕笠装束，同普通人的服装差不多。这种道袍一般以葛布制成，故民间称为"葛衣"。

宋代道士穿衣，是先穿道袍之类，然后在道袍等之外束以环裙，即下裳，再把鹤氅、罡衣等罩在外面。

它不同于僧侣源于天竺的佛教的服饰，道服则是源于本土的服饰。史绳祖《学斋占毕》卷二《饮食衣服今皆变古》说：

> 然冠、履两事，反使今之道流得窃其所以，坚执不变，凡闲居则以覆冠，及谒见士大夫并行科升章则簪冠而彻巾穿舄，是三代之制，尚于羽士见之。

这就是说，宋代道士还保持着古人上衣下裳和簪冠的古制。其冠流行戴黄冠或七星黑冠。

道士和儒生一样也戴巾，当时巾的名目有：纯阳巾、紫阳巾、幅巾、混元巾（又名玄巾）、庄子巾、逍遥巾等。如洪迈《夷坚志补》卷二《吴任钧》记载："钧被贡入京，因适市，遇道人，戴碧纶巾，着宽白布裘，衣冠甚伟，持大扇。"道士平时穿履，法事时穿舄，舄履用朱色。如《宣和遗事·前集》载："忽值一人，松形鹤体，头顶七星冠，脚著云根履，身披绿罗襕，手持着宝剑，迎头而来。"

女道士的冠服，大体也同男者相似，也是束发戴冠、巾而衣道服。

总之，宋代道人戴冠、穿衣裳、着朱舄等服饰制度，更多地保持了古人的衣冠制度。

第九章 其他服饰

第一节 儿童服饰

童装是一个现代概念，古时没有专为儿童设计制作的衣服，只是成人衣服的缩小。从宋代流传下来的画来看，宋代儿童在衣着、化装方面不同于成人的有如下几点：一是发式变化多；二是服装颜色不犯禁；三是较明显地使用少数民族服饰；四是没有成人服饰中繁琐的等级区别。

形制短小的短衫在民间尤为常见，是当时小儿的便衣。

搭罗儿是宋代儿童所戴的一种无顶凉帽，以彩帛制成形同发圈。

珠帽是宋代富贵人家儿童所戴的一种帽子，因以珠子缀成而得名。

宋·佚名《扑枣图》中的儿童服饰　　北宋·苏汉臣《冬日婴戏图》中的儿童服饰

北宋·苏汉臣《秋庭婴戏图》中的儿童服饰 　　宋·佚名《婴戏图》中的儿童服饰

关于宋代儿童服饰，可以通过古画直观地感受。

婴戏，顾名思义是描绘儿童游戏、玩耍的绘画，多借此表现儿童天真烂漫以及节气的欢乐氛围。从中透视出很多文化内涵，比如儿童服饰，同时还兼具真实性和趣味性。

宋·佚名《婴戏图》中的儿童服饰

第二节　伶人服饰

乐师用紫宽袍。红巾、青巾用于伶人，《东京梦华录》卷一《驾登宝津楼诸军呈百戏》载："唱讫，鼓笛举，一红巾者开大旗……次一红巾者手执两白旗，跳跃旋风机遇舞。"

《梦粱录》卷一《八日祠山圣诞》记载："有一小节级，披黄衫，顶青巾，带大花，插孔雀尾，乘小舟抵湖堂。"

宋·佚名《歌乐图》中歌伎和乐师的服饰

南宋·刘松年《十八学士图卷》中的歌伎

浑裹也是宋代教坊女杂剧艺人所裹的头巾。如《都城纪胜·瓦舍众伎》载："杂剧部又戴浑裹，其余只是帽子幞头。"

仙冠、玉兔冠、宝冠、金冠、卷云冠等都是宋代舞女佩戴的冠。《宋史·乐志十七》载：

女弟子队凡一百五十三人……佳人剪牡丹队，衣红生色砌衣，戴金冠，剪牡丹花。拂霓裳队，衣红仙砌衣，碧霞帔，戴仙冠，红绣抹额。

这件原作的摹本图像，复杂多样的形状也尽显人物的舞蹈表情。这些艺人不一样的动作，不一样的服饰。

宋代妓女穿的衣服有官衫、宽衫、裈等。官衫又称官衫帔子，是官妓在接客承应时穿着的礼服，其形制由官府制定。

宽衫是一种宽阔肥大的衣服，在歌舞时穿着。如《东京梦华录》卷九《宰执亲王宗室百官入内上寿》载：

教坊乐部，列于山楼下彩棚中，皆裹长脚幞头，随逐部服紫绯绿三色宽衫，黄义襕，镀金凹面腰带。

旋裙是宋代女子喜欢的一种裙子。这种旋裙前后开叉，裙上折裥相叠，以多为胜，便于妓女出行时乘骑。江休复《江邻几杂志》记载：

妇人不服宽裤与襦，制旋裙必前后开胯，以便乘驴。其风闻于都下妓女，而士人之家反慕效之。

珠履是一种装饰有珍珠的鞋子，使用者往往是风尘女子。如柳永《玉楼春》词："凤楼十二神仙宅，珠履三千鹓鹭客。"

宋代市民文化鼎盛，勾栏瓦舍遍布。还有宋朝是不宵禁的朝代，造就了鼎盛的市民文化。

宋代对狎妓基本没有限制。有官僚偕幕僚携妓游湖，或偕客登娼楼的。比如晏殊知南京，王琪张元为幕客，泛舟湖中，以诸妓随，甚至连宋徽宗赵佶也去樊楼与李师师幽会。

梦回南宋 重拾真实的南宋文化

第二篇 起居篇

第一章　住居

第一节　皇家宫殿

南宋将皇城建在临安城南。西靠雄伟的凤凰山,东边是低矮的馒头山。拥揽西湖和钱塘江美景的同时有大山作天然屏障,纵是金兵来攻,也能占据地利。

这幅《松风楼观》采用了马远一派的边角构图,是南宋皇城依山傍水的写照。从右下的宫墙一角,到左上的高大松树,地势逐渐升高。

南宋·马远《松风楼观图》

山腰上屋宇错落，林木茂密，层与层之间还设有两处观景台。站在其中凭栏远眺，低垂的枝叶削弱了江风的力道，眼前只留下明媚的湖光与山色。

这座爬山廊连接下方的方亭与上方的殿宇，对面高耸的远山暗示了此处极高的地势，站在殿前的观景台向下俯瞰，可见远处一座红色的秋千架。

南宋·马麟《楼台夜月》
楼阁亭台地势高低不同，加上江南多雨，往来不便，于是就出现了上图中这种极具南宋特色的爬山廊。

在层层楼阁之上，是一座两层高的大平台。平台上的方砖纤尘不染，其上摆有鲜花绿植，最顶层设有一长桌，桌后竖屏。屏后张开的帐篷可以供观者乘凉，而且拆卸方便，不用时便可收起。

此处是皇城内最佳的观景之所。大片的留白之下云淡风轻，右侧凸起的山峰却如刀似剑。这是马远夸张而细腻的修辞，原本静谧、

南宋·马远《雕台望云图》

安定的画面中因此潜藏进了一丝奇险。他也许在暗示，倚栏的白衣人虽然眼观于前，却心系天外，牵挂着北方的战事。

自高宗和北方金朝议和，政局稳定之后，燕游之风大盛。名宦张镃写过一篇《张约斋赏心乐事》，列出了每个月可以进行的"赏心乐事"，其中大部分都是讲究恰逢其时其地的赏花。

这幅雨后水汽弥漫的景致，位于皇城内的芳春堂。五株杏树纵

南宋·马麟《芳春雨霁图》

横伸展，枝头的红杏微微绽开，一派田园的野逸。据张镃所录，二月春来，宜观杏花。《武林旧事》中有"芳春堂赏杏花"的记载，这也是画中左上题款的由来。

三月，海棠花开，宫中的"照妆亭"是皇帝的必游之地。苏轼《海棠》诗：

东风袅袅泛崇光，
香雾空蒙月转廊。
只恐夜深花睡去，
故烧高烛照红妆。

每年农历八月十六至八月十八，观钱塘大潮是临安百姓的盛事。虽然南宋历史上也有皇帝曾亲临浙江亭与庶民一同观潮，但大多数情况下都是在皇城内的指定观潮点——"天开图画台"进行这一活动。

作为备受称道的宫廷画家，李嵩的高明之处在于，他并不刻意捕捉潮水的汹涌与观潮场面的热闹，而是以画面左上两句苏轼的诗为画眼：

寄语重门休上钥，
夜潮留向月中看。

南宋·李嵩《月夜看潮图》

这些活动，是其他朝代的帝王想都想不到的"宅家之乐"。而得益于南宋皇宫得天独厚的地理位置，那些原本寻常的宫乐，也变得更具雅趣。

当杭州改名为临安府时，也许高宗想的真的只是临时安居而已。几年前，还在难逃中的他命人前往临安府措置行宫，交代"务要简省，更不得华饰"。

没想到南宋帝王在凤凰山麓一住就是一百多年。原本简陋的宫殿，经过无数次的翻新与扩建，不仅成为中国历史上最美的山水园林，规模相较北宋的都城开封，也是有过之而无不及。凤凰山东麓的宫殿，极尽豪华，壮丽无比。不难设想，当年站在江边向凤凰山眺望，将见到何等非凡的一派景象：一带红墙围绕，金顶碧瓦相映，依山而建的殿宇层层上升，飞檐画栋，金碧辉煌。入夜，"珠光宝焰烛山河"，临安的人口已达一百五十余万。

马可·波罗游历了临安，在《马可·波罗行纪》卷二描述当时的南宋都城：

国王之宫殿，是这世界最大之宫，周围广有十哩，环以具有雉堞之高墙，内有世界美丽而最堪娱乐之园圃，世界良果充满其中，交有喷泉及湖沼，湖中充满鱼类。中央有最壮丽之宫室，计有大而美之殿二十所，其中最大者，多人可以会食。全饰以金，其天花板及四壁，除金色外无他色，灿烂华丽，至堪娱目。并应知者，此宫有房屋千所，皆甚壮丽，皆饰以金及种种颜色。

一个王朝气数将尽，一个文人开始记录，他就是周密。周密出身士大夫家庭，祖籍山东济南，先人随高宗南渡后来到杭州。多年来他曾任义乌令等职，时局的动荡不安令他时常念及故乡，幻想有一天能收复失地，他也能回到山东去。

后来南宋灭亡，周密不愿意做元朝的官，于是便隐居在临安城中一个叫癸辛街的地方，日日伏案，不厌其烦地把前朝的种种事物记录下来，对行将消失事物的资料进行描述，著就了一部《武林旧事》，给后世留下了南宋弥足珍贵的史料。

第二节　达官贵人住居

关于臣民的住居，宋朝政府曾有严格的等级规定。《宋史·舆服志六》记载：

私居，执政、亲王曰府，余官曰宅，庶民曰家。诸道府公门得施戟，若私门则爵位穹显经恩赐者，许之。……六品以上宅舍，许作乌头门。父祖舍宅有者，子孙许仍之。凡民庶家，不得施重栱、藻井及五色文采为饰,仍不得四铺飞檐。庶人舍屋,许五架,门一间两厦而已。

北宋真宗在景德四年也曾下诏,规定皇城内外构筑住房,亲王宫宅、寺观、祠庙用石灰泥,诸司库务、营舍、厅堂、门屋用破灰泥,其他止用麦糠细泥。营舍、厅堂、门屋用赤色装。

南宋宁宗嘉泰初,政府以风俗侈靡,诏令官民营建办公用房和住宅,一定要遵守政府的规定,务从俭朴。

然而,上述这些规定似乎没有多大的约束力,有钱的达官贵人和大户人家,往往是一掷千金,营造自己的宅第和园林,并进行豪华装修。北宋时的司马光在其《论财利疏》中就曾批评说:"宗戚贵臣之家,第宅园圃、服食器用,往往穷天下之珍怪,极一时之鲜明。惟意所致,无复分限。以豪华相尚,以俭陋相訾。愈厌常而好新,月异而岁殊。"张大经更是一针见血地指出:"近习甲第名园,越法逾制,别墅列肆,在在有之,非赂遗何以济欲?"(《宋史·张大经传》)

宋代达官贵人的住宅,极尽精饬妍丽,与唐代的浑朴雄阔相比,

南宋·佚名《胡笳十八拍图卷》中的豪宅

有从高大宏伟到小巧精致的发展趋势。

宋室南渡后，秦桧的住宅在临安城望仙桥东，由高宗赏赐，相府内阁中"格天阁"匾额系高宗亲书，地面铺"锦地衣"。建筑风格颇为独特。陆游在《老学庵笔记》卷十记载说：

秦太师……折祥第中窗上下及中一二眼作方眼，余作疏棂，谓之"太师窗"。

《宋史·秦桧传》也说秦桧家"富敌于国，外国珍宝，死犹及门"。周密在《癸辛杂识》中记述富豪秦九韶的住宅说：

与吴履斋交尤稔。吴有地在湖州西门外，地名罾上，正当苕水所经入城，面势浩荡，乃以术攫取之。遂建堂其上，极其宏敞，堂中一间横亘七丈，求海栈之奇材为前楣，位置皆自出心匠。凡屋脊两翚搏风，皆以砖为之。堂成七间，后为列屋，以处秀姬、管弦。

南宋·刘松年《四景山水图》局部　宋代官员、富人的住宅常建有园林。庭院式建筑大多参差错落，依山傍水。打破了原先过于规整略显单调的房屋布局

当然，普通官员的住宅，无论是规模还是装饰，就没有那么多讲究了，布局也简单得多。如陆游在任职大理寺司直时，在临安的居所仅有两间小屋子，《烟艇记》描述说：

陆子寓居，得屋二楹，甚隘而深，若小舟然，名之曰烟艇。客曰："异哉！屋之非舟，犹舟之非屋也。以为似欤？舟固有高明奥丽逾于宫室者矣。遂谓之屋，可不可耶？"

南宋·夏圭《雪堂客话图》的富家建筑

南宋·刘松年《四景山水图》中的富人宅院

南宋·刘松年《秋窗读易图》中的瓦房，院子大门，围以柴荆

南宋·刘松年《山馆读书图》中的文人书房及书桌、凳子和窗帘

  意思是说：陆先生寄居异乡，得到两间屋子，屋子很窄很深，好像小船一样，所以将屋子命名为"烟艇"。客人说："太奇怪了！房屋不是船，正如同船不是房屋的道理一样。你认为屋子和小船相似吗？船的确是有富丽堂皇到可以和宫殿媲美的，但因此把船称作房屋，这说得通吗？"

北宋·王希孟《千里江山图》中的村落民居

第三节　平民住宅

　　宋朝不同社会阶层的人住的房屋不同。一般平民百姓，无力建造豪华宅第，乡村中几乎全是茅草搭建的屋舍，有院子、窑洞等类型。城市中的平民住宅条件稍好一些，一般是瓦房和茅草房相结合的样式。

　　平民百姓因限于财力，住宅建筑规模及内部装饰，很难与贵族官僚及富家大族相比。城中居民由于地价昂贵，无力购置一块称心的土地建房，即使是有钱购置地皮，能够建得起房子的人也不多。如南宋都城临安，家中有财力可以盖房屋的少之又少，大多数居民只能租房而居，一家数十口局促于一隅，拥挤不堪。

　　宋代平民百姓建造的住宅，从使用的建筑材料来说，主要有瓦房和草房两种类型。

　　瓦房因以瓦盖屋顶而得名，又因其以砖瓦为主要建筑材料建成，故又称砖瓦房。能自建砖瓦房的人一般为经济状况较好的地主和商人。如周去非在《岭外代答·居室》中说：广西各郡的富家大户，家中的房屋都是瓦房，不施栈板，唯敷瓦于椽间。仰视其瓦，只取其不藏老鼠，由此即使是日兴穿漏，也不以为厌。而小民则是垒土为墙，墙上架横梁，全部不施柱。或者用竹剖开，仰覆在墙上为瓦；或者织竹笆两重，任其漏滴。广中民居，四壁不加涂泥，夜间焚膏，光亮从四壁透射出外，因此有"一家点火十家光"之讥，之所以这样做，是因为那里天气炎热，便于通风。从地区来看，城市中以瓦房居多。农村中的瓦房虽然不普遍，但也可见到一些。

瓦房的建筑格局和结构虽然各地多有差异，但大多采用长方形平面，梁架、栏杆、棂格、悬鱼，除草葺与瓦葺外，山面的两厦和正面的庇檐则多用竹篷或在屋顶上加建天窗。而转角屋顶往往将两面正脊延长，构成十字相交的两个气窗。稍大的住宅，外建门屋，内部采取四合院形式。有些院内还莳花植树，美化环境。

从王希孟《千里江山图》中所绘的住宅图景来看，都有围墙、大门和东西厢房，而主要部分是由前厅、穿廊、后寝等所构成的工字屋。另有少数较大住宅则在大门内建照壁，前堂左右附以挟屋。这些都在一定程度上反映了当时大中地主住宅的情况。

北宋·王希孟《千里江山图》中一处大型住宅，主屋为双层歇山楼阁，一侧有工字型房屋，前厅屏前双人对座

北宋·王希孟《千里江山图》中的一处中型住宅

五代至北宋初年·巨然《山居图》

南宋·钱选《山居图》

砖瓦业在宋代有了突飞猛进的发展，据北宋李诫《营造法式》所载，砖型有十三种；而瓦则按质分为素白、青棍、琉璃三大类，按功用又可分为筒瓦、板瓦、脊瓦三类。

筒瓦在宋代有六种，履于两行板瓦之间，不仅有束水功能，而且因其上面往往作有纹饰，故又有装饰功用。板瓦则有七种，仰铺于屋顶。

层顶盖瓦依作用不同分：脊瓦、挡沟、筒瓦、板瓦、沟瓦、滴水等

在边远城镇及乡村，民居除少量瓦房外，绝大多数是比较简陋、低矮窄狭的茅草屋。如庄绰《鸡肋编》卷下载："新州城中甚隘，居人多茅竹之屋。有两人于附郭治花圃，刱为一堂，前后两庑，颇极爽丽。"

茅屋外面往往建有篱笆，如陆游《初春》诗：

> 漠漠春寒罢对棋，
> 霏霏春雨却催诗。
> 梅花一树映疏竹，
> 茅屋三间围短篱。

草房的居住者，除了平民百姓外，还有一些隐士或僧、道等，往往也在山林幽僻处"结草为庐"而居。

除瓦房和草房外，还有以竹楼、木船和洞穴为住宅的。

宋·佚名《雪窗读书图》中的茅房与院落大门

北宋·乔仲常《后赤壁赋图》中的民居

竹楼又称竹屋，流行于南方，颇具地方特色。北宋王禹偁《黄州新建小竹楼记》：

黄冈之地多竹，大者如椽，竹工破之，刳去其节，用代陶瓦。比屋皆然，以其价廉而工省也。……闻竹工云："竹之为瓦仅十稔，若重覆，得二十稔。"

赵彦卫《云麓漫钞》卷十还详细记载了竹楼的建造方法：

截大竹长丈余，平破开，去其节，编之；又以破开竹覆其缝爽，檐则横竹夹定，下施窗户，与瓦屋无异。

第二章　起居用具

第一节　家具之雅

从审美的角度来看，明式家具可以说是中国古典家具艺术的巅峰，其雅致、清朗、简约的风格，对于现代家具设计而言都极富启发性，而实际上，明式家具继承的是宋式家具的审美风格。

宋代是中国历史上高型家具全面取代矮型家具的时期，并开创了素雅高洁的文人家具风格，成为明式家具的滥觞。

床与榻

宋代的床与榻的功能近似，都是可卧可坐的家具，不过，床、榻是两种卧具类型，形制上并不相同，功能上也有差异。

床，主要是摆放在卧室供睡觉用的卧具，具有一定的私密性；榻则是安放在书房、客厅的坐具，具有陈设的功能，更注意装饰与美观，当然也可用来躺卧、憩息。打个不是十分准确的比方，宋榻有点像现代家具中的沙发，今人的客厅少不了一套沙发，宋人的客厅或书房则少不了一张坐榻。

从制作材料来说，宋人的床榻又有木床、竹床、藤床、土床、石床之分，其中木床最为流行，一些富贵人家，还往往用朱漆等装饰。藤床在宋代也较为普遍。土床则流行于北方，这种土床俗称土炕。石床则较为少见，多为寒士和贫苦人家使用。

南宋人摹《韩熙载夜宴图》"听乐图"中的床与榻

南宋·马和之《书画孝经图册》中的三屏榻

案与桌

在矮型家具时代,并没有桌,只有案。案是低矮的承具,有食案、书案、棋案、香案、画案等。到了高型家具时代,才出现了高脚的桌,桌按造型来说,有方桌、长方桌、圆桌等类型,按其功能来说,则有饭桌、书桌、棋桌、画桌、茶桌等等。

桌,宋人写成"卓",含有"卓立不群"之意,可见桌的特点是高立。同时,传统的案也逐渐向高型发展,案与桌的功能相近,但造型与用途还是略有区别,一般来说,桌的支架是四条腿,案往往保留着框状支架;桌越来越注重实用功能,案越来越注重陈设功

宋·佚名《维摩图》
中的坐榻

宋·佚名《戏猫图》
中的桌与凳

能。在我们的语言习惯中，"案"更雅一些，而桌更"俗"一些，你可以将文人的工作说是"伏案"，却不能说成"伏桌"；成语中有"举案齐眉"，你不能改为"举桌齐眉"。

《韩熙载夜宴图》出现的餐桌是宋代最流行的细腿长桌。在宋佚名《戏猫图》中我们则可以找到一张黑漆花腿方桌。

宋佚名《梧阴清暇图》

宋·佚名《梧阴清暇图》中的书案、方桌与坐墩

的梧桐树下、大屏风前，放的是一张黑漆束腰书案，这是主人用来看书、写作的文化用具；旁边还有一张红漆花腿方桌，堆放着杂物。

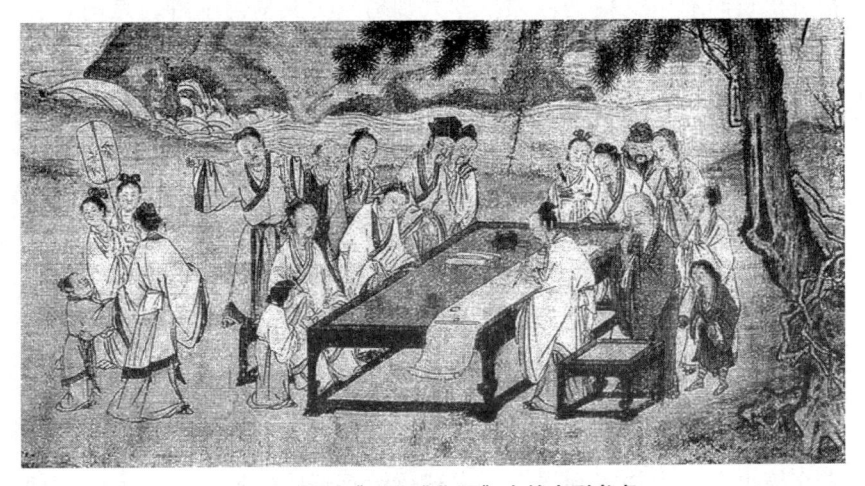

南宋·马远《西园雅集图》中的大型书桌

椅与凳

在矮型家具时代，也不会有椅，只有低矮的凳。当矮型家具发展到高型家具的时候，便出现了椅子。

椅子的品种较多，从材料来说，有木椅、竹椅、藤椅、石椅等，从形式来说，又有交椅、靠背椅、排椅等。椅与凳的差异其实并不是高与矮，因为到了高型家具时代，凳也发展出高脚。椅区别于凳的特征是出现了靠背。椅，宋人一般写成"倚"，显示出椅可以倚靠的功能。

竹椅在民间颇为流行，传说宋高宗南逃台州临海时，曾在一个寺院的竹椅中休息过。

交椅又名"交床""胡床""绳床"等，为一种可以折叠的轻便坐具。程大昌《演繁露》卷十四载：

> 今之交椅，制本自房来，始名胡床，桓伊下马据床取笛是也。隋以谶有胡，改名交床。

在宋代礼制中，交椅的地位不及靠背椅，但由于其携带方便，官员出行时有带交椅的习惯。"太师椅"为交椅之一种，是南宋官僚家庭常用的一种家具。张端义《贵耳集》卷下记载：

> 今之交椅，古之胡床也，自来只有栲栳样，宰执侍从皆用之。因秦师垣宰国忌所，偃仰，片时坠巾。京尹吴渊奉承时相，出意撰制荷叶托首四十柄，载赴国忌所，遗匠者顷刻添上。凡宰执侍从皆用之。遂号太师样。

由此可见，"太师椅"之名是从秦桧开始的。除太师椅外，背靠交椅也在南宋初得到推广。史载梁汝嘉任临安府尹，有人推荐使

南宋·刘松年《十八学士图·展书》中的椅与桌

南宋·刘松年《十八学士图·观画》中的鼓墩

用一种便于假寝的靠背交椅，用木料制成荷叶形状，且以一柄插于靠背的后面，使人可以仰首而寝。从此，这种交椅迅速推广应用，达官贵人都喜爱这种靠背交椅。

除了靠背椅，宋人还给椅子装上扶手，变成扶手椅。总之，跟凳相比，椅更强调坐着的舒适感。传为南宋刘松年的《十八学士图·展书》就画了一张靠背椅、一张扶手椅。图中的书桌，是镶嵌了大理石板的黑漆花腿桌。

宋代还有一种也很常见的墩形坐具，叫作"坐墩"，从形制上可以分为圆墩、鼓墩、方墩。从造型看，比凳更为美观。《十八学士图·观画》上就出现了一个鼓墩。上文提到的《梧阴清暇图》上也有一个鼓墩、一个方墩。

北宋·王居正《纺车图》中的小凳

传南宋·刘松年《唐五学士图》中的书橱

橱与柜

橱柜是用于收纳物品的家具，装有横拉门，北方人称柜，南方人称橱。橱柜在传世宋画中比较少见，不过，我们可以从传为南宋刘松年的《唐五学士图》上找到一个书橱。

屏风

宋代屏风的使用非常普遍，上至帝王，下至富家大族，都流行此物。屏风是一种用来挡风或隔断视线的家具，一般放在宽敞的室、堂进门不远处。从制作材料来看，有木屏、竹屏、纸屏、布屏、石屏、玉屏等；从其功用来看，有厅堂屏、床屏、座屏、枕屏；从其装饰来说，则有画屏、雕屏、素屏、照屏、漆屏等。

屏风上通常都绘有精美的图画，在客厅、卧室、书房乃至庭院

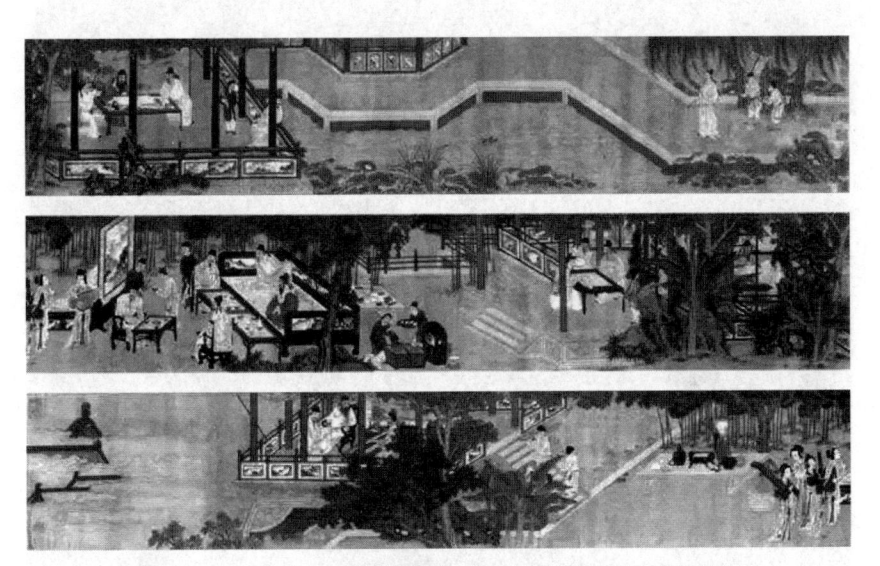

南宋·刘松年《十八学士图卷》中的书案、圆凳和大型屏风

五代·顾闳中《韩熙载夜宴图》分为"听乐""观舞""休憩""清吹""宴归"五个段落，各段落用屏风隔开

宋人摹《重屏会棋图》中的屏风

北宋·王诜《绣栊晓镜图》中的梳妆台与镜架

中设一架屏风，可以起到装饰、美观的作用，同时也有区隔空间的功能。我们从大量宋画中都可以看到屏风。如《十八学士图卷》与《韩熙载夜宴图》。

宋画中最著名的屏风应该是宋人摹五代周文矩的《重屏会棋图》，屏风中有屏风，构成一种奇妙的视觉效果，所以题签曰"重屏"。

台与架

台与架都是功能单一的架具，如花架、灯架、烛架、梳妆台。

追求舒适的造型

从人体生理结构来说，"垂足而坐"显然比"盘足而坐"更加舒服，这也是高型家具在宋代全面取代矮型家具的重要原因。宋代靠背椅、扶手椅、圈椅的兴起，也是出于人们对于舒适感的需求。一些宋代靠背椅的靠背还向后形成弧度，以适应人体脊椎结构。

北宋·赵佶（宋徽宗）《听琴图》中的黑香几造型非常雅致

宋·佚名《春游晚归图》中的交椅

交椅可以折叠，方便携带，再加装一个荷叶托，又可以仰首休息，所以在士大夫中非常流行。有些士大夫外出游玩，也会带着这种交椅。宋代佚名《春游晚归图》上，就画有一名仆人扛着一把交椅，随主人出游。

在刘松年《四景山水图·夏景》上，可以看到一张躺椅，有人将这种躺椅命名为"松年椅"。邵晓峰的《中国宋代家具：研究与图像集成》一书还将"松年椅"绘制出来，让我们能够看得更加清楚。

这种躺椅的靠背，很可能还可以调节倾斜坡度，明人高濂《遵生八笺》中介绍了这一技术："靠背，以杂木为框，中穿细藤如镜架然，高可二尺，阔一尺八寸，下作机局，以准高低。置之榻上，坐起靠背，偃仰适情，甚可人意。"

宋人还给坐具设计了软垫，《唐五学士图》中的坐墩都铺设了松软的圆形坐垫，跟我们今天也会在椅子、沙发放上坐垫一样。

《宋人人物册》中有一个造型特别的用具，形同一个扁平的"兀"

传南宋·刘松年《唐五学士图》中的坐垫

北宋·佚名《宋人人物册》中的凭几

字，两端略翘，涂了红漆，搁放在榻上。这个家具其实是用来搁放手臂的，叫作"凭几"。当你坐在榻上，长久挺直腰板，腰部很容易疲劳，这个时候如果有件东西让你的手臂搁着，换成懒洋洋斜倚着的姿势，便会觉得很舒服。凭几就是干这个用的，宋人又习惯称其为"懒架儿"，一个"懒"字，道尽了这种家具的功能。

元人刘贯道画有一幅完全模仿宋人风格的《梦蝶图》，构图跟《槐荫消夏图》非常相似，也是画了一位文士躺在榻上酣睡，脚搁懒架儿，枕的却是一个可折叠的枕头。

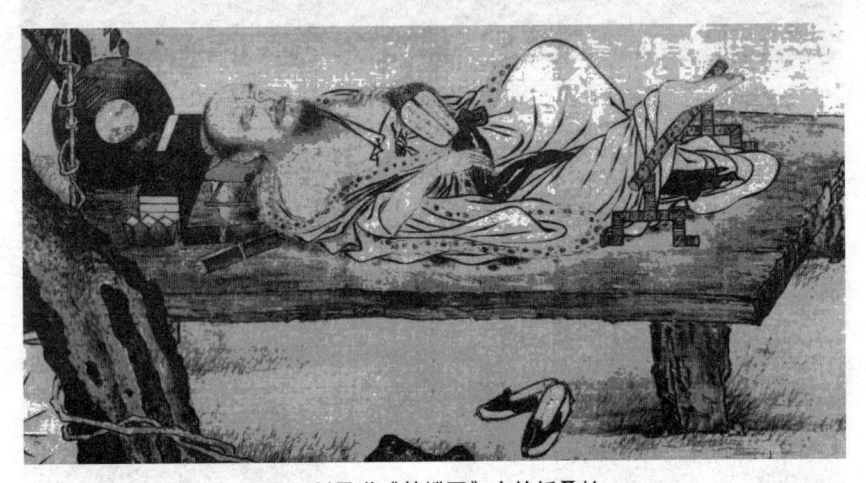

元·刘贯道《梦蝶图》中的折叠枕

雅致的审美风格

如果宋式家具只讲求舒适、实用，那么它跟今天的一张沙发、一床席梦思没什么区别。但事实上，当我们观看宋画上的家具时，会感到赏心悦目，觉得那些家具蕴含着一种清雅的美。确实，宋式家具的审美风格，正是宋朝士大夫的雅致审美时尚在器物上的凝结，也是宋朝文人闲适、优雅生活的折射。

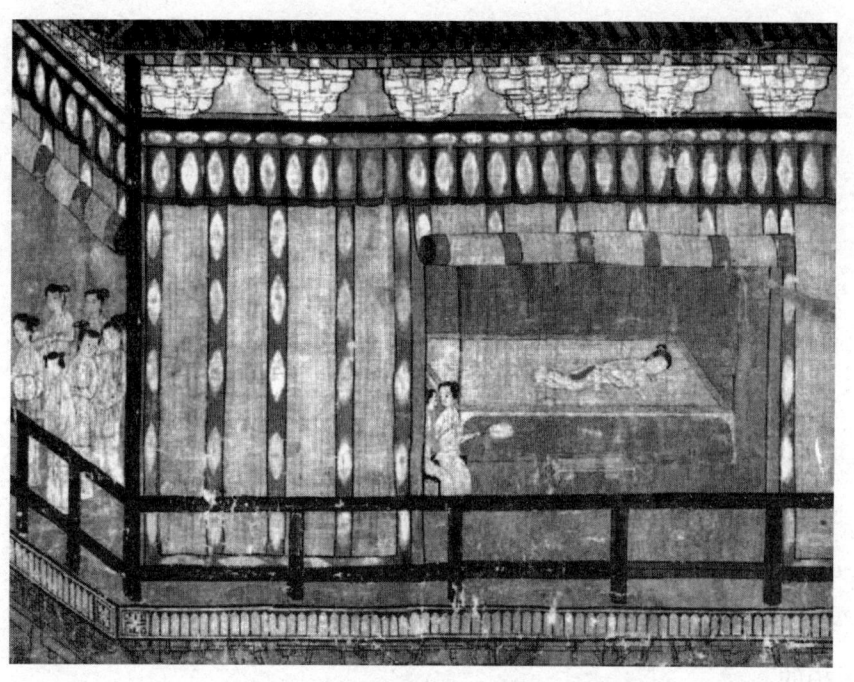

南宋·萧照《中兴瑞应图》中的床榻

南宋·萧照《中兴瑞应图》中的黑漆棋案、花几

在我们所能看到的反映宋代文人家具的图像中，几乎找不到那种过分雕凿、装饰的家具。不管是《听琴图》中的琴桌、香几，还是《韩熙载夜宴图》中的食桌、床榻、屏风，抑或是《十八学士图》中的椅、墩、案，都呈现出线条流畅、构造简约、款式雅致的审美特色。不追求繁复的装饰，但讲究线条的美观，牙头、牙条、枨的使用既可加固家具的框架结构，又巧妙地起到修饰的作用，使得宋代家具的整体造型简约而不简陋，精致而不繁琐。宋人日用家具风格所体现出来的审美情趣，跟宋代士大夫崇尚的清雅、闲适生活也是相匹配的。

即便是宋朝皇室中的家具，也表现出一种素雅的美感。

南宋萧照《中兴瑞应图》中的床榻、黑漆棋案、花几；南宋《女孝经图卷》中的黑漆细腿书桌、香桌，跟文人家具并无什么差异。这也许可以说明，宋朝皇室的审美跟宋朝士大夫的审美是高度合拍的。

第二节　被褥与蚊帐

被子

宋人的被褥，有单被和夹被之分，单被一般在夏天使用，夹被则在春秋和冬季使。故时有俗语说："七九六十三，夜眠寻单被，八九七十二，被单添夹被。"

从当时制作被褥的材料来分，则有丝绸被、麻布被、绮被。丝绸被又可分为锦被、罗被、绝被、绮被等品种，多为富贵人家的专用品。

麻布被又称纱被或布被，在宋代最为常见，使用者多为下层平民百姓。

此外，在一些达官贵人家中还有翠毛裯褥、貂褥等。

蚊帐

帐的作用是为了防止蚊虫的侵害，宋代帐的品种较多，有锦帐、珍珠帐、绵帐、绣帐、青绌帐、布帐等。

锦帐以织锦制作而成，色彩华丽，显得富丽堂皇；绣帐就是指绣有花纹图案的帐子，这些是达官贵人的享用品。南宋权臣韩侂胄用的就是"青绌帐"。一般平民百姓往往用的是布帐或纸帐。

宋词里屡屡能读到各种帐子的描写，如李清照的《孤雁儿》：

藤床纸帐朝眠起，说不尽无佳思。沉香断续玉炉寒，伴我情怀如水，笛声三弄，梅心惊破，多少春情意。

小风疏雨萧萧地，又催下千行泪，吹箫人去玉楼空，肠断与谁同倚，一枝折得，人间天上，没个人堪寄。

词中提到的藤床很好理解，那么，纸帐又是怎么回事呢？

在宋代，纸作为与织物并行的材料，被广泛使用在纸帐、纸帘、窗纸等室内装饰中。在纸帐的制作过程中，纸衣要加入乳香等进行蒸煮，同时还要在阴干后，用箭杆卷起制造富于韧劲的褶皱，表面纯净洁白，质地朴素清雅，深受宋代文人喜爱。苏轼赞纸帐："洁似僧巾白布，暖于蛮帐紫茸毡。"林洪在《山家清事·梅花纸帐》条目中说：

法用独床。旁置四黑漆柱，各挂以半锡瓶，插梅数枝，后设黑漆板约二尺，自地及顶，欲靠以清坐。左右设横木一，可挂衣，角安斑竹书贮一，藏书三四，挂白麈一。上作大方目顶，用细白楮衾作帐罩之。前安小踏床，于左植绿漆小荷叶一，置香鼎，然紫藤香。中只用布单、楮衾、菊枕、蒲褥。

将插了梅花的花瓶挂在床脚四根漆柱,又将照射梅花之上的光线所产生的光影投射在床四周的纸帐上。

"梅花纸帐"的意境特征在于将"梅花"和以"纸帐"借代"白雪"构成一个超自然的空间环境,这是宋代文人以梅花来作为场景气质依托的艺术表现。

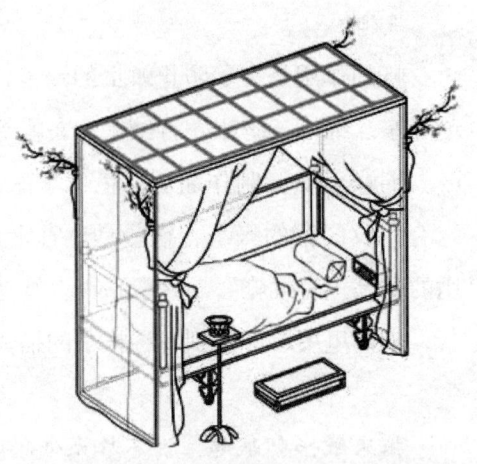

南宋·林洪《山家清事》中的梅花纸帐

据南宋林洪《山家清事》的"梅花纸帐"的文字描述,绘制的复原图:一张带有三面围子的床,床下支撑结构为足式;床帐的框架形式是由四角的黑漆立柱与顶部细木条纵横拼接形成的方格结构相连;床架顶部和三面都由纸帐罩住,上下床的一面则是可开敞的幕帘形式;床下有脚踏便于歇脚,床脚的斑竹书架用于临时阅读,床两侧设有横杆可挂衣服,床后的黑漆板可作休息依靠;梅瓶就挂在四根立柱上。其中所谓"绿漆小荷叶"是指由一根独立木杆托起一个荷叶形的绿漆小台面的香几形式。宋词里多有这种组合卧具的踪迹:

满江红·听琴

南宋·王质

纸帐梅花,有丛桂、又有修竹。是何声、雪飘远渚,泉鸣幽谷。红蓼白苹须拂袖,馀音尚带清香馥。挽素娥青女、问飞琼,谁家曲。

韩退之,欧永叔。惚兮恍,恍兮惚。试侧耳,山常似黛,水常如玉。颜子操中何足怨,醉翁徽外无人续。正青天、明月上东南,芳时足。

纸帐梅花之外，还有丛竹、修竹，在这种环境里听琴，能听到远脱流俗的种种意境来，更引发了一派高雅的情怀。宋人的闲雅之趣，由此也可见一斑，然而也正好入词：

朝中措
南宋·陈三聘

朝来和气满西山。拄颊小阑干。柳色野塘幽兴，梅花纸帐轻寒。三杯淡酒，玉腴蔬嫩，青楼堆盘。细写池塘诗梦，玉人剪做春幡。

孤雁儿
两宋之交·李清照

藤床纸帐朝眠起，说不尽无佳思。沉香断续玉炉寒，伴我情怀如水，笛声三弄，梅心惊破，多少春情意。

小风疏雨萧萧地，又催下千行泪，吹箫人去玉楼空，肠断与谁同倚，一枝折得，人间天上，没个人堪寄。

因为这种卧具本身就是一种意境了，用来衬托怎样的情思，都显得内蕴深长，而在实用性上，梅花纸帐不但可以在平时靠坐，还有挂衣服的地方。

不过，李清照的那首《孤雁儿》是写于她的丈夫赵明诚去世之时，当时朝廷已在动乱中南迁，李清照的个人境遇很凄凉，未必能置得起这么讲究的卧具了。而从"滕床"一词来看，更能肯定她所说的纸帐，并非林洪笔下的组合卧具"梅花纸帐"，而只是其中之一——"用细白楮衾"作的帐子。

楮是一种树，其叶似桑，皮可以造纸。明代高濂在《遵生八笺》中说到纸帐的制法：

用藤皮茧纸缠于木上，以索缠紧，勒作皱纹，不用糊，以线折缝之。顶不用纸，以稀布为顶，取其透气。

说到茧纸，其名气都出在书画上。据说这种纸产生于魏晋，其表面细白光亮又独具一种纵横纹理，有蚕丝之感，因此美其名曰"茧纸"。不过，用在书简上的茧纸遇水会洇开，这种特性在书法和绘画上特别可贵。而另一种茧纸正相反，遇水即成深窠臼状，不易渗化，因此被用来制作伞帐。宋词里的纸帐，就是指用这种茧纸做成的帐子。

这种纸帐不见得比一般的罗帐便宜，但更具文雅气息，正所谓"垂垂曳曳波浪纹"。南宋的胡寅在《斐然集》里吟咏纸帐说："细绤卷寒波，轻明笼白雾。"而说到实用性，纸帐应更胜一筹，因其保暖性比丝制罗锦帐要好得多：

河南登封唐庄宋墓壁画中的帐幔

鼓笛令
两宋之交·朱敦儒

纸帐绸衾忒暖。尽自由、横翻倒转。睡觉西窗灯一笺。恰听打、三更三点。

怀着故国悲思的词人，因为无力也无计可施，所以干脆沉沉睡去好了。纸帐和青毡挡住了屋外的霜寒，但心底的霜寒呢？

后一阕写闺中人儿的心事，所以即便纸帐和绸衾"忒暖"，但依然辗转难眠，就算朦胧睡去了，醒来还只是半夜。

古代帐子的主要作用是遮蔽。纸帐的透风性相对于丝绸帐子要差一些，但遮蔽性就很不错。所以吕胜己《鹧鸪天》说：

纸帐虚明好醉眠。博山轻袅水沈烟。了知世上都如梦，须信壶中别有天。

知我者，为君言。道人有个好因缘。丹成有日归云路，且醉梅花作地仙。

纸帐的避光作用很好，营造出的一种朦胧感，正适宜醉饱的人安然入眠。不过，"虚明"一词说明纸帐也不至于厚得使帐内昏暗，比如宋人张榘的《虞美人》：

小蛮才把鸳衾摺。妆就梳横月。探海不似旧年心。却爱窗前纸帐、十分清。

朔风吹起寒云动。午寝都无梦。黄昏更被竹枝声。唤起醒醒相对、一灯青。

美女梳妆打扮好了，却没有心情出去，仍然在床上待着，因为床靠近窗，纸帐里也透进足够的光亮，让人心情不至于更糟糕。而后的午觉就睡到黄昏点灯时分，无尽的黑暗躲开如豆的灯光在蔓延着，可想而知此时的心情是多么的黯然。

古代的人们喜欢在帐里熏香，即使挂的是不如丝罗帐那么旖旎的纸帐，香也是熏的：

浣溪沙
南宋·张元干

曲室明窗烛吐光。瓦炉灰暖炷瓢香。夜阑茗碗间飞觞。

坐稳蒲团凭桊几，熏余纸帐掩梨床。个中风味更难忘。

纸帐图既然是一种纸，喜欢舞文弄墨的文人，恐怕很难忍住在纸帐上动笔的欲望。赵长卿《念奴娇·夜寒有感》就写道："据炉肃坐，听瓶笙、别有天然宫徵。纸帐屏山浑不俗，写出江南烟水。檠短灯青，灰闲香歇，所欠惟梅定，数声时颤窗纸。"

既然纸帐和梅花形成组合，那么人们在纸帐上画梅花，这种推测是很有可能的。

除了帐子以外，还有一种防蚊子的器具，这便是碧纱橱，李清照《醉花阴》一词，便提到了这个物什：

薄雾浓云愁永昼，瑞脑销金兽。佳节又重阳，玉枕纱厨，半夜凉初透。

东篱把酒黄昏后，有暗香盈袖。莫道不销魂，帘卷西风，人比黄花瘦。

纱厨就是碧纱厨，还可写作碧纱橱。宋代的碧纱厨帏幛一类的东西，用木头做成架子，顶上和四周围蒙上纱，可以折叠。夏天可以摆在室内或园子里，坐卧其中，可避蚊蝇。周邦彦的词一起首就点明了碧纱厨的特点：薄，而且薄到非常透明的程度，所以才会有看起来没挂东西一样的感觉：

薄薄纱橱望似空。簟纹如水浸芙蓉。起来娇眼未惺忪。
强整罗衣抬皓腕，更将纨扇掩酥胸。羞郎何事面微红。

王之道的《惜奴娇》里也有"薄薄纱厨，小驿夜凉人静"的句子。史达祖的词恰从另一个方面给予了证明，说明碧纱橱摆放在室外：

素馨柑荂太寒生。多翦春冰。夜深绿雾侵凉月，照晶晶、花叶分明。人卧碧纱橱净，香吹雪练衣轻。
频伽衔得堕南薰。不受纤尘。若随荔子华清去，定空埋、身外芳名。借重玉炉沈炷，起予石鼎汤声。

夏天的夜里，雪白的茉莉开得正好，在月色的映照下花叶非常分明，睡在碧纱橱里的人，正享受着带着幽香的凉风吹拂衣袂的轻快惬意。

碧纱橱的功能是防蚊蝇，在夏天才用得上，而暑天里又是少不了凉席，所以宋词里的碧纱橱和簟这种竹席总是结伴而出现。

第三节　席子与枕头

席子

席子在宋代有暖席与凉席之分。暖席多以锦、毛及兽皮制成，供坐卧铺垫之用，称之为茵席，或茵褥。

凉席大多由竹、藤、苇等编织而成，也有用丝麻加工而成。竹席在宋代最为流行，王安石《次韵信都公石枕蕲簟》诗：

> 端溪琢枕绿玉色，
> 蕲水织簟黄金纹。
> 翰林所宝此两物，
> 笑视金玉如浮云。
> ……

这里说的"蕲簟"就是一种蕲水地区出产的竹席。当时，人们往往还以竹席作为礼品送人。如曹修睦知邵武军时，曾以竹簟赠送给禅僧斋，因作偈：

> 赠仁晓禅师竹簟
> 北宋·曹修睦
> 翠筠织簟寄禅斋，
> 半夜秋从枕底来。
> 若也此时人问道，
> 凉天卷却暑天开。

有趣的是，李清照在《一剪梅》词中居然以"簟"来描写自己的相思之情：

红藕香残玉簟秋。轻解罗裳，独上兰舟。云中谁寄锦书来，雁字回时，月满西楼。

花自飘零水自流。一种相思，两处闲愁。此情无计可消除，才下眉头，却上心头。

这首词句句精妙，尤其是头一句，备受当时和后世诗品家们推崇。比如清朝的陈廷焯在《白雨斋词话》中就说：

易安佳句，如《一剪梅》起七字云："红藕香残玉簟秋"，精秀特绝，真不食人间烟火者。

李清照妙就妙在她把秋意寄托在"红藕"和"秋簟"两种东西上，一为自然景物，点明"秋"这个季节，一为居室用品，点明"凉"的感受。因为这首词是写于恩爱的夫君赵明诚外出之时，还有人说有"人走席凉"的酸楚之感，景与物二者水乳交融，有很深的感染力。

在炎热的夏天，竹席带来的清凉之感令人神怡，其凉爽程度，竟到了可以用"冰"来形容的程度：

蝶恋花
北宋·曹组

帘卷真珠深院静。满地槐阴，镂日如云影。午枕花前情思凝。象床冰簟光相映。

……

忆王孙
南宋·蔡伸

凉生冰簟怯衣单。明月楼高空画栏。满院啼螀人未眠。掩重关。

乌鹊南飞风露寒。

词中所说的"冰"，有的是对夏日里感受到的清凉的强调，有的是一种心情的写照，而有的则是因为节气的变化因时而感。不管怎样，簟的清凉，使之成为宋人日常生活不可或缺的物件。而炎夏过后，凉意初起，簟就该收起来了。

秋风起兮，令人生凉的簟就用不到了，就要"打叠"起来。这样，再来读李清照的"红藕香残玉簟秋"，更能读出一种萧瑟寂寞——初秋已至，空闺里的人儿为相思所恼，无心打叠、安设过季之物，一任阵阵凉意将自己淹没。

枕头

宋代的枕头名目较多，从形状来说，有圆枕、方枕、扁枕、长枕、短枕之分，从所用材料来分，又有玉枕、瓷枕、瓦枕、竹枕、石枕、木枕、水晶枕、菊花枕等品种。

宋代瓷窑的高度发达，使得瓷枕大为普及，北宋张耒《谢黄药是惠碧瓷枕》一诗写道：

宋代刻花瓷枕头　　　　　　　　宋代磁州窑枕头

宋代三色釉瓷枕　　　　　　　宋代孩儿枕

磁州窑白地黑花"镇宅"铭狮纹枕　　宋代定窑瓷虎头枕

巩人作瓷坚且青，
故人赠我消炎蒸。
持之入室凉风生，
脑寒发冷泥丸惊。

从产地来说，当以磁州所产最佳。有卧伏呈娃娃状的"孩儿枕"；有卧伏呈兽状的，如"虎头枕""狮子枕"等。此外，还有长方形、腰圆、云头、花瓣、鸡心、八方、银锭等式样。

石枕常被宋人用作夏天时的卧具，在夏天的夜晚，垫一个清凉的石枕再舒适不过了。

竹枕也很常见，郑刚中在《春昼》一诗就提到了竹枕：

> 深村春昼永，事事不相关。
> 花少蜂蝶瘦，水清鸥鹭闲。
> 柏香熏纸帐，竹枕傍屏山。
> 付与悠然梦，乐哉天地间。

药枕在宋代得到了应用和发展，《宋朝事实类苑》卷五十九《百药枕》载：

> 益州有药市，期以七月七日，四远皆集，其药物多，品甚众，凡三日而罢，好事者多市取之。淳化中，有右正言崔迈，任峡路转运，迈苦多病，素有柏枕，方令取赀万钱，遍市药百余种，各少取置柏枕中，周环钻穴以彻其气。卧数月，得癫疾，眉须尽落，投江水死。说者以为药力薰发骨节间疾气。

第四节　油灯与蜡烛

油灯

宋代夜禁制度松弛，城市中夜市繁华，市民的夜生活很丰富，酒楼茶坊夜夜笙歌、觥筹交错；瓦舍勾栏每晚都上演精彩节目，令人流连忘返；店铺与街边摊营业至深夜，乃至通宵达旦；街市上热闹不减白昼。城市夜生活的展开、市民对黑夜的开发，离不开一个前提条件：发达的照明。如果没有明亮的照明工具，在黑夜里，人们能做的事情大概就是早点儿洗洗睡。

南宋临安城的元宵节，是不眠之夜、不夜之城，万家灯火，繁闹之地点燃巨烛，照耀如同白昼。所有这些，皆仰仗于油灯。

油灯确实是古时最常用的照明工具，不过，你未必知道，宋代的灯具与燃料悄然完成了一场革命性的变迁。

汉代的油灯，多使用动物油脂。动物油脂凝点低，常温下为膏状，燃烧时光线昏暗，且冒黑烟，还有难闻的气味。

到了宋代，动物油脂已很少见，人们点灯普遍使用植物油脂，其中以胡麻油为佳。跟动物油脂相比，植物油脂优点明显：排烟较少，也没有难闻的气味。

从出土的灯具实物来看，汉代灯具多为青铜器、铁器与陶器，以青铜灯的造型最为繁复、华丽，如1985年山西朔县汉墓出土的西汉彩绘雁鱼青铜釭灯，由衔鱼雁首（灯盖与烟管）、雁身（灯架兼吸烟装置）、灯罩及灯盘组成，四个部件均可拆卸。灯盘有手柄，

宋代青釉洗式五管器

可转动；灯罩是两块弧形屏板，能开合，既可挡风，又可调节亮度；雁腹内盛水，油脂燃所产生的烟雾，通过鱼腹和雁颈组成的烟管导入雁腹，最后沉淀于水中。整个灯具设计之高妙，令人叹为观止。

宋代时青铜灯已十分罕见，陶瓷灯具成为最常见的照明工具。四川博物院收藏有一件宋代青釉洗式五管器，出土自简阳东溪镇宋墓，研究者相信，这是一个五芯灯盏。跟西汉的彩绘雁鱼青铜釭灯相比，这件青釉灯具可谓朴素无华、平淡无奇。

这说明了什么？试想一下，华贵的青铜灯具，价格不菲，平民百姓哪里用得了？而简单的陶瓷灯盏，再贫穷的家庭都买得起。换言之，汉代时，很可能只有皇室贵族、官宦豪富及一部分富有平民才使用灯具，多数处于社会中下层的老百姓恐怕并无夜里点灯的习惯。因为灯光的匮乏，夜晚意味着普遍的黑暗，这也导致古人对黑

夜产生了深切的恐惧。

在宋代，随着物质文明的发展、庶民生活水平的提高，植物油燃料得到广泛使用，灯盏的结构也明显趋于简化，灯具的材质普遍采取廉价的陶瓷，意味着油灯作为一种寻常的日用品，已普及至千家万户。从南宋梁楷的《蚕织图卷》我们可以看到，住着茅屋的普通养蚕户，家里都点着油灯。宋代夜禁制度的消亡，也可能与民间灯火的普及有关联。

宋代灯具从制作材料来说，有铜灯、铁灯、瓷灯等。铜灯多为富人使用，如陆游《秋思》诗：

> 临海铜灯喜长夜，
> 蕲春笛簟怨秋凉。
> 世间生灭无穷境，
> 尽付山房一炷香。

南宋·梁楷《蚕织图卷》局部

陶瓷制的灯则为平民所用，如陆游《夏中杂兴》诗：

> 处世如灰冷，持心似砥平。
> 盘餐无宿戒，香火有常程。
> 樵父供藜杖，陶人售瓦檠。
> 经旬常苦雨，啸傲送余生。

陶瓷制作的灯具在考古发掘中多有出土，从各地出土的宋代陶瓷灯具来看，造型较之隋唐时更为丰富多彩，造型的基本形式为直口或敞口，口部较宽，腹部或直或曲，或深或浅，足部都有较高的圈足，有的呈阶梯喇叭口状。装饰纹样多为花草纹，装饰技法有贴塑、刻花、剔花、绘花、镂空等。

宋汝瓷油灯

宋越窑鸟形油灯

宋黑釉单耳油灯　　　　　　　　宋代越窑油灯

白蜡的应用

古代的照明工具，大致可以分为灯系与烛系。宋代"照明革命"的另一个体现，是蜡烛的广泛应用。

宋人所用的蜡烛，形态上跟现在所用的蜡烛很接近，呈长长的管状，中间有烛芯，可以直接点燃。从表现夜游、夜宴或祭祀题材的宋代绘画作品中，我们可以真切地看到宋代的蜡烛形态，如南宋李嵩《四迷图·酗酒》、马麟《秉烛夜游图》，都是画饮酒宴游的夜生活，也都画出了点燃的长条状蜡烛。

南宋《女孝经图卷》、李嵩（款）《焚香祝圣图》，则画有宋人祭祀时使用的蜡烛，也为长管状。《焚香祝圣图》图中点燃的红色管状物为蜡烛。

不要小看这种长管状的蜡烛，它不但保存、携带、使用方便，燃烧时间也较长，亮度也远大于油灯，可谓人类照明史的一次进步。它的出现得益于古人对制烛新材料的发现：白蜡。

南宋·李嵩《四迷图·酗酒》

南宋·马麟《秉烛夜游图》局部

南宋·佚名《女孝经图卷》局部

南宋·李嵩（款）《焚香祝圣图》

白蜡熔点比黄蜡（蜂蜡）高，"不淋"，既有可塑性，又有一定硬度，这才可以制成长长的蜡烛，点燃后也比较光亮，正是照明的理想材料。

白蜡取自蜡虫的分泌物。由于白蜡是中国特产，西洋人也将它叫作"中国蜡"。中国养殖蜡虫提取白蜡的历史，也许可以追溯至唐代，但有史料可确证的时间则是宋代。南宋人周密《癸辛杂识》续集录有"白蜡"条目，介绍了蜡虫的养殖情况：

> 江浙之地，旧无白蜡，十余年间，有道人自淮间，带白蜡虫子来求售，状如小芡实，价以升计。其法以盆桎树，树叶类茱萸叶，生水傍，可扦而活，三年成大树。每以芒种前以黄草布作小囊，贮虫子十余枚，遍挂之树间，至五月，则每一子中出虫数百，细若蟣蟻，遗白粪于枝梗间，此即白蜡，则不复见矣。至八月中，始录而取之，用沸汤煎之，即成蜡矣。又遗子于树枝间，初甚细，至来春则渐大，二三月仍收其子如前法，散育之。或闻细叶冬青树亦可用。其利甚博，与育蚕之利相上下，白蜡之价，比黄蜡常高数倍也。

这条史料透露了几个信息：南宋后期，白蜡虫养殖业从淮河一带扩展至江浙地区；养殖白蜡虫的收益跟养蚕不相上下；白蜡的价格高于黄蜡。

宋人还用乌桕油脂制作蜡烛，乌桕种子有一层蜡质表皮，是制蜡的上品。桕子榨油，混入融化的白蜡，倒进模具内，凝结后便是桕烛。南宋诗人陆游使用后，在《赛神曲》中赞叹，桕烛的光亮可将蜡烛比下去：

> 击鼓坎坎，吹笙呜呜。绿袍槐简立老巫，红衫绣裙舞小姑。乌桕烛明蜡不如，鲤鱼糁美出神厨。

另一位南宋诗人杨万里也有《乌臼烛》诗：

焰白光寒泪亦收，
白灯十倍蜜灯休。
忘情也似诚斋叟，
烧尽心时不泪流。

宋人用来制烛的原料还有石油，叫作"石烛"。今日蜡烛所用的工业蜡即从石油中提炼，不知宋人如何制作石烛，史料过于简单，不好臆断。

蜡烛的商品化

蜡烛在唐朝是贵族、官宦、富商才使用的奢侈品，一般平民可消费不起。到了宋代，蜡烛已经成为普通的日用品，进入一般士庶家庭。

赠赵言
北宋·黄庭坚
白云劝酒终日醉，
红烛围棋清夜深。
大车驷马不回首，
强项老翁来见寻。

六月八日山堂试茶
北宋·蔡襄
湖上画船风送客，
江边红烛夜还家。

今朝寂寞山堂里，

独对炎晖看雪花。

宋朝的元宵节非常热闹，家家户户都会放灯，从正月十四至正月十八，连放五天。放灯期间，灯品至多，精妙绝伦。南宋李嵩绘画的《观灯图》就画有一组元宵花灯：

奏乐仕女身后架了一个灯棚，上面悬挂着三盏巨灯；

右侧的桌子上安放着一只走马灯；

还有两名童子一个手执兔儿灯，一个手执瓜形灯。这种可以提在手上到处游玩的花灯，使用的燃料不大可能是油灯（因为花灯在晃动时，液体很容易泼洒出来），只能是蜡烛。也就是说，在宋代元宵花灯中，蜡烛的应用是相当普遍。

南宋·李嵩《观灯图》

为了鼓励民间放灯，临安府每天还会给市民发放蜡烛与灯油，《武林旧事》载：

天府（临安府）每夕差官点视，各给钱酒油烛，多寡有差。且使之南至升阳宫支酒烛，北至春风楼支钱。

在南宋杭州，显然家家户户都用上了蜡烛，蜡烛不再是奢侈品。

南宋画师牟益绘有一幅《捣衣图卷》，以图画表现南朝诗人谢

南宋·佚名《耕织图轴》局部

宋·佚名《秋堂客话图》局部

惠连《捣衣诗》诗意，画的实际上就是画家心目中古代女性为丈夫捣练、剪裁、缝制冬衣的劳动场景。图卷中也出现了烛台与蜡烛。显然，在画家生活的南宋后期，蜡烛应该是常见的日用品，所以才被牟益画入描绘女性劳作的画面。

宋代佚名的《秋堂客话图》，描绘了主宾二人秉烛夜谈的情景，可以看出来，住着茅屋的寒士也用得起蜡烛。

今天，灯烛是寻常之物，其背后却蕴藏着中国物质文明演进的生动信息。

第五节　扇文化

方寸之间绘大千世界

扇子的历史可以追溯到远古时期，晋人崔豹著《古今注》载，舜为了"广开视听，求贤人以自辅，故作五明扇"。五明扇是战国时期出现的一种形似单扇门的半规形扇子，名为"户扇"，当时人们拿它遮面窥视，又被称为"便面"。现存最早的扇子实物是湖北江陵马山楚墓出土的竹制便面扇、湖南长沙马王堆出土的篾丝长柄扇，其制作单一而简陋。在素绢团扇上作画的最早记录见于《历代名画记》："杨修与魏太祖画扇，误点成蝇。"

至宋代，扇子文化的兴盛，推动了扇面绘画的发展，不少画家也开始主动借助团扇扇面进行创作，扇面绘画不仅成为扇子上的装饰图案，并且成为书画创作的一种新形式。

团扇文化的兴盛，与宋代宫廷的倡导有很大的关系，北宋年间，宋太宗当政时期，诏令画院画家题绘扇面供其欣赏，《画继》记载："政和间，每御画扇，则六宫诸邸竞皆临仿一样，或至数百本，其间贵近，往往有求御宝者。"一时间，天下名家纷纷经营画扇，形成了蔚为壮观的艺术景象。

南宋人吴自牧在《梦粱录》中记载：当时南宋都城临安有瓦子前徐茂之家扇子铺、炭河桥下青篦扇子铺、周家折揲扇铺、陈家画团扇铺；夜市中还有细画绢扇、细色纸扇、漏尘扇柄、异色影花扇出售。

从这些标明出售不同商品的店名可知，临安城除了有售卖扇子、图绘纹样、书画的扇子店，还有专门画团扇的"陈家画团扇铺"。

庄申先生在《扇子与中国文化》里说，绢扇的盛行，一方面，绢是古代用来写字与作画的最通用的材料，以素绢做成的纨扇，已经具有供人书画、增加装饰的条件。另一方面，纨扇的边缘是竹，把绢、绫、罗、纱等丝质材料绷于竹架之上，扇身不重，携带方便，丝质易污染或破旧，也可随时换新。

宋代画家扇面绘画的作品很多，绘画题材多以山水、人物、花鸟为主，其中尤以山水、花鸟为多，人物相对较少。

像北京故宫博物院藏有《青山白云图》绘高山流水、白云明月，一老者坐看山间风起云涌。

画面似写唐代王维"行到水穷处，坐看云起时"之诗意。人物画扇面内容则呈多样性，有高士题材、货郎题材、婴戏题材等：

《蕉阴击球图》描绘的是南宋贵族庭院里婴戏的场景，构思巧妙，情节生动，显示出作者善于观察人物并且捕捉生活细节的能力。

花鸟扇面描绘四时花

南宋·佚名《蕉阴击球图》

卉及各类鸟兽鱼虫，北京故宫博物院藏《夏卉骈芳图》描绘群芳争艳，馥郁的花香似从画面中扑鼻而来。画家不仅细致入微地刻画出花瓣的纹理和叶片的筋脉，而且在设色上也力求逼真贴切，烘托出群芳的明媚娇艳。

从马远的《柳溪钓艇图》、南宋佚名《山居对弈图》等作品来看，南宋画家日益关注如何能够在一个边角的空间中将事物的美感表现出来。主要手法便是运用虚实与留白来强化画面感，借以营造意境，"一边一角""虚多于实"为其特色，这种关注一角半边的构图和取景模式，不仅是团扇形制带来的，卷轴绘画里也能看到南宋绘画强调虚实、留白的构图模式。

扇面绘画的创作内容与卷轴绘画并无明显差别，画家们把所有的题材都捕捉到咫尺的画幅中，从神话故事、社会生活、人物动态，到折纸的花卉、栖林的小鸟，无不逼真地描绘出来，以多种多样的手法，体现多彩的自然界和丰富的社会活动。通过宋代扇面绘画，可以看到宋代的山水风貌、花鸟娇容、世貌风情等等，绘画扇面不仅是摇曳生风的器具，也是反映宋代图景的载体，方寸之间描绘大千世界。

扇文化

在宋代，扇子以轻柔、飘逸赢得广大女性们的青睐，尤其是夏天，轻罗小扇扑流萤，美人对扇子爱不释手。时有"一九至二九，扇子不离手"的民谚，女子平时手上一般都少不了一把精致的扇子。

扇子的故事很多，当扇子出现在文人雅士的笔下，且又与女性形象之间产生微妙的关联，就形成了一种文化——扇文化。如今，扇子虽然逐渐被人们冷落，但扇文化依旧得到发扬。因为文人雅士笔下的扇子，渲染的往往是一种风情：

豆叶黄

两宋之交·吕渭老

轻罗团扇掩微羞。酒满玻璃花满头。小板齐声唱石竹。月如钩，一寸横波入鬓流。

吕渭老一上来就说美女用扇子遮脸含羞的样子最动人，实在是风光无限，媚态百生。

在男性看来，女性天生的娇柔姿态就最招的怜爱，加上古代女子讲究"笑不露齿"，以扇遮唇则流露了一种矜持端庄之感，更惹人爱慕。

所以，扇子成了女子最好的也是最重要的装饰品之一：

明·唐寅《秋风纨扇图》

少年游

南宋·陈允平

翠罗裙解缕金丝。罗扇掩芳姿。柳色凝寒，花情殢雨，生怕踏青迟。
……

鹧鸪天

南宋·周紫芝

……

钗欲溜，鬓微偏。却寻霜粉扑香绵。冰肌近著浑无暑，小扇频摇最可怜。

然而，扇子并非佳人专用品，对于文人士大夫来说，手持一把羽扇，指点江山，谈古论今，最是潇洒。苏轼在《念奴娇·赤壁怀古》中的一句"羽扇纶巾，谈笑间，樯橹灰飞烟灭"，从此，"羽扇纶巾"成了古代男子的最佳形象。不过，到了宋人这里，他们没有"纶巾"，而且羽扇的使用也不是很多，但词中仍有出现：

明·佚名《千秋绝艳图》中执扇的班姬

鹤冲天·梅雨霁
北宋·周邦彦
……
薄纱厨，轻羽扇。枕冷簟凉深院。此时情绪此时天。无事小神仙。

宋代流行的还是团扇，也就是在古代仕女图中经常看到的圆形或椭圆形扇子，扇上有柄，扇面一般是由丝绢制成的：

乌夜啼·纨扇婵娟素月
南宋·陆游
纨扇婵娟素月，纱巾缥缈轻烟。
高槐叶长阴初合，清润雨馀天。

弄笔斜行小草，钩帘浅醉闲眠。

更无一点尘埃到，枕上听新蝉。

满江红·夏

生卒年不详·张半湖

……

鲛绡扇，轻轻举。龙涎饼，微微炷。向水晶宫里，坐消袢暑。……

纨、生绡，都是指细致洁白的丝绸。因为丝绸扇面就是不加任何刺绣，也显得光洁雅致。陆游在《乌夜啼》中所说的"纱巾缥缈轻烟"，就是形容素扇透露出的娟秀温婉。绢扇的质地之薄造成了一种半透明的朦胧感觉。所以女子们以这样的扇子来遮面，除尽显羞涩矜持的仪态之外，薄薄的绢扇又使得她们的娇柔羞颜隐隐而露，有"犹抱琵琶半遮面"的风韵与美感。

生查子

两宋之交·吕渭老

裙长步渐迟，扇薄羞难掩。鞋褪倚郎肩，问路眉先敛。

清·费以耕《扑蝶图》

踏青南陌回，倚醉开娇靥。今夜更同行，忍笑匀妆脸。

一副小女子的娇态被刻画得淋漓尽致，其中以薄扇遮羞的举动尤其生动传神。用绢制扇子还有一大好处，就是可以在上面刺绣：

木兰花
北宋·柳永

……

玲珑绣扇花藏语。宛转香茵云衬步。王孙若拟赠千金，只在画楼东畔住。

念奴娇·夏日避暑
北宋·仲殊

……素质生风，香肌无汗，绣扇长闲却。双鸾栖处，绿筠时下风箨。

……

刺绣本来就是古代女子所要具备的"四德"之一，在夏天很少离手的扇子上绣上种种精美的图案，这是最普遍不过的事情了，也是女子们的闺中乐趣之一。刺绣的扇子有"绣扇"的称谓。

宋人在扇面上作画并求人题字的事情很常见：

燕归梁·书水仙扇
南宋·吴文英

白玉搔头坠鬓松。怯冷翠裙重。当时离佩解丁东。澹云低、暮江空。
青丝结带鸳鸯盏，岁华晚、又相逢。绿尘湘水避春风。步归来、月宫中。

题刘景明百马图扇面

南宋·杨万里

雾鬣如无笔,

霜蹄不带埃。

直言明眼著,

若个是龙媒。

宋词里题扇的词还有不少,扇上画的题材多种多样,题扇者或是吟咏画的意境和笔法,或是借扇上图案比喻持扇者,而后者多是为女子持扇来求题而写。因为在当时,歌伎求文人在扇上题词是一种风气。

赵长聊《鹧鸪天》一词的小序也说:"初夏试生衣,而婉卿持素扇索词,因作此书于扇上。"美女们纷纷持扇来求题字,想必日后当人们在她的扇子上看到当时很受推崇的文人所题的赞美之时,会让人另眼相看吧。

折叠扇是在北宋初年从日本和朝鲜传入中国的。北宋初,日本僧人来华作贡品进上,这种纸制的折叠扇一进入中国,便深受人们的喜爱,俗称为"倭扇"。郭若虚《图画见闻志》卷六《高丽国》载:

高丽使者来中国,或用折叠扇为私觌物。其扇用鸦青纸为之,上画本国豪贵,杂以妇人鞍马,或临水为金沙滩,暨莲荷、花木、水禽一类,点缀精巧;又以银泥为云气月色之状,极可爱,谓之倭扇,本出于倭国也。近岁尤秘惜,典客者盖稀得之。

此后,宋人便根据这些来自日本的折叠扇加以仿制,在国内迅速推广开来。朱翌有《生查子·咏折叠扇》一词:

宫纱蜂趁梅，宝扇鸾开翅。数折聚清风，一捻生秋意。
摇摇云母轻，袅袅琼枝细。莫解玉连环，怕作飞花坠。

朱翌这首词写于宋室南渡之后，也反映了折扇在南宋初的制作工艺水平已经成熟。众多扇铺里还出现了折扇专卖店。南宋吴自牧在《梦粱录》里就明确记载，说临安有"小市周家折揲扇铺"。

宋代赵彦卫在《云麓漫钞》中说："今人用折叠扇，经蒸竹为骨，夹以绫罗，贵家或以象牙为骨，饰以金银。"这些足以说明折扇在宋人的生活中已经不算罕见。

但对宋人来说，最好的还是团扇，尤其是词人笔下主角的各色女子，扇子是她们风情的一部分，像手执小巧的团扇轻扑萤火虫的经典形象，一直从前代风行而来，也成为词人念念不忘、吟咏不已的意境：

思牛女

北宋·贺铸

楼角参横，庭心月午。侵阶夜色凉经雨。轻罗小扇扑流萤，微云渡汉思牛女。

……

纨扇

南宋·连文凤

露冷飘零半幅纨，伤心不见女乘鸾。
歌残春院桃花暖，愁杀秋庭木叶寒。
满地飞尘何处避，旧时明月向谁看。
应思曾在君怀裏，一点恩情欲忘难。

第三章　住宅装饰

第一节　四大雅事——焚香

吴自牧在《梦粱录》中写道"烧香点茶，挂画插花，四般闲事，不宜累家"，称为宋代"文人四艺"，亦称"四事"，即透过嗅觉、味觉、触觉与视觉品味日常生活，将日常生活提升至艺术境界。

古人常以"香"描绘美物、德操、情感，赋之以寓意，如"古色古香""软香温玉"。

宋画上的香炉

在南宋刘松年《山馆读书图》《秋窗读易图》上，我们看到，读书人的案头都放置着小巧的香炉，那是因为宋人读书时有焚香的习惯。

许多宋诗也描绘了这样的文人习惯，如陈必复的《山中冬至》：

读易烧香自闭门，
懒於世故苦纷纷。
晓来静处参生意，
春到梅花有几分。

戴复古的《赣州上清道院呈姚雪蓬》：

短墙不碍远山青,

无事烧香读道经。

时把一杯非好饮,

客怀宜醉不宜醒。

南宋·刘松年《秋窗读易图》

南宋·刘松年《山馆读书图》局部

今天我们能够看到两幅宋人的《听琴图》，一幅传为刘松年所绘，另一幅传为宋徽宗赵佶所绘。两幅《听琴图》都画出了一张香几，香几上放着一只香炉，显示宋人在欣赏音乐时，也会焚香渲染气氛，正所谓"约客有时同把酒，横琴无事自烧香"。

南宋·刘松年《听琴图》

北宋·赵佶（宋徽宗）《听琴图》局部

而宋徽宗的另一幅作品《文会图》（台北故宫博物院藏），画的是文人雅集、宴会的图景，图中绘有一块大石桌，上面放了一只黑漆古琴，以及一个青铜香炉。

北宋·赵佶（宋徽宗）《文会图》局部

传为刘松年所绘的四幅《十八学士图》，其中一幅的主题就是"品香"（见下页）。

传为李公麟的《西园雅集图卷》，描绘了苏轼、苏辙、黄庭坚、秦观等名士的一次雅集，图卷中苏轼正在作画，画案上也放了一个精致的白瓷香炉，"炉烟方袅，草木自馨，人间清旷之乐，不过于此"。

烧香是宋朝文人宴客雅集时必不可少的点缀，宋人说："今日燕集，往往焚香以娱客。"这叫作"燕集焚香"。

"煮茗烧香了岁时，静中光景笑中嬉。"点茶与焚香同为宋朝士大夫的雅道，烹茶之时怎能没有焚香？我们在刘松年的《撵茶图》可以看到，仆人在烹茶，全套茶具已经搬出来，主人则与宾客坐在书案边题字作画，书案上一只古香古色的青铜香炉正飘着缕缕轻烟。

这情景恰如陆游《初寒在告有感》诗所形容：

南宋·刘松年《十八学士图·品香》

扫地烧香兴未阑,
一年佳处是初寒。
银毫地绿茶膏嫩,
玉斗丝红墨渖宽。
俗事不教来眼境,
闲愁那许上眉端。
数橡留得西窗日,
更取丹经展卷看。

宋人闲居时也有烧香的习惯,这叫"燕居焚香"。许多宋诗都写到燕居焚香的生活趣味,如杨万里的《二月十三日谒西庙早起》:

> 起来洗面更焚香,
> 粥罢东窗未肯光。
> 古语旧传春夜短,
> 漏声新觉五更长。

陆游的《初夏》:

> 床有蒲团坐负墙,
> 室无童子自烧香。
> 人图作拂虽堪笑,
> 我爱逃禅亦太狂。

南宋·马远《竹涧焚香图》

南宋马远有一幅《竹涧焚香图》，画的正是文人雅士闲居独处时的焚香。

在宋朝女性的闺房中，香炉也是必不可少的日常用具。李清照的几首小词都写了女性生活中的焚香：

孤雁儿

藤床纸帐朝眠起，说不尽无佳思。沉香断续玉炉寒，伴我情怀如水，笛声三弄，梅心惊破，多少春情意。

……

浣溪沙

淡荡春光寒食天。玉炉沈水袅残烟。梦回山枕隐花钿。

海燕未来人斗草，江海已过柳生绵。黄昏疏雨湿秋千。

醉花阴

薄雾浓云愁永昼，瑞脑销金兽。佳节又重阳，玉枕纱厨，半夜凉初透。

东篱把酒黄昏后，有暗香盈袖。莫道不销魂，帘卷西风，人比黄花瘦。

瑞脑，即香料；金兽，即香炉。

从宋人佚名《飞阁延风图》《调鹦图》，我们都可以看到宋人闺房里的桌几上陈设着香炉。

宋人用的什么香

从上面引用的宋人焚香图像中发现，宋人常用的香并非盘香，也非线香，那么，当时有盘香与线香吗？应该说是有。苏洵诗《香》

北宋·佚名《飞阁延风图》局部

南宋·佚名《调鹦图》

写道：

> 捣麝筛檀入范模，
> 润分薇露合鸡苏。
> 一丝吐出青烟细，
> 半炷烧成玉筋粗。
> 道士每占经次第，
> 佳人惟验绣工夫。

像筷子一样的香，大概便是线香了。但宋时的线香尚很少见，迄今尚未在宋画中见到线香。盘香，宋人称为"印香""篆香"，多用于计时或祭祀，孟元老《东京梦华录》卷二"诸色杂卖"条载："日供打香印者，则管定辅席，人家牌额，时节即印施佛像等。"

至于旨在点缀生活的焚香，宋人通常都是使用香丸、香饼，即将香料制成饼状或丸状，而非线香与盘香。

更准确地说，宋人焚香用的是人工调制的合成香料，叫"合香"，并不是直接将沉香、檀香等拿去烧。宋人陈敬撰著的《陈氏香谱》载：

合香之法，贵于使众香咸为一体。麝滋而散，挠之使匀；沉实而腴，碎之使和；檀坚而燥，揉之使腻。比其性，等其物，而高下，如医者则药，使气味各不相掩。

这是宋人制香的原则：按"君臣佐使"的道理配伍香药，和合各香，使其激发出来的气味更加宜人。

许多宋朝士大夫都喜欢亲手调香，调香成为文人生活的一种雅趣。陆游便是一位调香高手，他的《焚香赋》描写的就是调香之法：

暴丹荔之衣，庄芳兰之苗。徙秋菊之英，拾古柏之实。纳之玉兔之臼，和以桧华之蜜。

黄庭坚也是调香的一把好手，宋人将意和香、意可香、深静香、小宗香合称"黄太史四香"，便是以黄庭坚命名。黄氏的《药方帖》记录了一道调配"婴香"的方子：

婴香，角沉三两末之，丁香四钱末之，龙脑七钱别研，麝香三钱别研，治弓甲香壹钱末之，右都研匀。入牙消半两，再研匀。入炼蜜六两，和匀。荫一月取出，丸作鸡头大。

黄庭坚以"角沉"作为调制"婴香"的主香，应该就是看中海南沉香气味的"清远深长"。

"清远深长"是宋人丁谓在其《天香传》提出的香味品评标准。宋人烧香，并不追求香气的浓烈，而更为心仪香味幽长耐久、淡雅清逸的合香类型。宋时从海外贩入的番舶沉香，由于香味"腥烈，不甚腥者，意味又短，带木性，尾烟必焦"，并不受士大夫欢迎；其中有一种番香，因为在广西钦州集散，被称为"钦香"，其特点是"质重实多大块，气尤酷烈"，宋人便认为它"不复风味，惟可入药，南人贱之"。

宋人还喜欢用鲜花或水果蒸香，使花果的香味沁入香料中，焚香时便可以嗅到花香或果香。有一款叫作"返魂梅"的合香，烧起来有梅花的香味。"返魂梅"的名字为黄庭坚所取。

据《陈氏香谱》记载：

黄庭坚与好友惠洪游潭，恰好衡山花光寺的长老派人送来两幅墨梅。黄庭坚在灯下欣赏后，评价说："好画！唯一的缺憾是没有花香。"

惠洪听后，从囊中取出一粒香丸，投入香炉内，顿时一股梅花的香味在室内浮动。

黄庭坚闻香，惊奇地问："这是什么香？"

惠洪说："此香为韩琦所创，后苏轼学到调制的手法，苏轼又传给了我。"

"真的吗？"

惠洪笑着说："苏大学士知道你有香癖，却不肯将此香制法相授，真不够朋友啊！"

黄庭坚略一思索说："我给这股合香取个名字。"

"取什么名？"

"就叫返魂梅吧！"

宋人"烧香"，其实也不是用火"烧"，而是用炭"炙"。《陈氏香谱》说得很清楚：

焚香，必于深房曲室，矮桌置炉，与人膝平，火上设银叶或云母，制如盘形，以之衬香，香不及火，自然舒慢，无烟燥气。

利用炭火的炙烤激发出香料的香味，同时又避免了香料燃烧时发出的烟气。而用来炙烤香丸的香炉，宋人也形象地称其为"出香"。杨万里有一首《烧香》诗，描绘的"烧香"其实也是隔火熏香：

琢瓷作鼎碧于水，
削银为叶轻如纸。
不文不武火力匀，
闭阁下帘风不起。

> 诗人自炷古龙涎,
>
> 　但令有香不见烟。

　　这也是为什么我们在表现烧香题材的宋画上,往往只看到香炉,而不见多少烟雾缭绕的原因。

　　不妨再来看传为南宋李嵩所作的《听阮图》,图中一位侍女正在往香炉里添香,从她手指的姿势看,炉里所烧的香料显然是制成丸状的合香。

　　传为赵伯骕所绘的《荷亭对弈图》,也有侍女添香的细节,也可以看出她添入香炉的香为丸香。

南宋·李嵩《听阮图》

两幅画的画家都没有画出袅袅的烟气，符合"但令有香不见烟"的宋式焚香原则。

焚香作为一种文人雅道，是宋人发展起来的。当然，中国人用香的历史可以追溯到很早，不过，宋人之前，焚香只是皇室、贵族的时尚，或者表现为佛堂供香。

传南宋·赵伯骕《荷亭对弈图》

由于香被认为有"感格鬼神"之功效，而且寺院一直是财力雄厚的机构，佛堂供香通常非常华贵。传为李公麟绘画的《维摩演教图卷》上，就画有一张造型华丽的香几，上面放置的香炉是莲花座狻猊出香。这类华美的香炉，可见于北宋徐兢《宣和奉使高丽图经》的记载："狻

传北宋·李公麟《维摩演教图卷》局部

猊出香亦翡色也，上为蹲兽，下有仰莲以承之，诸器唯此物最精绝。"

至宋时，随着商品经济的繁荣、香药的进一步市场化，市井中出现了香药铺，越来越多的人都有机会购买到香料。

宋代是中国文人焚香雅玩的鼎盛期。不但文人士大夫热衷于调香、焚香，普通市民也消费香料，南宋杭州市井中不乏市民"关扑香囊、画扇、涎花珠佩"；端午节时，"杭城人不问大小家，焚烧午香"。《梦粱录》记载，杭州儿郎迎娶新娘，送给女方的礼品中也包括香料：

> 至迎亲日，男家刻定时辰，预令行郎各以执色，如花瓶、花烛、香球、沙罗洗漱、汝盒、照台、裙箱、衣匣、百结、青凉伞、交椅，授事街司等人，及顾借官私妓女乘马，及和倩乐官鼓吹，引迎花檐子或粽檐子藤轿，前往女家，迎取新人。

清贫的宋人如果有雅兴，也可以焚香。陈郁《藏一话腴》记载，宋代有人调制出一种成本十分低廉的"山林四和香"：

> 香有富贵四和，不若台阁四和，台阁四和不若山林四和。盖荔枝壳、甘蔗滓、干柏叶、茅山黄连之类，各有自然之香也。

宋代的"四和香"是名贵香品，由沉香、檀香、龙脑香、麝香四味珍贵香料合成。而"山林四和香"的原料只是荔枝壳、甘蔗滓等生活废弃物，可谓"变废为宝"。制法也很简单，《陈氏香谱》收录了一款跟"山林四和香"差不多的"小四和香"配方：

> 香橙皮、荔枝壳、楔楂核或梨滓、甘蔗滓，等分，为末，名"小四和"。

四种寻常原料以同比例搭配，研成粉末，加梨汁和成丸，阴干即可备用。

宋朝市井中也有香道。你到酒店喝杯小酒，只要付一点点儿小费，招呼一声，便有"香婆"捧着香炉上前，在你的酒桌上给你焚香。周密《武林旧事》说，杭州的酒楼：

各分小阁十余，酒器悉用银，以竞华侈。……及有老妪以小炉炷香为供者，谓之香婆。

当然，"香婆"所用香丸，肯定不是名贵香药，好在价格便宜，一般市民都消费得起。

宋人的焚香，你要说它平民化，它又讲究到极致，连"气尤酷烈"的名贵番舶沉香都被士大夫评为"不复风味，惟可入药，南人贱之"，剥夺了其作为焚香品的资格。但你要说它太讲究，它又有十分平民化的一面，寒门子弟用荔枝壳调制出来的合香，也被誉为"有自然之香"，优雅的焚香之道，始终向寒士敞开一扇门扉。这也是宋代香道兴盛的一大原因吧！

第二节　四大雅事——挂画、屏风、画帘

宋人对住宅的装饰非常重视，而其中尤以杭州人为最。特别是一些富贵人家更是如此。江少虞《宋朝事实类苑·杭人好饰门窗什器》记载：

杭人素轻夸，好美洁，家有百千，必以太半饰门窗，具什器。荒歉既甚，鬻之亦不能售，多斧之为薪，列卖于市，往往是金漆薪。

张仲文《白獭髓》亦载：

行都人多易贫乏者，以其无常产，借夫借钱造屋，弃产作亲，此浙西人常情，而行都人尤甚，其或借债等，得钱首先充饰门户，则有漆器装折，却日逐籴米而食，妻孥皆衣弊衣，跣足而带金银钗钏，夜则赁被而宿。似此者非不知贵，欲其外观之美而中心乐为之耳。

在宋人眼里，最被视为雅中之雅的是焚香、点茶、插花、挂画，即所谓的"四艺"。焚香重嗅觉之美，品茶重味觉之美，插花重触觉之美，而挂画则重视觉之美。"四艺"合一，展现宋代文人雅士风雅、有韵味的生活美学。

挂画，就是把画轴挂起来，以供欣赏。

画以画卷收藏的方式在唐朝以前就出现了，不过，基本都是横幅画，竖幅的画卷出现于五代。要把收藏的横轴画卷拿出来欣赏，是要摊在桌案上展开，竖轴的出现虽然与竖幅画相称，但却促成了宋人把画挂起来欣赏的雅趣。

"挂画"最早是指挂于茶会座位旁的关于茶的相关画作，演变至宋代，挂画改以诗、词、字、画的卷轴为主。文人雅士讲究挂画的内容和展示的形式，以此作为平时家居鉴赏或雅集活动共赏的重要活动。

宋代张训礼所绘《围炉博古图》，图中背面设有一座常见的大插屏，左侧有位侍仆用竹竿挑着一幅山水画，别有一番情趣。相同的场景还见于宋佚名《十八学士图》。

台北故宫博物院收藏的苏汉臣《长春百子图》，也画了几个童子观看一幅墨竹立轴的情景，这说明挂画欣赏在宋代已经是一件很普遍的事情了。陈著的《沁园春·寿六二叔父德光》一词写道：

宋·佚名《十八学士图》　　　　北宋·苏汉臣《长春百子图》

……

夷犹。庭户清幽。算此境神仙别一洲。但烧香挂画，呼童扫地，对山揖水，共客登楼。付与儿孙，只将方寸，此外无求百不忧。宜多寿，自今开八帙，到八千秋。

客人要来祝寿，先把场所收拾一番，其中重要的两件事就是烧香挂画。虽然从宋词的贺寿词来看，贺寿所挂的是一种特别的锦轴画卷，但从中也透露出宋人对挂画的喜好。尤其是文人，要体现自己对雅致的孜孜以求，挂上当时臻于艺术极境的水墨山水画，更是常见的事情。无名氏词《南歌子》：

阁儿虽不大，都无半点俗。窗儿根底数竿竹。画展江南山景、两三幅。

彝鼎烧异香，胆瓶插嫩菊。然无事净心目。共那人人相对、弈棋局。

"阁儿"指的是书房，宋人在居室布置上有一个特点，就是单独设置一间书房,面积不大,因而有"小阁""小室"的雅称,琴棋书画这些高雅之事通常也在书房完成。这样,书房的布置自然就极尽雅致脱俗之能事了:在书房外的窗下植几竿象征清幽的竹子,室内挂几幅江南山景的水墨山水;香炉里异香袅袅,小花瓶中雏菊开放,身处其中的人心旷神怡,悠闲地品茗下棋。好一幅恬淡清雅的文人闲居图。这首词完整地描述了宋代文人推崇的"四艺"怎样统一在他们的日常生活中。而挂画成为居室背景最抢眼的装饰,更是不可或缺的部分。汪莘的《沁园春》小序里说:"挂黄山图十二轴,恰满一室,觉此身真在黄山中也,赋此词寄天都峰下王道者",其词曰:

家在柳塘,榜挂方壶,图挂黄山。觉仙峰六六,满堂峭峻,仙溪六六,绕屋潺湲。行到水穷,坐看云起,只在吾庐寻丈间。非人世,但鹤飞深谷,猿啸高岩。

……

把黄山图挂满居室,就仿佛置身于黄山的美景仙景之中,可以时时体验一种超脱出世的愉快意境。由此可见,居室挂画在满足文人种种精神需求方面,有着更为明显的作用。

宋代画的内容虽然以水墨山水为主,其他题材也很丰富。尤其对居室挂画来说,为了增加一种活泼生趣,花鸟等题材的选择就是常见的。比如高观国的《玉楼春·海棠题寅斋挂轴》:

燕脂染出春风锦,生怕黄昏人有恨。
雨难揩泪玉环娇,烟不遮愁红袖冷。
醉魂吹断香魂静,拂拂翠眉羞带粉。
最怜新燕识风流,只为春寒消瘦损。

词人用幽婉的笔触题写一幅海棠挂轴，寄寓了一种悠长情思。从此也能看出挂画的题材会引发文人的种种心绪，再变成笔下阕阕词篇。

因为居室的挂画能够最直白地表达主人的爱好、意趣和品节，所以文人们也热衷于自己画画儿，再装裱成画轴挂起来。最为他们钟情的象征孤傲高洁的梅花，除了是花瓶里的常客，也是挂画的主角：

菩萨蛮·可人梅轴

南宋·赵师侠

琼英为惜轻飞去。可人妙笔移缣素。潇洒向南枝。永无开谢时。闺房难并秀。自是春风手。何必问逃禅。人间水墨仙。

宋·佚名《宋人人物册》

酹江月·题泽翁梅轴后
南宋·王柏

……

怕它香已飘零，罗浮梦断，不与东君接。买得鹅千幅绢，留取天然标格。老梅梢癯，蕊圆须健，不放风骚歇。花光何处，儿孙声价方彻。

这个秀外慧中的女子能执笔作画，而且画得还很不错，她选择把梅花画在绢上并装裱成挂轴，便无言地流露着让人爱慕的脱俗灵秀。至于高雅的文人墨客，画梅裱轴也是他们留取一种高洁情操的最好方式。梅花不是只开在深冬初春吗？把它留在画卷上，就能时时相对了。

宋代的挂画除了最常见的长方形式，还出现了一种特别的"扇面挂轴"，高观国有一首《杏花天·题杏花春禽扇面挂轴》：

花凝露湿胭脂透。是彩笔、丹青染就。粉绡帕入班姬手，舒卷清寒时候。

……

宋人挂画不仅仅用于居室，张训礼所绘的《围炉博古图》中的挂画就用于室外。宋代茶肆、茶坊遍布，宋人品茶本就很讲究意境，将喝茶的环境布置得雅致脱俗，也是一种精神享受。宋代耐得翁的《古杭梦游录》记载："大茶坊张挂名人书画，……所以消遣久待也，今茶坊皆然。"

宋人陈师道在《后山丛谈》中说，宋军攻克后蜀，得到孟昶很多书画藏品，宋太祖将这些书画赐给茶肆张挂，这被认为是饮茶挂画的开始。

居室的立轴挂画,有不少原是把画裱在屏风上,后来又揭下装轴而成的。在屏风上裱画的习俗早已有之,唐人床头的屏风上已经有了巴山蜀水,李白就曾写诗吟咏过。宋人对屏风的热爱有过之而无不及,用画装裱屏风更为盛行,所以屏风可以视为别样的挂画。

北宋·王诜《绣栊晓镜图》

至于屏风所画的内容,则是沿袭了唐代以来的山水胜景,只是到了宋代,水墨山水臻于成熟,所以屏风上的山水画是一派墨气淋漓。在宋人王诜所作的《绣栊晓镜图》上有一幅床头屏风,上面画的便是水墨山水。

宋词里忠实记录了文人们的这种喜好:

蝶恋花

北宋·晁端礼

……

枕上晓来残酒醒。一带屏山,千里江南景。指点烟村横小艇。何时携手重寻胜。

不管是落地的大屏风,还是环绕在床四周的床屏,抑或挡在床头的枕屏,都如此普遍地裱上了水墨山水,尤其是江南的山水。这跟当时山水画取材于江南景色的风气是一致的。南方烟雨蒙蒙的景致仿佛更适合用水墨来表现。贺铸的《减字浣溪沙》中也说:"莲烛啼痕怨漏长,吟蛩随月到回廊,一屏烟景潇湘。"

还有一种更富于动感的室内装饰就是画帘。关于画帘，就是用玻璃珠串成的帘子，有些还掺入玉石、翡翠。玻璃本来就有五彩，在编帘子时利用各种不同颜色珠子，就能编出一幅带着画案的帘子，可以称之为"画帘"。宋代流行珠帘，所以宋词里出现的"画帘"，有可能指用珠子组成各种图案的宋代珠帘：

好事近·归路苦无多

北宋·晁补之

归路苦无多，正值早秋时节。应是画帘灵鹊，把归期先说。
就中风送马蹄轻，人意渐欢悦。此夜醉眠无梦，任西楼斜月。

西江月

南宋·程垓

众绿初围夏荫，老红犹驻春妆。画帘燕子日偏长。静看新雏来往。
……

帘子上是燕子、喜鹊图案，这和唐人咏帘诗里说的"长迎飞燕游"是一致的，就是用彩色珠子串成的，不过，有些画恐怕也并非如此，苏轼《浣溪沙（赠闾丘朝议，时还徐州）》词：

一别姑苏已四年。秋风南浦送归船。画帘重见水中仙。
霜鬓不须催我老，杏花依旧驻君颜。夜阑相对梦魂间。

"水中仙"，有人说是传说中的洛神宓妃，历代皆有根据曹植《洛神赋》一诗而画的宓妃像。苏轼的这首词里说的这个帘子上有宓妃像，这么复杂的图案是珠子串组不出来的。这样的画帘到底是什么做成的呢？未见实物，很难猜测。

宋代使用竹帘也很普遍。宋人蒋捷的《珍珠帘·寿岳君选》说：

书楼四面筠帘卷。微薰起、翠弄悬签丝软。楼上读书仙，对宝猊霏转。

绣馆钗行云度影，滟寿觥、盈盈争劝。争劝。奈芸边事切，花中情浅。

……

筠帘，就是用竹子做成的帘子，而且房间四面都挂有。这种帘

南宋·佚名《梧阴清暇图》，图中的屏风为室外使用，四边较宽，边框内镶里框，以矮佬和横枨隔成数格，格内镶板，屏心给饰山水风景

子的制作方法是：把毛竹刮去青皮、分层开片、煮熟抽丝，再编织成帘。据说这种帘子平整柔软，用来作画有古拙自然之感。宋词里出现的画帘，大约多指这种特别的竹帘：

浣溪沙
北宋·晏殊

宿酒才醒厌玉卮。水沈香冷懒熏衣。早梅先绽日边枝。
寒雪寂寥初散后，春风悠扬欲来时。小屏闲放画帘垂。

摊破浣溪沙·汤词
南宋·周紫芝

门外青骢月下嘶。映阶笼烛画帘垂。一曲阳关声欲尽，不多时。
凤饼未残云脚乳，水沈催注玉花瓷。忍看捧瓯春笋露，翠鬟低。

宋人的居室生活，就被这种种挂画装点得艺术气息十足。

第三节　四大雅事——插花

以插花为尚

南宋人对风雅理趣孜孜以求，所以插花这门高雅艺术，在当时受到人们的热烈推崇。在居室里、书房中、厅堂上、几案上摆上一瓶造型别致、意蕴深远的花，与琴棋书画营就的氛围相得益彰。正如王世贞《石州引》一词所说："收拾。道明窗净几，瓶里一枝，便添风月。"

查看宋代的古画，发现很多画都与插花有着千丝万缕的牵连。我们先来看看几幅宋画，分别是南宋佚名《盥手观花图》（天津艺术博物馆藏）、马麟《松阁游艇图卷》、南宋《六尊者像》（北京故宫博物院藏）、马公显《药山李翱问答图》（日本京都南禅寺藏）。

这几幅宋画描绘的是不同人物的生活图景，不难发现，几幅画有一个共同这处——就是瓶插鲜花。《盥手观花图》插的是牡丹，《六尊者像》插的也是牡丹，《药山李翱问答图》插的是一枝寒梅，《松阁游艇图卷》上的插花看不出是何种花卉。透过这些宋朝画作，我们可以确知，不管是大家闺秀的闺房、富贵人家的庭院，还是隐者的案头、出家人的禅房、士大夫的书房，都有瓶插的鲜花，将生

南宋·佚名《盥手观花图》

南宋·马麟《松阁游艇图卷》

唐·卢楞加《六尊者像》（宋临本）局部

南宋·马公显《药山李翱问答图》

活空间点缀得意趣盎然。

这样的图像信息，显示出插花作为一种生活装饰品，已经广泛出现在不同阶层的宋朝家庭中。宋代之前，虽然也有插花艺术，但一般只流行于宫廷与贵族家庭，或表现为佛堂供花。到了宋代，插花已成为整个社会的生活时尚，深入到寻常百姓家。

在中国古代，恐怕再没有一个时代的居民比宋朝人更热爱鲜花了。宋代每年春天都会举办盛大的"花朝节"。《梦粱录》记载：

仲春十五日为花朝节，浙间风俗，以为春序正中，百花争放之时，最堪游赏。

花朝节出门赏花的市民往往万人空巷。而宋后，花朝节则逐渐趋于沉寂。

宋朝是中国插花史上的鼎盛期。如果说，插花是宋朝社会的时尚潮流，那么赵宋皇室与政府无疑就是这一插花潮流的引导者。每逢花季，临安后苑都要"妆点一新"。《武林旧事·赏花》记载了宫里用到的花器：

间列碾玉、水晶、金壶及大食玻璃、官窑等瓶，各簪奇品，如姚魏御衣、黄照殿红之类几千朵，别以银箔间贴大斛，分种数千百窠，分列四面。至于梁栋窗户间，亦以湘筒贮花，鳞次簇插，何翅万朵。

用名贵的器皿簇插珍品牡丹等鲜花，陈列于宫禁，供人观赏。

士大夫更是以插花为尚。

很多宋词都写到宋朝士大夫的插花时尚，如高翥的《春日杂兴》："多插瓶花供宴坐，为渠消受一春闲。"

杨万里的《赋瓶里梅花》：

胆样银瓶玉样梅，此枝折得未全开。

为怜落莫空山里，唤入诗人几案来。

洛阳是北宋的花都，牡丹盛开之时，地方政府会举办"万花会"（插花展览）。张邦基《墨庄漫录》说："西京牡丹闻名天下，花盛时，太守作万花会。安集之所，以花为屏障，至梁栋柱拱，以筒储水，簪花钉桂，举目皆花。"江南的扬州，"芍药为天下冠"，花开之季，扬州太守也会办"万花会"。

插花被宋人列为"文人四艺"之一，《梦粱录》称："烧香、点茶、挂画、插花，四般闲事，不宜累家。"

寻常人家也热爱插花，在家中摆放一瓶鲜花点缀生活。《夷坚志》提到一名爱花成痴的市井女子：

临安丰乐桥侧，开机坊周五家，有女颇美姿容，尝闻市外卖花声，出户视之，花鲜妍艳丽，非常时所见者比，乃多与，直悉买之，遍插于房栊间，往来谛玩，目不暂释。

五月端午节，更是家家户户皆插鲜花。《繁胜录》记载：

（五月）初一日，城内外家家供养，都插菖蒲、石榴、蜀葵花、栀子花之类。……虽小家无花瓶者，用小坛也插一瓶花供养，盖乡土风俗如此。寻常无花供养，却不相笑，惟重午不可无花供养。端午日仍前供养。

宋朝的商家，也喜欢用插花来装饰酒店、茶坊，营造出高大上的优雅格调。《梦粱录》记述说：

汴京熟食店，张挂名画，所以勾引观者，留连良客。今杭城茶肆亦如之，插四时花、挂名人画，装点门面。

杨万里的一首诗还写到简陋的路边小店也以插花为装饰：

> 路旁野店两三家，
> 清晓无汤况有茶。
> 道是渠侬不好事，
> 青瓷瓶插紫薇花。

疏枝淡花是宋代插花的主流，也许正是这个原因，用来插花的花瓶，宋人也青睐体形小巧纤细，如前面所引词里屡屡出现的"胆瓶"，也有"小壶""小瓶"之称：

浣溪沙·春日即事
南宋·刘辰翁

远远游蜂不记家。数行新柳自啼鸦。寻思旧事即天涯。
睡起有恨和画卷，燕归无语傍人斜。晚风吹落小瓶花。

江神子·初至休宁冬夜作
北宋·葛胜仲

……
官梅疏艳小壶中，暗香浓。玉玲珑。对景忽惊，身在大江东。上国故人谁念我，晴嶂远，暮云重。

这种小巧的花瓶配上疏淡的花枝，可以说是意境全出了。至于花瓶的质地，也是不拘一格：

丑奴儿

两宋之交·李纲

枝头万点妆金蕊,十里清香。十里清香。解引幽人雅思长。

玉壶贮水花难老,净几明窗。净几明窗。褪下残英簌簌黄。

宋代使用瓷器极为普遍,当时各个瓷窑都曾烧制专用于插花的瓷瓶,温润的质地,淡雅的色泽,用来插花再合适不过了。宋代之前没有插花专用器具,在祭祀这样的活动上插花,就插在祭祀用具上,比如铜器,甚至是老旧的铜彝里,寻得一种古朴的意趣。

北宋·苏汉臣《妆靓仕女图》,描绘了一位正在对镜梳妆的女子,神情娴雅。以新竹、桃花、兰花等点缀

当然,插花的器皿也不会仅限于瓶,两宋之际的宫廷画家苏汉臣有一幅《妆靓仕女图》,图中梳妆的架子旁边是一个竹筒,插着几枝花,看起来像是兰花。类似这种筒形的瓶,实物也有出土,形状很像一个竹筒。用竹筒养花是确有其事。

用竹筒养花具有一种宋人很推崇的自然意趣,宋词里也提到这种插花的竹筒:

声声慢·岩桂

南宋·姜特立

……

应有骚人雅韵,将胆瓶筼管,簇向屏山。野店云房,争待结屋中间。无奈猖狂老子,架巢卧、风露清闲。待早晚,约姮娥、同住广寒。

这里点出了用竹筒插花的风格:骚人雅韵。

插花不只是出现在书房这样文雅的地方,席上摆着鲜花,就更显得文雅气息十足了。张炎的《如梦令》一词小序写道:"处梅列芍药于几上酌余,陶然有感",其词:

隐隐烟痕轻注。拂拂脂香微度。十二小红楼,人与玉箫何处。
归去。归去。醉插一枝风露。

因为花瓶的仪态不俗,富于诗意,很容易让人陶醉,尤其饮酒的人,不知不觉就多喝几杯。而花的本身,也常常成为吟咏的对象。如郭应祥的《卜算子》一词小序说:"客有惠牡丹者,其六深红,其六浅红,贮以铜瓶,置之

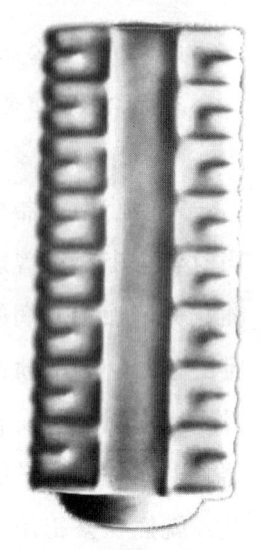

南宋龙泉窑青釉琮式瓶

钧窑玉壶春瓶

南宋龙泉窑青釉瓶

席间，约五客以赏之，仍呼侑尊六辈，酒半，人簪其一，恰恰无欠余。因赋。"其词：

谁把洛阳花，剪送河阳县。魏紫姚黄此地无，随分红深浅。小插向铜瓶，一段真堪羡。十二人簪十二枝，面面交相看。

借着花又生出许多风雅事儿，正合宋代文人的心意。

高超的插花技艺

宋代插花时尚的流行，催生出一门新的技艺——插花技艺。宋人丘浚在《牡丹荣辱志》，介绍了插牡丹花的原则与技艺。他将插花的配材分为主花、配花两大类，类似于今天插花业所说的花材、配叶。

主花当然是牡丹。丘浚依牡丹品种的优劣，将牡丹花分为"王""妃""九嫔""世妇""御妻"五个等级，其中"姚黄"为上品，为王，即牡丹之王；"魏红"次之，为妃。

配花则分"花师傅""花彤史""花命妇""花嬖幸""花近属""花疏属""花戚里""花外屏""花宫闱""花丛胜"十级。

比如"花师傅"有五色灵芝、九茎芝、碧莲、瑶花、碧桃；"花丛胜"有野蔷薇、荠菜花、夜合、芦花、杨花、金雀儿、菜花。

不同的主花与配花按照一定的原则搭配，可以组合成各种风格的插花作品。丘浚提倡的配花原则是：以"姚黄"为王，"魏红"为妃，"位既尊矣，必授之以九嫔；九嫔佐矣，必隶之以世妇；世妇广矣，必定之以保傅……"听起来是不是很玄乎？你将那些宫廷职位换成不同的花卉，就比较容易理解了。

还是来看图像吧。南宋宫廷画师李嵩绘有一套《花篮图》，分为春夏秋冬四幅，其中《夏花篮图》现收藏于北京故宫博物院，《冬花篮图》现藏于台北故宫博物院,《春花篮图》流落于日本,《秋花篮图》则已经失传。我们可以透过这一套写实性很高的图像,观察宋朝人是如何以竹篮为器皿、四季花草为配材来完成一件插花作品的。

在《夏花篮图》中,插花师用夏天盛放的大朵蜀葵作为主花,栀子花、石榴花、含笑、萱草为配花,衬绕于旁边。

在《冬花篮图》中,插花师则以带叶的大红山茶为主花,配上绿萼梅、白水仙、腊梅、瑞香等冬季花卉、绿叶,主次相从。竹篮也编织得非常精巧,与花卉相得益彰。整个插花组合看起来相当惊艳,体现了宋人高超的插花艺术与精致的审美情趣。

宋人还总结出了许多插花的技术经验,这些经验放在今日,也可以供对插花艺术感兴趣的朋友借鉴,如延长花卉保鲜期之法,宋人温革《琐碎录》说:

南宋·李嵩《夏花篮图》

南宋·李嵩《冬花篮图》

牡丹、芍药……摘下,烧其柄,先置瓶中,后入水。夜则以水洒地,铺芦席,又用水洒之,铺花于其上,次日再入瓶,如此可数日。

苏轼《格物粗谈》说：

荷花以乱发缠折处，泥封其窍，先入瓶底，后灌水，不令入窍，则多存数日。

周密《癸辛杂识》说：

凡折花枝，捶碎柄，用盐筑，令实柄下满足，插花瓶中，不用水浸，自能开花作叶，不可晓也。

掌握插花小技巧，插花将变得简单许多。分别是虚实相宜、高低错落、疏密有致、顾盼呼应、上轻下重、上散下聚。在春光明媚，百花盛开的季节，还不赶快动手试一下，在居室里摆上几只插花雅器，连空气都变得清甜优美起来。

繁荣的鲜花市场

宋人的插花时尚，自然带动出一个繁荣的鲜花市场。北魏时的《齐民要术》称：

舍本逐末，贤哲所非，日富岁贫，饥寒之渐，故商贾之事，阙而不录。花草之流，可以悦目，徒有春花，而无秋实，匹诸浮伪，盖不足存。

花卉种植与交易，在宋代之前受到排斥，被认为是华而不实的东西。然而宋代却有无数人以种花、卖花为业，宋朝市民对生活品质的追求，宋代城市发达的工商业，使得原来"浮伪"的花花草草变成了有利可图的热门生意，养活了诸多花农与花商。

北宋的东京，每至春天，万花烂漫，牡丹、芍药、棣棠、木香，种种上市。卖花者以马头竹篮铺排，歌叫之声，清奇可听。张择端《清明上河图》便画了两处卖鲜花的小摊，一个在城内"孙羊正店"门口，一个在城门外的路边。旁边有市民正在买花。

南宋杭州的花市更为发达。三月暮春，正是鲜花盛开时节，也是鲜花生意最为旺盛之时。《梦粱录》说：

春光将暮，百花尽开，如牡丹、芍药、棣棠、木香、酴醾、蔷薇、金纱、玉绣球、小牡丹、海棠、锦李、徘徊、月季、粉团、杜鹃、宝相、千叶桃、绯桃、香梅、紫笑、长春、紫荆、金雀儿、笑靥、香兰、水仙、映山红等花，种种奇绝。卖花者以马头竹篮盛之，歌叫于市，买者纷然。

不独春季如此，一年四季杭州都有鲜花叫卖，《梦粱录》说：

四时有扑带朵花……春扑带朵桃花、四香、瑞香、木香等花；夏扑金灯花、茉莉、葵花、榴花、栀子花；秋则扑茉莉、兰花、木樨、秋茶花；冬则扑木春花、梅花、瑞香、兰花、水仙花、腊梅花。更有"罗帛脱蜡像生四时小枝花朵"（即绢花），沿街市吟叫扑卖。

特别是端午节这一天，杭州人家家户户都要插花，西湖老人《繁胜录》说：

（花农）一早卖一万贯花钱不啻。何以见得？钱塘有百万人家，一家买一百钱花，便可见也。

反过来说，花市的繁华，也反映出宋人热爱插花的盛况，市民对雅致生活的追求，以及人民生活的富庶与安逸。

北宋·张择端《清明上河图》上城门外的路边鲜花摊

陆游的诗"小楼一夜听春雨,深巷明朝卖杏花",感觉到一种淡淡的惆怅,却难以名状。这惆怅是什么:"(东京)卖花者以马头竹篮铺排,歌叫之声,清奇可听。晴帘静院,晓幕高楼,宿酒未醒,好梦初觉,闻之莫不新愁易感,幽恨悬生,最一时之佳况。"

原来这清晨从楼下小巷传来的卖花声,寄托着一个时代如梦又易碎的繁华,近在眼前,却转瞬即逝。

第四章　园林文化

杭州古典园林始于中唐，兴于五代，盛于南宋，绵延至今。区域而论，以杭州为枢纽，辐射苏州、湖州、绍兴，涵盖皇家园林、私家园林、寺院园林等，给后世留下了一笔珍贵的园林文化遗产。

第一节　皇家园林

南宋朝廷与金国讲和之后，形势和缓，立即着开展临安城的城市建设，整治西湖，大兴园林，广植花木。南宋皇宫位于吴越与北宋杭州治旧址的凤凰山麓，规横宏大，周长九里，雕梁画栋，十分华丽，超过北宋汴京皇宫规模。宫城包括宫廷区和苑林区。

皇家园林，主要有皇宫后苑、德寿宫皇苑、玉津园、聚景园、延祥园、庆乐园、集芳园、玉壶园、下竺御园、富景园、屏山园、五柳园等。

皇宫后苑又称大内御苑，即宫城北半部的苑林区，位置大约在凤凰山的西北部，是一座风景优美的山地园林，园内有大龙池、万岁山等景区。

大龙池又名小西湖，是整个御园的核心，面积约为十亩。南宋帝王居住的奢华不表现在宫殿上，而是反映在苑囿方面。鉴于临安的山清水秀，建造了大量供帝、后闲游的场所。后苑的堂就有三十座，如观赏牡丹的钟美堂、四周遍植日本古松的翠寒堂等。

亭有八十座，如赏梅的有春信亭、香玉亭，桃花丛中有锦浪亭，竹林中有凌寒亭、此君亭，海棠花下有照妆亭，梨花掩映下有缀琼亭。

后苑中还有各成一景的小园，如梅花千树的梅冈、杏花成片的杏坞、桃红叶绿的小桃园等。

德寿宫

德寿宫后苑位于望仙桥之东，在宰相秦桧府第的基础上改建而成，规模宏大，气象华胜，南为寝宫，北为花园。孝宗观看之后，赋《题冷泉堂飞来峰》诗中说：

> 山头草木四时春，
> 阅尽岁寒人不老。
> 圣心仁智情幽闲，
> 长将把向杯中渌。

聚远楼是德寿宫后苑内最为壮观的建筑。《武林旧事》卷四《故都宫殿》载：

> 高宗雅爱湖山之美，恐数跸烦民，乃于宫内凿大池，引水注之，以象西湖冷泉；垒石为山，作飞来峰。

因取苏轼诗"赖有高楼能聚远，一时收拾与闲人"之句命名。登上此楼，德寿宫东区花景可一览无余。周必大赋诗《端午帖子·太上皇后阁》赞道：

> 聚远楼头面面风，
> 冷泉亭下水溶溶。

> 人间炎热何由到,
>
> 真是瑶台第一重。

玉津园

玉津园在城南嘉会门南四里,洋泮桥侧。建于绍兴年间,沿用"东都旧名",其建筑布局也模拟东都玉津园。因园林靠山沿江,故景色极佳。曾怀《恭和御制玉津园宴射》诗赞:

> 江山秋日冠轻烟,
>
> 别苑风光胜辋川。
>
> 位设虎侯恢盛典,
>
> 枝穿杨叶校名贤。

高宗、孝宗、光宗诸帝甚是喜爱,每年元旦都要率太子及文武官员到这里举行宴谢礼。元代园废,所存有景钟。

聚景园——柳浪闻莺

"柳浪闻莺"是西湖十景之一,其以"苑柳青归万缕丝"的特有景色,揭开了自然情趣浓浓的西湖南线的序幕。

聚景园在清波门外西湖之滨,是孝宗为奉养高宗而建。其范围东起流福坊,西临西湖,北至涌金门外,南起清波门外,是众多御花园中最为宏丽的花园。园中建有会芳、瀛春等殿堂楼阁和瑶津、寒碧等亭台轩榭,学士、柳浪两桥。园内泉池澄碧,垂柳成荫,小桥流水叠石,风光如画。深得南宋孝宗、光宗、宁宗三帝喜爱,时常临幸,理宗以后,此园开始荒落,仅存一堂两亭,故时有"尽日垂杨覆御舟"及"空锁名园日暮花"之句。随着南宋王朝的消失,已成一片遗址残迹。

延祥园——孤山公园

杭州西湖水面上，有一座像翡翠一样浮出水面的岛屿，这就是西湖最大的天然岛屿"孤山"。孤山是栖霞岭支脉，东边白堤，西接西泠桥，山高三十八米，面积三百亩左右。四周碧波萦绕，一山孤峙湖中，因而得名。山上多梅花，自古为探梅胜地，也称"梅花岛"。诗人白居易有"蓬莱宫在水中央"之句，因此又名"蓬莱岛"。

延祥园位于孤山之麓，《梦粱录·园囿》说"此湖山胜景独为冠"，园内有凉台、瀛屿、六一泉、玛瑙坡、陈朝柏、闲泉、金沙井、仆夫泉、小蓬莱泉、香月亭、香莲亭、挹翠堂、清新堂等胜景。周紫芝《四圣观后山亭》诗：

> 附山结真祠，朱门照湖水。
> 湖流中入池，秀色归净几。
> 风帘邃旌幢，神卫森剑履。
> 清芬宿华殿，瑞雾蒙玉宸。
> 仿佛还神京，想像轮奂美。

可见此园花明水洁，气象幽雅。至元后，园为杨琏真伽所据，遂日益荒废。

庆乐园

庆乐园位于钱湖门外瑞石山麓。宁宗庆元二年（1196），由吴皇后赐给权臣韩侂胄，更名为南园。韩侂胄死后，复归官家所有，改名为庆乐园。园内有梅关、桂林之胜，且蓄养有众多的珍禽异兽。园内亭馆也极多。《武林旧事》卷五《湖山胜概》载有：

许闲堂、和容射厅、寒碧台、藏春门、凌风阁、西湖洞天、归耕庄、清芬堂、岁寒堂、夹芳、豁望、矜春、鲜霞、忘机、照香、堆锦、远尘、幽翠、红香、多稼、晚节香等亭。秀石为上，内作十样锦亭，并射圃、流杯等处。

第二节 私家园林

宋代是文官执政的朝代，这也是宋代文化繁荣的一个重要因素。文人的社会地位比以往任何时代都高。文官待遇丰厚，假日较多，文人士大夫对造园极感兴趣，民间的园林也趋文人化，私家园林的发展进入到一个更为诗情画意的阶段。

都城临安，是南宋私家园林最为兴盛的地区之一，约百处之多，著名的有三十余处，大多分布在西湖周边一带，其余在城内和城东南郊的钱塘江畔。

小新堤曲院旁内侍陈源的适安园，素以清雅著称，亭馆花木，竹菊并茂，潇洒清幽。

惠照寺西雷峰塔后的湖曲园，为中常侍甘升的别墅，园内有一"四望水亭无正面，有花多处背湖光"的四面堂，园中还有一株蓊蔚松，如虬龙踞，老螭翻腾，宋理宗游赏甘园，赞赏不已，封此古松为"御爱松"。《武林旧事》载弁阳翁赋诗：

> 小小蓬莱在水中，
> 乾淳旧赏有遗踪。
> 园林几换东风主，
> 留得庭前御爱松。

北宋·燕文贵《层楼春眺图》（局部）

昭庆寺附近的云洞园，因有一隧洞弯曲可通北关，故而得名。园内有潇碧、云锦等亭台楼阁。绿柳红桃，花木扶疏，景致绝佳，为西湖名园之一，极其华洁。

韩世忠的梅冈园，面积约一百三十余亩，广植梅花，多栽芙蓉，花竹相映，四时好游。

花山脚下的卢园，是宋理宗内侍卢允升的私人别墅，园内凿池引水，岸边广植花榴，港中放养金鱼，为一时奇观，这便是后人所指的"花港观鱼"。

葛岭的集芳园，原是宋高宗后妃张婉仪园，理宗时赐给贾似道，贾似道再修建改造，胜景很多，多为古梅、老松，古木寿藤为南渡以前所植，积翠回抱，抬头不见日。

王公贵戚的园林以循王张俊之孙张镃的南湖园为最，园在城北艮山门内白洋池畔，堂亭轩圃各类设施共八十余处，四时花木无不毕备，其中尤以梅花为多，玉照堂艺梅十亩，有梅花四百株。

南宋时，苏州山水园林也是数以十计，大部分建于唐宋，著名的有建于宋代以前的辟疆园、任晦园、褚家林亭、陵池馆、南园等。

五代吴越国新建的园林如南园和东墅等，在宋代仍为名园。

南园是吴越国广陵王钱元璙所开辟的园囿，老木皆合抱，流水奇石，参错其间。内有三阁、八亭、二台等建筑。北宋诗人王禹偁为长洲知县时，曾偕朋友至此，游饮而醉，亦作诗云：

> 天子优贤是有唐，
> 鉴湖恩赐贺知章。
> 他年我若功成去，
> 乞取南园作醉乡。

北宋诗人范仲淹游南园，赋诗：

> 西施台下见名园，
> 百草千花特地繁。
> 欲问吴王当日事，
> 后来桃李若为言。

北宋末，宰相蔡京罢官而归，皇帝诏以此园赐之，每年春天"纵士女游观"。金兵侵江南，遭兵火之灾，南宋时，此园属循王张家。

北宋时新建园林更多，主要有沧浪亭、小隐堂、七桧堂、隐圃、

苏州园林世界文化遗产——沧浪亭

中隐堂、乐圃、三瑞堂、红梅阁、五柳堂、范家园、逸野堂、漫庄、蜗庐等近二十家之多，其中以沧浪亭、隐圃、中隐堂、乐圃、蜗庐等著名。

沧浪亭，世界文化遗产，位于苏州市城南三元坊附近，在苏州现存诸园中历史最为悠久。沧浪亭占地面积一公顷有余。沧浪亭始为五代时吴越国广陵王钱元璙近戚中吴军节度使孙承佑的池馆。宋代著名诗人苏舜钦以四万贯钱买下废园，进行修筑，傍水造亭，因感于"沧浪之水清兮，可以濯吾缨；沧浪之水浊兮，可以濯吾足"，题名"沧浪亭"，自号沧浪翁，并作《沧浪亭记》。

欧阳修应邀作《沧浪亭》长诗，诗中以"清风明月本无价，可惜只卖四万钱"题咏此事。自此，"沧浪亭"名声大振。苏氏之后，沧浪亭几度荒废，南宋初年一度为抗金名将韩世忠的宅第。

这些私家园林，特点之一是非常精巧。但也有例外，如北宋末权臣朱勔的同乐园宏大精致，不仅面积广大，而且建造也十分精美，名扬于世。元代陆友仁《吴中旧事》载：

> 勔有园极广，植牡丹数千本。花时，以缯彩为幕帘覆其上，每花饰金为牌，标其名，如是者里许。园夫畦子，艺精程植及能垒石为山者，朝释负担，而暮纡金紫，如是者不可浸透计，园中有水阁、作九曲路以入……

除此之外，还有绍兴、湖州等地也颇多私家园林，各具特色，名闻一时。

第三节　寺院园林

杭州园林历史源远流长。东晋、南北朝起，一批批佛家僧侣来杭州建佛寺，兼营寺院园林，成为杭州园林早期的开拓者。当年最早来杭州的高僧大多精于选景，善于造园。他们开山结庵，栽种花木，并逐步扩大园区，不断完善礼佛修行的超逸空间，为杭州湖山增色添景。

始建于吴越国后期的湖上双塔——雷峰塔、保俶塔；江滨双塔——六和塔、白塔，

西湖雷峰塔

由于选址适宜，结构科学，造型优美，成了杭州胜景中的标志性建筑。

临安建都以后，逐渐成为佛教禅宗的中心，禅宗与文人士大夫在思想上的沟通，儒佛合流，文人园林的趣味也就渗透到佛寺的园林中去，道观园林也由世俗化而进入文人化。寺院园林把自然风光、佛教建筑与园林艺术完美地结合起来，大多栽植特种花木，摆设各种盆景，成为香客及游人游园赏花的重要去处。

西湖保俶塔

钱塘江边——六和塔

钱塘江边——白塔

北宋末年，佛教寺院有三百六余座，南宋定都后增至四百八十余座，再加上道观三十多座，数量想当可观，几乎占据了都城最清幽的黛山绿水。在这些秀丽的自然风景之中，每座寺观都有园林建筑，最著名的如灵隐、净慈等佛刹寺院。

杭州灵隐寺

杭州净慈寺

园林景观，花木葱茏，幽雅至极。一般寺院也都有园林，如凤凰山的崇寿寺、小麦岭下的旌德显庆教寺等，也都风景优雅，花木秀丽，最堪游赏。

寺院的花木，以灵隐寺的月桂、天竺寺的木樨、云居寺的青桐、招贤寺的紫阳花、菩萨寺的杜鹃花、吉祥寺与宝成寺的牡丹、真际寺与报国寺的银杏、韬光庵的金莲花、妙惠寺的白莲等最为著名。

报国寺千年银杏

第四节　名家笔下的西湖十景

在西湖的众多美景中，"西湖十景"声望最盛。"西湖十景"之名始于南宋，掇其源始，应肇于宋代画家。清人翟灏、翟瀚在《湖山便览》中提到"考凡四字景目，例起画家，景皆先画而后命意"。宋时画院画家所画的山水题名，多为四字，如马远画的《柳浪闻莺》《双峰插云》《平湖秋月》；陈清波画的《断桥残雪》《三潭印月》《雷峰夕照》《苏堤春晓》等西湖景迹。"西湖十景"在南宋后渐趋定名为：苏堤春晓、曲院风荷、平湖秋月、断桥残雪、柳浪闻莺、花港观鱼、雷峰夕照、双峰插云、南屏晚钟、三潭印月。十景基本缘湖而布，有的则踞于湖上，南宋祝穆《方舆胜览》、吴自牧《梦粱录》均有记载。

"西湖十景"的意义绝不仅仅是自然景观，而是天人和谐共处的人文景观，在中国园林文化中占据重要位置，体现着中华传统文化的核心理念。"西湖十景"的图写肇于宋，后世各代亦多有佳作传世。在晚明，士人造园风盛行，于此背景下"西湖十景图"的创作进入高峰期，并由此掀起了以实景为题材的创作之风。

苏堤春晓

苏堤春晓，西湖十景之一。南宋时，苏堤春晓被列为西湖十景之首，元代又称之为"六桥烟柳"

清·董邦达《苏堤春晓》

而列入钱塘十景。

"苏堤春晓"景观是指寒冬一过,苏堤便犹如一位翩翩而来的报春使者,杨柳夹岸,艳桃灼灼,更有湖波如镜,映照倩影,无限柔情。最动人心的,莫过于晨曦初露,月沉西山之时,轻风徐徐吹来,柳丝舒卷飘忽,置身堤上,如梦如幻。

苏堤南起南屏山麓,北到栖霞岭下,全长近三公里,是北宋大诗人苏东坡任杭州知州时,疏浚西湖,利用挖出的葑泥构筑而成。后人为了纪念苏东坡治理西湖的功绩将它命名为苏堤。长堤卧波,连接了南山北山,给西湖增添了一道妩媚的风景线。

断桥残雪

断桥残雪,西湖十景之一,断桥位于白堤始端。断桥之名得于唐朝,当时是一座石桥,宋代称保佑桥。古时桥上有门,门上有檐,下雪时中间一段的雪都在门檐上,桥上只有两头有雪,远远望去桥像断了一样,所以称作断桥。桥堍有御碑亭等亭轩建筑,面临里西湖,与宝石山,保俶塔隔湖相对,山、塔、湖、亭、桥与湖边桃、柳组成一幅如画景色,十分迷人。断桥是通往孤山的必经之路,每当雪后人们纷纷去欣赏西湖雪景,断桥上游人如织,孤山与里西湖银装素裹,格外动人,

清·董邦达《断桥残雪》图

因称"断桥残雪"。

平湖秋月

平湖秋月,西湖十景之一,位于白堤西端,孤山南麓,濒临外西湖。

秋夜,凭临湖水,但见一湖暗蓝的湖水荡漾着一轮皎洁的明月,归舟泛于夜湖,诗中有云"月冷寒泉凝不流,棹歌何处泛归舟"。面对此诗情画意般的美景,真正可以在恬静中感受西湖的浩渺,洗涤烦躁的心境。

柳浪闻莺

柳浪闻莺是位于西湖东南岸,清波门外的大型公园。分友谊、

清·董邦达《平湖秋月》图　　　　清·董邦达《柳浪闻莺》图

闻莺、聚景、南园四个景区。柳丛衬托着紫楠、雪松、广玉兰、梅花等异木名花。南宋时，这里是京城最大的御花园，称聚景园。当时园内有会芳殿和三堂、九亭，以及柳浪桥和学士桥。清代恢复柳浪闻莺旧景。有柳洲之名。其间黄莺飞舞，竞相啼鸣，故有"柳浪闻莺"之称。

双峰插云

双峰插云，西湖十景之一。巍巍天目山东走，其余脉的一支，遇西湖而分驰南山、北山，形成环抱状的名胜景区，两山之巅即南高峰和北高峰。流云霞鹤，气象万千，古时均为僧人所占。山巅建佛塔，遥相对峙，迥然高于群峰之上。春秋佳日，岚翠雾白，塔尖入云，时隐时现，远望若仙境一般。南高峰、北高峰，是古时候西湖群山中喧盛一时的佛教名山，山顶都建有佛寺、佛塔。春秋佳日，岚翠雾白，塔尖时隐时显，自西湖舟中远观，景观独标一格。南宋时，两峰插云成名并跻身西湖十景之列。

清·董邦达《双峰插云》图

三潭印月

三潭印月是西湖十景之一，被誉为"西湖第一胜境"，三潭印月是西湖中最大的岛屿，风景秀丽、景色清幽，尤三潭印明月的景

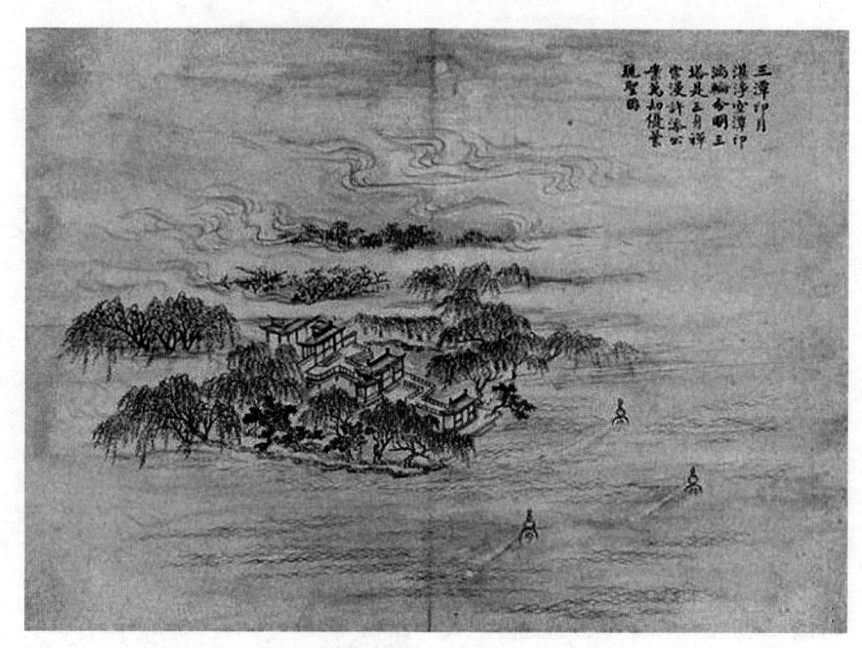

清·董邦达《三潭印月》图

观享誉中外。主要景点"开网亭""闲放台""先贤祠""迎翠轩""花鸟厅""我心相印亭""曲桥""九狮石"等。岸上金桂婆娑，柳绿花明，与雕栏画栋的建筑相映成趣。具有湖中有岛，岛中有湖，园中有园，曲回多变，步移景新的江南水上庭园的艺术特色。人民币一元纸币的背面采用三潭印月的盛景，可见三潭印月在我国风景名胜中也占据极其重要的标志作用。

花港观鱼

花港观鱼公园是西湖风景区规模最大的公园。位于苏堤南段西边，处在西里湖与小南湖中间的一个半岛上。花家山麓有一小溪，流经此处注入西湖。因沿溪多栽花木，常有落英飘落溪中，故名"花港"。南宋内侍卢允升曾在此建宅，养五色鱼观赏。宫廷画师创作西湖十景组画时，将其列入其中。

清·董邦达《花港观鱼》图　　　　清·董邦达《南屏晚钟》图

南屏晚钟

"南屏晚钟"即指南屏山净慈寺傍晚的钟声，南屏山在杭州西湖南岸、玉皇山北，九曜山东。主峰高百米，林木繁茂，石壁如屏，北麓山脚下是净慈寺，傍晚钟声清越悠扬。

雷峰夕照

雷峰夕照是杭州西湖十景之一，位于西湖南侧的夕照山上，因晚霞镀塔，佛光普照而闻名。

清·董邦达《雷峰夕照》图　　清·董邦达《曲院风荷》图

曲院风荷

　　南宋时旧称"院荷风"，"院"即"麯院"，是南宋朝廷的酿酒作坊，位于灵隐路洪春桥附近，濒临当时的西湖湖岸，近岸湖面养殖荷花，每逢夏日，和风徐来，荷香与酒香四处飘逸，令人不饮亦醉。清康熙年间，为迎接皇帝巡游，在苏堤跨虹桥畔的岳湖引种荷花。康熙书名立碑，改"院"为"曲院"，"荷风"改为"风荷"，并在苏堤跨虹桥畔建了"曲院风荷"景碑亭。

梦回南宋 重拾真实的南宋文化

第四篇 行游篇

第一章 行路难

第一节 路难行

无论什么时候,人们远行是一件十分常见的事情,如文人外出交友游学,官员受任外地赴任,商人外出贩买贩卖,僧道外出巡礼等等。

然而,在交通不发达的古代,人们远行绝非易事,它不仅需要充足的路费,而且往往还要跋山涉水、历经千辛万苦,才能到达目的地。宋代文学家曾巩远离江西老家,赴任福建,曾在《道山亭记》中描述当地的道路:

闽中郡,自粤之太末,与吴之豫章,为其通路。其路在闽者,陆出则陁于两山之间,山相属无间断,累数驿乃一得平地,小为县,大为州,然其四顾亦山也。其途或逆坂如缘絙,或垂崖如一发,或侧径钩出于不测之溪上:皆石芒峭发,择然后可投步。负戴者虽其土人,犹侧足然后能进。非其土人,罕不踬也。

范成大在《骖鸾录》中对此也多有描述:

二十五日,宿七里铺,自离宜春,连日大雨,道上淖泥之浆如油。不知何人治道,乃乱填块石,皆刓面坚滑。舆夫行泥中,则桨深汩没;行石上,则不可著脚,跬步艰棘,不胜其劳。

……

路中皆小丘阜,道径粗恶,非坚拔即乱石,坳处又泥淖,虽好晴旬余,犹未干,跬步防蹞,吏卒呻吟相闻,大抵湘中率不治道,又逆旅、桨家,皆不设圊溷,行客苦之。

有鉴于此,世人曾有"在家千日好,出门一时难"之叹。诗仙李白在其《行路难》诗中说:

> 行路难!行路难!
> 多歧路,今安在?
> 长风破浪会有时,
> 直挂云帆济沧海。

北宋·范宽《溪山行旅图》一群驮队行走在山路间

在跋山涉水的旅途中,翻山越岭,有滑落深渊,摔得粉身碎骨之险;穿过人迹罕至的荒山野岭,有遇到毒蛇猛兽之忧;乘船踏浪,也有遇风浪与触礁之险。杨万里《瓜州遇风》:

> 金钲三声船欲发,
> 天地苍茫忽开阖。
> 恶风吹倒多景楼,
> 怒涛打碎金山塔。
> 涛头抛船入半空,
> 船从空中落水中。

……
岸人惊呼船欲没，
舟人绝叫船复出。

形象地描述了乘船遇风的惊险过程。文人雅士们纷纷发出了行路难的感叹，如北宋梅尧臣《行路难》诗：

途路无不通，
行贫足如缚。
轻裘谁家子，
百金负六博。
蜀道不为难，
太行不为恶。
平地乏一钱，
寸步邻沟壑。

第二节 行装与旅费

在宋代，行装也称行李或行囊，如苏轼在《与程德孺运使书》中既称"行李"，也称"行囊"。周密在《齐东野语》中称"行李"。陆游在《剑南诗稿·衢州早行》诗中也有"参差发行囊，迢迢望前顿"之句。

行李中的物品以出行时换洗的衣服为主，如《邵氏闻见录》卷十九记载：

司马温公依《礼记》作深衣、冠簪、幅巾、缙带。每出，朝服乘马，用皮匣贮深衣随其后，入独乐园则衣之。

除路上换洗的衣服外，伞和药品也是必备之物。行人带伞，或防雨淋身，或防日暴晒。

雨伞在宋代又称雨盖。如岳珂《桯史·番禺海獠》记载：

予之登也，挟二雨盖，去其柄。既得之，伺天大风，鼓以为翼，乃在平地，无伤也。

药品也是出行之人的必备之物，因为出行在外，途中免不了有头痛发烧的事情发生，如果得不到及时治疗，那是一件很麻烦的事情。时人董汲著《旅舍备要方》，其在《自序》中说：

汲少小多病，因习医药，常思世人荣辱汩驰，喜怒妄作，饮食不节，兴居无常，倏忽之间，疾起不测，迫于仓卒，不暇药饵，以斯致困，可不惜哉！况宦游南北，客涉道途，冒触居多，邪气易入，方药备急，尤当究心。且如触寒心痛，冒热中暍，厥风涎潮，伏暑霍乱，亟来急治，方可安全。推类求之，不能悉数。汲自业医以来，收经效奇方，

南宋·刘松年《四景山水图·冬》中的打伞行者

南宋·苏显祖《风雨归舟图》中的打伞行者

计百余道，证详而法略，使览之者晓然可用，目之曰《旅舍备要方》，为一卷。庶几道途疾病，治疗有归，不敢私隐，具录如左。

旅费又称路费、盘缠、盘费、行费、裹足、裹费等。出门在外，如果身上没有充足的盘缠，那可就寸步难行。

由于长途旅行，所需路费数目较大，需要经过一番筹措，如果家有余资，那就什么都好说了，如果囊中羞涩，那就只能另想他法了，或向亲友求助，或向富人借贷，或典当，或变卖家产，其中借贷倒是颇为常见。无论采用什么办法，最终是要解决好这个问题的。

第三节　行神祭祀

陆路行神

宋人出行之前有祭神的习俗，这种祭神的习俗，在古代称为祖道。张择端《清明上河图》中就有生动的描绘：图中一人牵着一头蹇驴，骑驴之人曳袍重戴（见下页）。

他的身后跟随一个仆人，仆人挑着行装，为防止阴雨天气，挑担一头挂着一把雨伞。骑驴之人的侧后方有三个衣着皂袍的人，两人恭立，摊手作送别状；另一个人单膝跪地，他的前面侧倒着一只黄羊。跪地之人仰望着骑驴之人，口中好像是念念有词，而骑驴之人则回首顾盼，眼中流露出依依不舍的惜别之情。他们的行动与言语，引起了周围的人关注。据孔庆赞先生研究，这是典型的"祖道"祭祀场景。

首先，祖道地点正在大门外，这正如今天送客送出大门外一样；其次，所用祭品正是古代祖祭时常用的黄羊或黄狗；再者，跪地之人正在祝告，而骑驴之人正在回头倾听，面露依依不舍之情。特别

北宋·张择端《清明上河图》局部

值得注意的是，骑驴者正是宋人所说的"策蹇重载"的远游士人的典型形象。

宋人的行神有陆路行神与水路行神之分，其中陆路行神有梓潼君、五通神、紫姑神等，水路行神有天妃等。

梓潼君为蜀道行神，据北宋《太平寰宇记》记载，梓潼君姓张，名恶之，晋人，居于蜀地七曲山，后"战死而庙存"。传说唐玄宗、唐僖宗奔蜀时曾得到张恶之的护佑。宋代又因传说张恶之帮助宋军平定王均、李顺之乱，故在咸平年间被宋真宗封为"英显武烈王"。同时，道教将其视为文昌司禄君，奉为主宰功名、禄位之神。因此，文人士大夫多将张恶之供奉在家中。

五通神同样被一些宋人奉为行神，如《夷坚三志辛》卷五《吴长者》载：

乐平故老吴曾，字孝先，洁处重义，里社称为长者。尝有异乡客泊旅邸，置伞于房外，遂失之，来见吴曰："微物不足惜，但贮五通神像，奉事多年，一旦属他人，道途无所依倚。知公长者，能为我访索乎？"

关于江湖上行神之俗，陆游《入蜀记》中多有记载：

十三日，至富池昭勇庙，以壶酒特豕谒昭毅武惠爱灵显王神。……祭享之盛，以夜继日，庙祝岁输官钱千二百缗，则神之灵可知也。舟人云："若精虔致祷，则神能分风以应往来之舟。"
……
四日，平旦，始解舟。舟人云："自此陂泽深阻，虎狼出没，未明而行，则挽卒多为所害。"

是日早，见舟人焚香祈神，云："告红头须小使头长年三老，莫令错呼错唤。"问何谓长年三老？云梢工是也，长读长幼之长。乃知老杜"长年三老长歌里，白昼摊钱高浪中"之语，盖如此。

龙王神也是行神。方勺《泊宅编》记鄱阳湖畔的"龙王本庙"：

士大夫及商旅过者，无不杀牲以祭，大者羊豕，小者鸡鹅，殆无虚日。

范成大《骖鸾录》：

闰月一日，宿邬子口。邬子者，鄱阳湖尾也。名为盗区，非便风张帆及有船伴不可过。大雪，泊舟龙王庙。二日，雪甚风横，祷于龙神。午，霁，发船邬子。

洪迈《夷坚支志丁》卷七《芜湖龙祠》载："绍熙五年春，江西安抚司将官林应趾部豫章米纲往金陵。抵芜湖，内一舟最大，所载千斛，中夜忽漏作，水入如涌，舟中之人惶窘无计。林具衣冠向龙祠拜祷……"

另外，还有一些其他神灵被人们视为江湖上的行神。如方勺《泊宅编》卷中载："赣石数百里之险，天下所共闻。若雨少溪浅，则舟舫皆舣以待，有留数月者。虔州水东有显庆庙甚灵，或至诚祷之，则一夕涨水数尺，送舟出石。故无雨而涨，士人谓之清涨。前此，士大夫有祷辄应，刻石以识于庙庭者甚多。"赵蕃《章泉稿》卷一《舟行》诗也反映了宋人舟行祭江神时的情景：

夜来投宿定花浦，迨晓占风更前迈。
波涛汹涌势莫遏，顾视吾舟真若芥。

南宋·马远《溪山无尽图》局部

是时霜威甚可怖，篙师战缩不可耐。
急温浊酒浇肺肝，向者肌寒人安在。
自怜不比娄师德，未可轻犯垂堂戒。
径搜苦语谢江神，恐惧偷生勿吾怪。

海上保护神

宋代海上航行的保护神众多，如《夷坚支志庚》卷五《真如院藏神》载："台州临海县上亭保，有小刹曰真如院，东庑置轮藏，其神一躯，素着灵验。海商去来，祈祷供施无虚日。"

而沿海的福建地区就更多了，有仙游的东瓯神女、涵江的灵显侯、郡北的大官神、福州屿神、泉州通远王神等数位海神，它们均在各地有较大的影响。如兴化军城北的祥应庙神，为海商所皈依，每当海商要远行，均到这里来祈福。

在海神祭祀中，最受人们信奉的是泉州首建天妃宫（妈祖庙）。无论是官员奉命出使海外、商人出洋经商，还是渔民出海捕鱼，在船舶启锚之前，总是要到天妃庙祭祀，祈求天妃保佑顺风和安全。

南宋·夏圭《钱塘秋潮图》中的海船

福建莆田湄洲妈祖庙

随着天妃宫影响的不断扩大,其他沿海地区也都相继建立了天祀庙。

择日出行

商人乘大船出海贸易时,还有祈舶趠风的风俗。舶趠风为信风之一种,有了这种风,可使船乘风破浪,快速到达目的地。陈岩肖《庚溪诗话》载:

吴中每暑月,则有东南风数日,甚者至逾旬而止,吴人名之曰"舶趠风",云:海外舶船祷于神而得之,乘此风到江浙间也。

苏轼《舶趠风》诗:

三旬已过黄梅雨,万里初来舶趠风。
几处萦回度山曲,一时清驶满江东。

> 惊飘簌簌先秋叶，唤醒昏昏嗜睡翁。
> 欲作兰台快哉赋，却嫌分别问雌雄。

宋人出行有择日的习俗，这从当时的文献记载中可以看出。如陆泳《吴下田家志》载："出入忌月忌。"但这也只是一个习俗，并非人人都得遵从，也有例外，如邵伯温《邵氏闻见录》卷十九中就记载，说邵康节先公出行时，就不特意选择日子。

第四节　饯别送行

宋人出行，有饯别送行、持金赠行和送别三种礼俗。

饯别又称饯行、送行，这种习俗在宋代颇为盛行。据《开庆四明续志》记载，中外商船出海时，市舶司照例要"支送酒食"，有时还要设宴饯行，届时大小商人、水手、勤杂工，都在宴请之列。

时人送亲朋好友远行时，往往要到城门外或郊外设送行酒宴。如《涑水记闻辑佚》载：

初，范文正公贬饶州，朝廷方治朋党，士大夫无敢往别。王待制质独扶病饯于国门。

《清平山堂话本》卷一《柳耆卿诗酒玩江楼记》：

柳耆卿诗词文采，压于才士。因此近侍官僚喜敬者，多举孝廉，保奏耆卿为江浙路管下余杭县宰。柳耆卿乃辞谢官僚，别了三个行首，各各饯别而不忍舍，遂别亲朋，将带仆人、携琴、剑、书籍，迤逦在路。

北宋·张先《十咏图》中的送别场景

南宋·马远《晓雪山行图》局部

宋代重文，因此以诗词送行的风俗也颇为盛行，特别是文人雅士，更是以诗词来表达对友人的情怀。如南宋诗人张元干的《贺新郎·送胡邦衡待制赴新州》：

……天意从来高难问，况人情、老易悲如许。更南浦，送君去。……

还有赵汝愚的《雨后送李将军还祠偕同寅饮一杯亭》：

> 民感桑林雨，云施李靖龙。
> 精诚天地动，意愿鬼神从。
> 村喜禾花实，峰看岭岫重。
> 白旗辉烈日，遥映一杯浓。

这首送别诗表达了诗人爱国爱民的情怀。南宋偏安一隅，和议派占据主导地位，主战的正直官员受到排挤和压抑，这时，主张抗金的李将军受到朝廷启用，赵汝愚十分高兴，亲赴一杯亭饯行，写下这首寄托厚望的诗句。

韩驹的《送黄若虚下第归湖南》：

> 时人会傍高门走，
> 独肯来游翰墨场。
> 已有哲兄如叔度，
> 定知吾子胜文强。
> 长淮白浪摇春枕，
> 故国青山接夜航。

北宋·范宽《溪山行旅图》

> 乞得功名归遗母，
> 未应深羡绿衣郎。

"长淮白浪摇春枕，故国青山接夜航"，诗人将一幅生机盎然的春水行舟图展现在读者眼前：近旁，春天里渺渺长淮白浪轻翻，似送远人进入梦乡；远处，绵绵故国青山也似在迎接学子夜行船的归来。这里的山、水与人都是那么沉静却又不失春天的元气，与友人黄若虚重才学、不慕高门的品性及科考后踌躇满志的神情是那么的相洽。

第二章 桥梁

桥梁是陆路交通的重要组成部分，正因为如此，宋人对桥梁的建设与维护十分重视。

桥梁名目繁多，有木桥、石桥、浮桥、绳桥等。

第一节 木桥

福州市棠口村的"千乘桥"，建于南宋理宗年间，桥长62.7米，宽4.9米，一墩二孔，单孔跨度27米，时至今天，仍然还在为世人的出行默默地奉献。

浙江武义县有一条名为熟溪的河流穿城而过，给两岸交通带来

棠口村的千乘桥

宋·佚名《长桥卧波图》中的大型木构长桥

北宋·王希孟《千里江山图》中的亭桥

不便，南宋开禧三年（1207年），为免除百姓涉水过河之苦，武义县主簿石宗玉献薪俸，筹款项，主持建造了一座九孔十墩的木桥。桥长140米，宽4.8米，有桥屋49间，两侧间隔设置条凳，供游人休息用。条凳把廊桥分成三道，古时两旁走行人，中间通车马。桥身两旁设有独具江南特色的木栏杆，安全美

南宋·李唐《策杖探梅图》中的溪桥

南宋·李唐《清溪渔隐图》中的溪桥

观，依栏远眺，可尽览小城的美景。"百尺长虹锁碧流，芦汀荻浦净寒秋……遥见船从桥下过，恍疑人向镜中游。"这是古人徐俟召写的《咏熟溪桥》中的句子。时至今日，熟溪桥仍在。除了这种规模宏大，做工精细的大型木桥外，还有用其他方法架设的木桥。

第二节 石桥

石桥在南方颇为普遍。如朱长文《吴郡图经续志》卷中《桥梁》载：

吴郡昔多桥梁，自白乐天诗尝云"红栏三百九十桥"矣，其名已载《图经》。逮今增建者益多，皆叠石甃甓，共奇致密，不复用红栏矣。

南宋·刘松年《四景山水图》中的小桥

北宋·张激《白莲社图》中的小桥

  据《马可·波罗行纪》记载，南宋都城临安的桥更多，"有一万二千石桥"。举世闻名的京杭大运河，在贯通中国南北水运的同时，也成就了不计其数横跨南北、东西两岸的石拱桥。由运河孕育的一座座璀璨明珠般的石拱古桥，凝聚了中国政治、经济、文化、社会诸多领域的庞大信息，形成并积淀了深厚、悠久的文化底蕴。

  如苏州东南郊的澹台湖和古运河交叉的丁字型湖口的宝带桥，

桥长317米、53个桥孔，始建于唐元和十一至十四年（816—819年），中国古代十大名桥之一，是中国现存的古代桥梁中最长的一座多孔石桥。也是我国现存的建筑年代最早、连拱最多、最长的石桥。传说当年王仲舒为了筹措建桥经费，不惜变卖了束身的宝带。此举感动了当地士绅，也纷纷解囊捐赠，兴工建桥。为纪念王仲舒捐带建桥义举，人们将此桥命名为宝带桥。

苏州宝带桥

位于苏州城西南阊门外的枫桥镇的枫桥，更是以唐代诗人张继的一首《枫桥夜泊》诗而闻名于世：

月落乌啼霜满天，
江枫渔火对愁眠。
姑苏城外寒山寺，
夜半钟声到客船。

杭州的拱宸桥，更是杭州一个标志性建筑。

拱宸桥的桥名源自《论语·为政篇》："为政以德，譬如北辰，居其所而众星共之"。"拱"通"共"，"宸"通"辰"，寓意百姓拥戴实行德政的统治者。

拱宸桥之名另一说是，在古代，"宸"是指帝王住的地方，代表皇位。"拱"即拱手，两手相合表示敬意。每当帝王南巡到杭州时，这座高高的拱形石桥，就象征着对帝王的迎接和敬意。

拱宸桥长98米，高16米，三孔，薄墩，桥面中段宽约六米。

杭州拱宸桥

桥形联拱驼峰，巍峨高大，气魄雄伟，是杭州城古桥中最高、最长的石拱桥，也是大运河上的标志性建筑物。古时南下的船舶，只要看到拱宸桥，就知道进入了杭州城。

这是一座古石桥，承载了一段历史。

从福建省泉州市区向东南方向行进大概三十多公里，便是晋江的安海镇。当时，安海镇西畔与南安市水头镇隔海相望，两岸居民若相见，必以船渡。每天，船只穿梭于海面上，或探亲访友，或撒网打鱼，或出海经商，海上呈现出一派派繁忙的景象。南宋绍兴八年（1138年），正是中原大地战火纷飞的年代，兵灾四起，龟缩于临安的南宋政权置民生于无顾。乱世中的晋江人，开始筹建一座跨海石桥，工匠们采出一块块巨石雕琢成形，人抬船运，劈风斩浪，驻桥墩、架桥梁，将海峡两岸的石头结合在一起，建起了一座绵延五华里的跨海石桥，这是中古时代世界上最长的一座梁式石桥。如此浩大的工程，即便在太平盛世也需要一些雄心和胆识。这座桥最终能够建成，不仅反映出当时晋江地区的经济繁荣与发达，更体现

福建泉州万安渡石桥

出这个地区民众的文化基础及其群体所拥有的信念。

方勺《泊宅编》卷二载：

泉州万安渡水阔五里，上流接大溪，外即海也。每风潮交作，数日可渡……蔡襄守泉州，因故基修石桥两涯依山，中托巨石，桥岸造屋数百楹，为民居，以其僦直入公帑，三岁渡一僧掌桥事。春夏大潮，水及栏际，往来者不如行水上。十八年桥乃成，既多取蛎房，散置石基，益胶固焉。

湖州石拱桥

浙江省湖州地区有一座工艺精湛的石拱桥，具有较高的科学价值和美学价值。南宋嘉泰《吴兴志》中的菁山"山源桥"很有可能为此桥。有研究者指出，此桥建于南宋孝宗至光宗时期。

钱塘江上游西山桥，隶属于杭州的建德市乾潭镇梓州村下梓州自然村西山之麓，故得名"西山桥"。依桥沿刻有"咸淳岁在乙丑……"等字，据此推断为南宋咸淳元年（1265年），距今已有七百五十多年历史。西山桥桥墩建在梓州溪两岸岩石上，为东西向横跨单孔石拱桥，长12.7米，宽3.1米，高6.3米。

第三节　浮桥

浮桥，就是浮在水面上的桥。浮桥古时称舟桥，它是船舟代替桥梁，属于临时性桥梁，由于架设简便，成桥迅速，在军事上常被应用，因此又称"战桥"。

我国建造浮桥的历史十分悠久，《诗经》中记叙了周文王为娶妻而在渭水上架起一座浮桥，离今天有三千多年的历史。

北宋初年，太祖在统一南唐的战争中，宋军先在石牌口镇用大船载搭巨竹试架浮桥成功，攻克安徽当涂以后，太祖即命令将浮桥移架到采石矶，宋军仅用三天时间，就在采石矶架好浮桥，长短不差尺寸，数以万计的军队就如在平地上行军一样，大军渡过长江，一举拿下金陵。

浮桥的构造和架设，一般是用几十或几百只船舰（或木筏，竹筏，皮筏），代替桥墩，横排于河中，以船身做桥墩，上铺梁板做桥面。

第三章 交通工具

第一节 车

车在宋代的交通工具中占有十分重要的地位，是宋代最为常见的交通工具之一。北宋诗人梅尧臣《依韵和张中乐寺丞见赠》一诗生动地描述了宋人乘车时的感受：

> 朝车走辚辚，
> 暮车走辘辘。
> 黄埃蔽车轮，
> 赤日烁车屋。

宋代的车从其用途来说，可分为客车、货车和客货混装车三大类。

一　客车

客车主要有独牛厢车、三牛厢车、细车、独轮人力车、毡车、安车等式样。来看以下几种：

1. 独牛厢车

独牛厢车是比较高级的客车。一般是汴京贵族宅眷所坐的一种车子。据孟元老《东京梦华录》记载：

有宅眷坐车子，与平头车大抵相似，但棕作盖，及前后有勾栏门，垂帘。

……

命妇王宫士庶，通乘坐车子，如车檐样制，亦可容六人。前后有小勾栏，底下轴贯两挟朱轮，前出长辕，约七八尺，独牛驾之。亦可假赁。

其实，这种车子，在其他城市也得到了推广使用，陆游在《老学庵笔记》中记载："成都名族妇女，出入皆乘犊车。"这种犊车就是独牛厢车。

2. 三牛厢车

三牛厢车是能坐多人的大客车，而且带卧铺。这种车子多用于长途旅行。在南宋有一幅名画叫《雪溪行旅图》，虽然作者已无从考证，但就是这幅名画，给我们留下了宝贵的客车图。这种宋代客车，就在这幅画中得到了详细的直观反映。画中前后共有三辆三牛厢车。从图中来看，这种车子以三牛牵引，力量大，可载多人，适合于长

宋·佚名《雪溪行旅图》局部

南宋·朱锐《溪山行旅图》局部

途运输。双层车厢，上层低而宽，是卧铺，下层高而窄，是车厢，整个车子呈拱形。其中最前边的那辆车有人正从下层向上层爬去，第二辆车门大开，车上层有人裹被而卧，下层一人闲坐。最后边的车上下层皆闭门看不到里面的情况，似乎没有乘坐客人，也许是备用车辆。

这一组三辆车一起出行，既能多拉客人，也便于长途互相照应。

《溪山行旅图》描绘了隆冬时节的山景，山道间，一人在奋力推车，三头牛拉车，一人在前面赶车，一人骑马紧随其后。

3. 细车

细车一种快速客车。宋周辉的《清波杂志》记载了当时的一些典章制度、风俗、物产等，在卷二《凉衫》中说：

旧见说汴都细车，前列数人持水罐子，旋洒路过车，以免埃盖蓬勃。

另外，在周辉《北辕录》中说，他在出使金国时，路过淮北也见过这种车子。这种细车每役用十五匹驴子，有五六个人把车，赶车者不用鞭子而用巨梃击打驴子。由于役用驴子较多，赶车者又舍得打驴子，因此车速极快，"其震荡如逆风，上下波涛间"，可见其速度之快，适合办急事，快速抵达目的地。

4.毡车

毡车是当时妇人乘坐的一种车子。司马光在其居家礼仪的专著《书仪》卷三中说：

今妇幸有毡车可乘，而世俗重檐子，轻毡车。借使亲迎时暂乘毡车，庸何伤哉！然人亦有性不能乘车，乘之即呕吐者。如此，则自乘檐子。

5.宋词中的香车

有意思的是，宋词中也常出现车，而且还要在车前加一个"香"字，且香车和宝马往往是连在一起。所谓香车，就是装饰非常华丽的车，宝马就是品种高贵的骏马。在宋词里，香车宝马出现的地方多是舞榭歌台之所：

喜迁莺

出自元·宋梅洞《娇红记》

园林过雨，问满目媚景，是谁为主？翠柳舒眉，黄鹂调舌，镇日恣狂歌舞。金衣公子，何事迁惹万千愁绪。芳草地，有香车宝马，骈阗几许？

……

在各种出游的场景里,香车宝马似乎也是无处不在:

青玉案·元夕
南宋·辛弃疾

东风夜放花千树,更吹落,星如雨。宝马雕车香满路。凤箫声动,玉壶光转,一夜鱼龙舞。

蛾儿雪柳黄金缕,笑语盈盈暗香去。众里寻他千百度,蓦然回首,那人却在,灯火阑珊处。

念奴娇·清明
南宋·汪晫

……

应记往日西湖,万家罗绮,见满城争出。急管繁弦嘈杂处,宝马香车如织。猛省狂游,恍如昨梦,何日重寻觅。杜鹃声里,桂轮挂上空碧。

由此看来,当时骑着高头大马、坐着华丽的马车四处寻欢作乐似乎是一件很普遍的事,因为香车宝马在宋词里出现的频率相当高,然而在《清明上河图》里,我们看到的交通工具多是牛车和驴车,似乎没有看见马车。

翻开历史我们就可以知道,张择端描述的是事实,因为当时北方战事频繁,政府用大量银两购买马匹用于军事还不够,当然不可能把马用在日常交通上。文人雅士在词中说的香车宝马,不过是虚构罢了,其实,他们所说的宝马,就是牛车或驴车。《东京梦华录》里提到的几种较为普遍的车:用五头牛或七头牛拉拽的太平车,独牛拉拽的平头车,驴拽的独轮车以及人拽的浪子车。这也间接证明宋词所指的"香车"是牛车或驴车,并非马车。

二　货车

太平车是一种载重量很大的四轮大车，邵博《邵氏闻见后录》卷二十二记载：

今之民间辎车，重大椎朴，以牛挽之，日不能行三十里，少蒙雨雪，则跬步不进，故俗谓之太平车。

孟元老《东京梦华录》卷三也记载：

宋·佚名《雪溪盘车图》中的客车

东京般载车,大者曰"太平"。上有箱无盖,箱如构栏而平,板壁前出两木,长二三尺许。驾车人在中间。两手扶捉鞭绥驾之,前列骡或驴二十余,前后作两行;或牛五七头拽之。车两轮与箱齐,后有两斜木脚拖夜。中间悬一铁铃,行则有声,使远来者车相避。仍于车后系驴骡二头,遇下峻险桥路,以鞭唬之,使倒坐缍车,令缓行也。可载数十石,官中车惟用驴差小耳。

从《清明上河图》中我们可以看到这种大型牛车的具体模样,驾车的车夫持鞭把辕,行走在牛的身边。南宋周密《癸辛杂识》续集上所载的"北方大车"就是指这种车。他在书中写道:

北方大车可载四五千斤,用牛骡十数驾之,管车者仅一主一仆,叱咤之声,牛骡听命惟谨。凡车必带数铎,铎声闻数里之外。其地乃荒凉空野故耳,盖防其来车相遇,则预先为避,不然恐有突冲之虞耳。终夜劳苦,殊不类人。雪霜泥泞,犹艰苦异常。或泥滑陷落、或有折轴,必须修整乃可行,濡止有旬日。然其人皆无赖之徒,每挟猥娼,同处于车厢之下,藉地而寝。其不足恤如此。

由此可见,这种大车在北方地区颇为常见。

平头车。平头车是一种两轮载货大车,其形状类似于太平车,但比太平车要小,两轮前有长木作辕,木梢横一木,用一头牛驾辕,牛项系横木,人站在一边,用手牵牛鼻绳驭之。

串车。串车是一种用驴牵拽,四人操纵的独轮车,常用于运送竹木砖瓦石等建筑材料。《东京梦华录》卷三载:

又有独轮车,前后二人把驾,两旁两人扶拐,前有驴拽,谓之"串车",以不用耳子转轮也。般载竹木、瓦石,但无前辕,止一人或

北宋·张择端《清明上河图》中的大型牛车

南宋·佚名《盘车图》中的大型牛拉独辕栈车

北宋·张择端《清明上河图》中四匹骡子拉的双辕大车

宋·佚名《雪溪行旅图》中的大车

北宋·张择端《清明上河图》中的独轮车

两人推之。此车往往卖糕及糕糜之类人用，不中载物也。

浪子车。浪子车是宋代北方地区一种用于运送货物的两轮车，类似于现代很常见的人力板车。

第二节 轿

轿子的出现可以追溯到夏朝，但在先秦用得少，两汉也不多见，直到南北朝时期才逐渐多起来，但也只是在南方多山多水的地方见到。隋唐时期，轿子的使用变得很普遍，唐太宗接见吐蕃使者所坐的"步辇"，就是一种类似轿子的代步工具。

诗人白居易也常常坐着"肩舆"——也就是轿子，悠哉闲哉地出游、访友。而到了宋朝，轿子成了一种普遍的代步工具，这恐怕和宋人享受当下的生活态度有很大的关系。

轿子有好些别名或古名，如步辇、肩舆、篮舆、竹舆等等，"轿"的名称在汉代就有了，不过，当时是指能行山路的车，唐代称之为"肩舆"、步辇，很少见有轿的称呼，只是到了宋人这里，轿子才正式指以人力担抬的交通工具，而且这样的称呼使用得还比较多：

鹊桥仙·送粉卿行
南宋·辛弃疾

轿儿排了，担儿装了，杜宇一声催起。从今一步一回头，怎睚得、一千馀里。
……

摊破丑奴儿
北宋·向滈

……
楼上等多时。两地里、人马都饥。低低说与当直底，轿儿抬转，喝声靠里，看俺么、裸而归。

轿子这个称谓和使用的现象，在当时都是同样普遍。除了轿子之外，肩舆、竹舆、篮舆等桥子的古称也还有使用：

诉衷情·荆南重湖作
南宋·丘崈

芙蓉深径小肩舆。相并语徐徐。红妆著处迎笑，遮路索踟蹰。
锦步障，绣储胥。绕重湖。更添月照，人面花枝，疑在蓬壶。

这么多称呼并行不悖，或者也是对轿子使用之多的一种间接证明。从词里来看，坐轿也的确不是达官贵人的专利。南宋时期，轿

北宋·李公麟《西岳降灵图》中的大型轿子

北宋·张择端《清明上河图》中的双人便轿

子的使用甚至超过了车。南宋官员魏了翁有《洞庭春色·元夕行灯轿上赋洞庭春色呈刘左史》一词中说：

……客与溪翁无一事，但随俗簪花含笑看。无限意，更醉骑花影，饱看丰年。

元宵节夜晚正是全城狂欢，万民出游各取所需时候，大街上拥挤的状况一定很惊人，然而，这位官老爷却依然坐在轿子上玩赏观灯，走轿观花，即使轿子由于人群的拥挤已经走不动了。

高观国有一首《御街行·赋轿》，用细腻的笔触描写美人坐轿：

藤筠巧织花纹细。称稳步、如流水。踏青陌上雨初晴，嫌怕湿、文鸳双履。要人送上，逢花须住，才过处、香风起。

裙儿挂在帘儿底。更不把、窗儿闭。红红白白簇花枝，恰称得、寻春芳意。归来时晚，纱笼引道，扶下人微醉。

这里说的轿子是藤轿，是一种以树藤编制而成的轿子。《梦粱录》

卷二十载：

至迎亲时，男家刻定时辰……引迎花檐子或棕檐子藤轿，前往女家，迎娶新人。

这样的轿子迎接新人，一定很有面子了，而让美人乘坐这样的轿子踏青，尽情地享受着春光，每到花开得绚烂的地方，停下来赏玩一番，该是一件多么赏心悦目的事情。

乘轿出游，成为一种风气，以下几首词也有体现：

蓦山溪
两宋之交·卢炳

……

名园精舍，总被游人到。年少与佳人，共携手、嬉游歌笑。夕阳西下，沈醉尽归来，鞭宝马，闹竿随，簇著花藤轿。

菩萨蛮·梅
约两宋之交·赵长卿

肩舆晓踏江头月。月华冷浸消残雪。雪月照疏篱。梅花三两枝。

……

不管是踏青还是踏雪，坐着轿子出行的舒适，加上景致宜人，真是一种莫大的享受。

上面提到的藤轿想必是非常舒适的，因为制作工艺更精细，所以较为难得，在宋词里总为有身份的人祝寿时出现，如蒋捷的《春夏两相期·寿谢令人》：

宋·张择端《清明上河图》中的双人抬轿

听深深，谢家庭馆。东风对语双燕。似说朝来，天上婺星光现。金裁花诰紫泥香，绣里藤舆红茵软。散蜡宫辉，行鳞厨品，至今人羡。

……

藤舆的稳和软成为一种较为奢侈的享受。

史书记载，南宋孝宗皇帝曾为皇后造成过"龙肩舆"一顶，用朱红漆的藤子编成轿子的座椅、踏子和门窗，里面衬着红色绢罗的靠褥，轿外还配有精美的围幛、门帘和窗帘，轿子上面还装饰着四条走龙。

蒋捷笔下的这位谢令人，其藤轿的配备也是很奢侈的，身份绝非一般，自然它出现的频率，就没有以竹为主要材料编制而成的竹舆那么多了：

沁园春

南宋·冯取洽

人事好乖，云散风流，暗思去年。记竹舆伊轧，报临村里，筇枝颠倒，忙返溪边。蒻韭新炊，寻桃小酌，取次欢谣俱可编。难忘处，是阳春一曲，群唱尊前。

……

有了轿子，人们渡溪水、登高山就省事多了，遇到泥泞的道路，也完全不必担心。宋人陈渊《过崇仁暮宿山寺书事》一诗说："驿路泥涂一尺深，竹舆高下历千岑。"当然，这是建立在无视抬轿人的艰辛之上了。

对于坐轿人来说，舒舒服服地游山玩水就是一种情趣，而竹轿子咿咿呀呀的声音，听在耳里也觉得是很美妙的。

人们印象中最鲜明的轿子形象恐怕要属迎娶新娘时的花轿了。前面说的南宋孝宗皇帝为皇后造的"龙肩舆"，就是"彩舆"即花轿的起源。而彩舆是皇后所乘轿子的称谓：

导引·别庙
宋·佚名

蓬莱邃馆金碧照三山。真境胜人间。秋风又见芭蕉长，遗迹在人寰。云轩一去杳难攀。斑竹彩舆还。深宫旧监闻箫鼓，怅望惨朱颜。

把轿子装点得很喜庆去迎亲，让新娘在一辈子最隆重的时刻也有了最美好的回忆。人们把花轿迎亲习俗的兴起归之于宋朝，是很有道理的。在宋词里就看到对花轿迎亲习俗的记载：

惜奴娇
两宋之交·王之道

不厮知名，怎奈向、前缘注定。一封书、便成媒娉。千里相从，恰似寻盟合姓。泥泞。尚隔个、轿儿难近。

……

词写得通俗俏皮，说靠媒妁之言结亲的两人彼此连名字都不知道，然而月老已经把前缘定好，所以一纸聘书就把彼此的终身定了。哪怕相隔千里，最终也是要相伴前行，就像寻找同盟，把姓氏合在一起。如今已经迎亲上路，怎奈彼此之间还隔了一个轿子，没法亲近。

宋代轿子的流行经历了一个发展的过程。起初轿子仅限于皇家使用，是一种尊贵的象征。

后来为了照顾年老有疾的元老大臣，经皇帝批准后，也特许使用轿子，以示优礼。为此，文武大臣将乘轿视为一种莫大的殊荣，如蒙皇上恩准，则往往显得受宠若惊，诚惶诚恐。到了北宋末期，随着社会风气的变化，乘轿之风迅速盛行起来。

南宋定都临安以后，乘轿之风更盛，《朱子语类》卷十八载：

南渡以前，士大夫不甚用轿，如王荆公、伊川皆云不以人代畜，朝士皆乘马。或有老病，朝廷赐令乘轿，犹力辞后受。自南渡至今，则无人不乘轿也。

甚至是城中的妓女，也是将轿子作为自己的代步工具。周密《武林旧事》卷六载：

或欲更招他妓，则虽对街，亦呼肩舆而至，谓之过街轿。

第三节　船

中国自古就有"南船北马"之说，船对于南方地区来说，自然具有举足轻重的地位。

以南宋都城临安为例，《建炎以来系年要录》卷一二三记载，

南宋·夏圭《长江万里图》中急流中行进的江船

徽猷阁待制、知临安府张澄说：

临安古都会，引江为河，支流于城之内外，交错而相通，舟楫往来，为利甚溥。

吴自牧《梦粱录》卷十二《河舟》也记载：

杭城辐辏之地，下塘、官塘、中塘三处船只，及航船、渔舟、钓艇之类，每日往返，曾无虚日。缘此是行都士贵官员往来，商贾买卖骈集，公私船只，泊于城北者夥矣。

南宋水上的交通工具以船为主，从船的使用功能来看，大约可划分为货船、客船、游船三大类；从船的活动范围来看，大约又可划分为海船、江河船和湖船三大类。

海船——辉煌的大航海时代

海船又可分为远洋船和浅海船两种。远洋船是一种载重量极大的船。宋代的远洋巨船有多大呢？出土的宋代沉船，可以回答这个问题。

2007年，南宋沉船"南海一号"整体打捞出水，这艘商船满载瓷器、丝绸等商货，从泉州出发，驶往东南亚，却不知是何原因在南海沉没。"南海一号"出水后，经测量，船体长30.40米、宽9.80米、高约4米（不含桅杆）。这是迄今为止发现的年代最早、船体最大、保存最完整的古代远洋贸易商船。

如果将"南海一号"放回历史，它却谈不上是宋代最大的商船。据《梦粱录》记载：

海商之舰，大小不等。大者五千料，可载五六百人；中等二千料至一千料，亦可载二三百人。

料，是宋人对船舰载重的计量单位，一料等于一宋石，相当于今天120斤。宋代常见的大型航海商船，可载五千料，即载重300吨。载重200吨左右的"南海一号"，应该只是中型商船而已。

南宋人周去非的《岭外代答》记述了一种叫"木兰舟"的巨舰，是从大宋国开往"木兰皮国"（即非洲西部的穆拉比特王国）的巨型商船：

浮南海而南，舟如巨室，帆若垂天之云，柂长数丈，一舟数百人，中积一年粮，豢豕酿酒其中。

还有一种更大的木兰舟：

其舟又加大矣。一舟容千人，舟上有机杼市井，或不遇便风，则数年而后达，非甚巨舟，不可至也。今世所谓木兰舟，未必不以至大言也。

巨船可容千人，船舱内不但可以养猪、酿酒，还装备了"机杼"，开设了"市井"。

如此巨大的海船，展示了宋人精湛的造船技术、发达的造船业，更是宋代高度繁荣的海上贸易的见证。正是凭着高超的造船技术、先进的航海设备（包括指南针、航线图"罗经针簿"），宋代的商人将无数载满商货的巨船，从中国的港湾开往茫茫大洋，进入东南亚，航至阿拉伯半岛，甚至到达非洲东海岸。如果说中国历史上有过辉煌的大航海时代，那一定是宋代，确切地说，是南宋。

宋代海上贸易繁华，而界画发达，航海船只的踪影当然会被画家捕捉进图画。相传北宋画家燕文贵绘有一幅《舶船渡海像》，"大不盈尺，舟如叶，人如麦，而樯帆櫂橹，指呼奋踊，尽得情状，至于风波浩荡，岛屿相望，蛟蜃杂出，咫尺千里，何其妙也"。可惜此画已佚失。从元代王振鹏（款）的《江山胜览图》上，也可以见到宋元时期永嘉码头整帆待发的远航商船。

后来在很大程度上是因为航海与海上贸易受到明清政府禁海政策的限制，中国的造船技术才走向衰落。

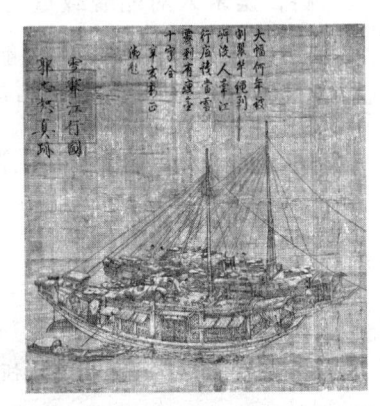

北宋·郭忠恕《雪霁江行图》的行船

中国的造船技术与航海事业在明代郑和下西洋时期获得一次回光返照式的发展之后，开始走下坡路，逐渐被西方抛于身后。

除远洋海船外，还有航行于近海以捕鱼为业的渔船。

江河船

内河船大体可分为货船与客船两大类型。

客船与货船的功能,用宋人的话来说,是"为载往来士贾诸色等人及搬载香货杂色物件等"。两者在造型上又略有区别,货船一般不设开窗的舱室,"船形制圆短,如三间大屋,户出其背,中甚华饰,登降以梯级",其中一种庞大的万石船,"非甚大风不行"。

客船(含客货两用船)则设有一间一间的舱室,"四壁施窗户,如房屋之制,上施栏楯,朱绘华焕,而用帘幕增饰",里面有桌椅床铺、茶水饮食,以让客人乘坐舒适,也可随时打开窗户浏览沿河风光。

我们还可以从北宋王希孟的《千里江山图》上,窥见宋朝客船精致、宽敞、明亮的舱内环境。

南宋以杭州为"行在",也有考虑到杭州水运网络发达的因素,《梦粱录》卷十二《河舟》说:

> 杭州里河船只,皆是落脚头船,为载往来士贾诸色等人,及搬载香货杂色物件等……若士庶欲往苏、湖、常、秀、江、淮等州,

北宋·王希孟《千里江山图》上的客船

北宋·张择端《清明上河图》上的客船与货船

多雇船、舫船、航船、飞篷船等。

湖船

在杭州的西湖，游船才是最多见的船只。因为西湖就是一个巨大的公园，吴自牧在《梦粱录》中说：

湖山游人，至暮不绝。大抵杭州胜景，全在西湖，他郡无此，更兼仲春景色明媚，花事方殷，正是公子王孙，五陵年少，赏心乐事之时，讵宜虚度？至如贫者，亦解质借兑，带妻挟子，竟日嬉游，不醉不归。此邦风俗，从古而然，至今亦不改也。

西湖画舫尽开，苏堤游人，来往如蚁。

这么多的游人，对游船的需求量无疑是巨大的，因此西湖上每天都停泊着无数的游船。《梦粱录》载：

杭州左江右湖，最为奇特，湖中大小船只，不下数百舫。船有一千料者，约长二十余丈，可容百人；五百料者，约长十余丈，亦可容三五十人；亦有二三百料者，亦长数丈，可容三二十人。皆精巧创造，雕栏画栱，行如平地。各有其名，曰百花、十样锦、七宝、戗金、金狮子、何船、劣马儿、罗船、金胜、黄船、董船、刘船，其名甚多，姑言一二。

如果说文字的记录不够形象、直观，那么来看宋画，马麟《荷香消夏图》、夏圭《西湖柳艇图》，都画有造型狭长、如同小火车的西湖游船。

西湖中游船服务的供应量如此充足，游客租船自然是十分方便。《梦粱录》说：

若四时游玩，大小船只，雇价无虚日。遇大雪亦有富家玩雪船。如二月八及寒食、清明，须先指挥船户，雇定船只，若此日分舫船，非二三百券不可雇赁。至日，虽小脚船亦无空闲者。船中动用器具，

元末明初·佚名《西湖清趣图》上的游船

南宋·马麟《荷香消夏图》上的游船

南宋·夏圭《西湖柳艇图》上的游船

不必带往，但指挥船主一一周备。盖早出登舟，不劳为力，惟支犒钱耳。

《都城纪胜》亦称，西湖舟船：

> 皆奇巧打造，雕栏画栋，行运平稳，如坐平地。无论四时，常有游玩人赁假。舟中所须器物，一一毕备。但朝出登舟而饮，暮则径归，不劳余力，惟支费钱耳。

即使在皇帝游湖的时候，西湖游人也不用回避，而是跟随着皇帝乘坐的大龙舟看热闹，买卖食品、土特产之类。《武林旧事》载：

淳熙间，寿皇以天下养，每奉德寿三殿，游幸湖山，御大龙舟，宰执从官，以至大珰应奉诸司，及京府弹压等，各乘大舫，无虑数百。时承平日久，乐与民同。凡游观买卖，皆无所禁。画楫轻舫，旁午如织。

西湖上"画楫轻舫，旁午如织"，则是南宋临安市民生活富庶、安逸的表现。温柔的西湖水，甚至消磨了南宋人收复故土的意志，让一批有志之士流露出深深的忧虑，恰如文及翁的这首《贺新郎·西湖》所写：

一勺西湖水，渡江来、百年歌舞，百年酣醉。回首洛阳花世界，烟渺黍离之地。更不复、新亭堕泪。簇乐红妆摇画艇，问中流、击楫谁人是。千古恨，几时洗？
……

第四节 马、驴和骆驼

南宋人行，除乘车、泛舟，乘轿之外，还用马、驴、骆驼、牛等作为出行的工具。宋人骑马出行的现象颇为普遍，在一些古画中，都有人们骑马出行的描绘。

骑驴、骑骡与骑马相比要逊色得多，这不仅在于驴、骡的身价与行走速度不如马，而且骑者的身份地位一般也不如骑马者高贵。宋人骑驴出行，在当时的文

宋·佚名《地官图》中的骑马出行

献中多有记载，如《宋朝事实类苑·魏野》载：

> 魏野字仲先，陕府人，不喜巾帻，无贵贱，皆白衣以见之，跨白驴。

一些大臣退休后，也往往以驴或骡作为出行的代步工具。此外，还有骑牛、骑骆驼出行者。

宋·佚名《骑驴图》　　宋·佚名《寒林策蹇图》中的骑驴出行者

宋·佚名《田畯醉归图》中的田畯骑牛醉归

第四章　行旅饮食与住宿

第一节　行旅饮食

宋代行旅者在旅途中用餐，俗称打火。行者用餐，大致有两种办法解决，一是自带干粮和水，二是在外面饮食店或旅馆用餐。前一种多用于短途出行，后一种则见于长途旅行。

无论是长途还是短途旅行，水是首先必须解决的问题，这在炎热的夏天更是如此。如果行人得不到饮用水，那就寸步难行。

为了发展交通，保障行人的饮食供应，宋朝政府鼓励百姓在道路两旁居住，并开设饮食店铺。《永乐大典》引《三阳志》载南宋绍兴末年：

凡居民去官道而远者，说令徙家驿旁，用膳饮以利行者，且自利官司，百役悉蠲之。由潮而往，过客已无日之忧已。

这种设在路边的饮食店，无疑会为行人的饮食提供极大的方便。陆游的《十一月上七日蔬饭骡岭小店》一诗就记载了他旅行途中在山中小饭店时的情景：

新粳炊饭白胜玉，枯松作薪香出屋。
冰蔬雪菌竞登盘，瓦钵毡巾俱不俗。
晓途微雨压征尘，午店清泉带修竹。

宋·佚名《盘车图》中的饮食店铺

宋·佚名《闸口盘车图》中的大型酒楼

> 建溪小春初出碾，一碗细乳浮银粟。
> 老来畏酒厌刍荽，却喜今朝食无肉。
> 尚嫌车马苦廪人，会入青云骑白鹿。

可见这些山中小店出售的蔬菜食品还是比较好的，且有茶、酒等供应。

第二节　行旅歇息和住宿

宋人旅行时歇息，一般选择路边的亭舍和树荫之下。路边的亭舍在宋代颇为常见，在经济发达的东南地区更是如此。如两浙衢州至信州之间的路上，就有许多建筑讲究的亭舍，故而"行者如织"，史称"华堂逆旅，高屋盖道，憩车系马，不见晴雨"。而两浙杭州到江西吉州的一千七百余里道路上，同样是"长亭短堠如画"。这种设在路边的亭舍，即使在人烟稀少的岭南地区也是如此。据王巩《闻见近录》记载，大庾岭官道上，每隔数里便建有一个亭子"以憩客"。

宋·佚名《山店风帘图》

行旅者投宿之处主要是驿馆、旅店、寺庙等处。驿馆的设施较为完备，京城临安的驿馆，主要为各地赴京办事的文武官员、上京赴考的士人及海外各国使者服务。

各地州县也都设有驿馆，接待上级政府官员，以及过境的政府官员。为了节约成本，地方驿馆闲暇时也对外营业。

旅馆的名称很多，有旅舍、旅邸、旅店、道店、逆旅、客店、客院、客舍、宾馆等，也有单称为邸、店、舍的，还有邸店合称。

宋人外出，喜欢住客店，并称旅途中的停驻休息为下程，行旅投宿之处为下处，简称下。随着商品经济的发展，旅馆业也得到了空前的繁荣。

此外，一些僻远地区也开办有旅店。

南宋·马远《秋山投宿图》

南宋·夏圭《西湖柳艇图》中的饮食店铺和大型游船

由于经营旅店业有利可图，私人也竞相开设旅馆。如南宋都城临安仅北关附近，由后宫、内侍及权贵创办的高级榻房就有数十处之多。吴自牧《梦粱录》卷十九《榻房》载：

足见杭城繁盛耳，且城郭内北关水门里，有水路周回数里，自梅家桥至白洋湖、方家桥直到法物库市舶前，有慈元殿及富豪内侍诸司等人家于水次起造榻房数十所，为屋数千间，专以假赁与市郭间铺席宅舍及客旅寄藏物货，并动具等物，四面皆水，不惟可避风烛，亦可免偷盗，极为利便。

除驿馆和旅邸外，寺庙也是行人歇息的好去处。宋代的寺庙往往设有供香客和外来旅客的客房。如洪迈《夷坚支志癸》卷四《祖圆接待庵》载：

二浙僧俗，多建接待庵，以供往来缁徒投宿，大抵若禅刹然。其托而为奸利者，固不少也。

因此，时人也多往这里借宿。此外，南宋人出行，借宿民居的现象也颇为普遍。

第五章 旅游

第一节 游山玩水

宋人游玩成风,《梦粱录》卷四《观潮》载南宋:

临安风俗,四时奢侈,赏玩殆无虚日。西有湖光可爱,东有江潮堪观,皆绝景也。

范成大《吴郡志》卷二《风俗》也载:

吴中自昔号繁盛……以故俗多奢少俭,竞节物,好游遨。

宋代的达官贵人,在一年四季之中都有游玩活动,因之而涌现出许多知名的旅游家,如司马光、沈括、欧阳修、苏轼、范成大、陆游等。

古代的旅游活动,在很大程度上不只是单纯的游山玩水,而是许多不得意的人想要通过旅游来抒发自己内心情感的一种发泄手段。如北宋大家欧阳修被贬谪到滁州做了知州,郁郁不得志,倍感抑郁,其好友见友人这般痛苦,便约欧阳修外出散心。一行人感受了滁州的美景,也见识到了当地的人文风情,在醉翁亭停下来,饮酒作乐,畅说生活中的不如意。欧阳修在友人情绪的感染下,心情渐渐好转。一天的游玩下来,欧阳修也打开了心结,并作了闻名后世的佳作《醉

宋·佚名《春游晚归图》

南宋·马远《山径春行图》

翁亭记》。

　　苏轼虽在政治上屡遭贬谪，但他却利用宦游各地的机会，遍游名山大川，其平生足迹所至，北至河北定县，南至海南昌化，东至江苏吴江，西至陕西凤翔，几乎走遍了大半个国家。

在众多的旅游活动中，游山玩水更受宋人喜爱，时人郭熙在《林泉高致·山水训》中议论其原因说：

南宋·马远《观瀑图页》

君子之所以爱夫山水者，其旨安在？丘园养素，所常处也；泉石啸傲，所常乐也；渔樵隐逸，所常适也；猿鹤飞鸣，所常亲也。尘嚣缰锁，此人情所常厌也。烟霞仙圣，此人情所常愿而不得见也。直以太平盛日，为离世绝俗之行，岂必高蹈远引，而与箕、颍、埒素，黄绮同芳哉？……林泉之志，烟霞之侣，梦寐在焉，耳目断绝；今得妙手，郁然出之，不下堂筵，坐穷泉壑，猿声鸟啼，依约在耳，山光水色，滉漾夺目。此岂不快人意，实获我心哉！此世之所以贵夫画山之本意也。

不仅如此，一些文人士大夫还认为，旅游可以使人扩大视野，增长见识。罗大经在《鹤林玉露·丙编》中说：

大抵登山临水，足以触以道机，开豁心志，为益不少。

苏辙在《上枢密韩太尉书》中更是对这一理论进行了阐述：

太史公行天下，周览四海名山大川，与燕、赵间豪俊交游，故其文疏荡，颇有奇气……

辙生十有九年矣。其居家所与游者，不过其邻里乡党之人；所见不过数百里之间，无高山大野可登览以自广；百氏之书，虽无所不读，然皆古人之陈迹，不足以激发其志气。恐遂汩没，故决然舍去，求天下奇闻壮观，以知天地之广大。过秦、汉之故都，恣观终南、嵩、华之高，北顾黄河之奔流，慨然想见古之豪杰。至京师，……而后知天下之巨丽。见翰林欧阳公，听其议论之宏辩，观其容貌之秀伟，与其门人贤士大夫游，而后知天下之文章聚乎此也。

第二节　西湖游船

　　西湖，自唐代白居易建设白堤以来，其功能便由灌溉农田水库转为人们游览与休闲的湖泊，再经过北宋苏东坡建设，西湖美景便名闻遐迩，南宋定都杭州之后，西湖更是成为居民旅游与休闲之处。

　　西湖中的船型也因之而发生变化，由简朴的载货的货船向美观舒适型画舫进步。白居易、苏轼等名家都留下了许多涉及西湖游船的诗作，最具代表性的诗作为：

西湖晚归回望孤山寺赠诸客
唐·白居易
柳湖松岛莲花寺，晚动归桡出道场。
卢橘子低山雨重，棕榈叶战水风凉。
烟波澹荡摇空碧，楼殿参差倚夕阳。
到岸请君回首望，蓬莱宫在海中央。

秋日泛西湖
北宋·赵企
湖光山色共争秋，一点尘埃无觅处。

南宋·夏圭《西湖柳艇图》局部

沉沉水底见青天，画舸直疑天上去。

饮湖上初晴后雨

北宋·苏轼

水光潋滟晴方好，山色空蒙雨亦奇。
欲把西湖比西子，淡妆浓抹总相宜。

晴日的西湖波光闪动，十分迷人，茫茫的烟雨笼罩远山，格外美丽。要把西湖比作越国的美女西施，或淡妆、或浓抹，都是那么合宜。这首诗成为礼赞西湖美景的绝唱，其描绘的不是西湖的一处之景，或一时之景，而是对西湖美景的全面写照和总体印象。西湖也因之而又名西子湖了。

自真珠园泛舟至孤山
南宋·陆游

呼船径截鸭头波，岸帻闲登玛瑙坡。
弦管未嫌惊鹭起，尘埃无奈污花何。
宦情不到渔蓑底，诗兴偏于野寺多。
明日一藤龙井去，谁知伴我醉行歌？

题临安西湖
南宋·高孝璹

珠帘白舫乱湖光，隔岸龙舟舣夕阳。
今日欢游复明日，便将京洛看钱塘。

夏日西湖闲居
南宋·汪莘

醉把青荷当箬笠，乱披红芰作蓑衣。
渔翁家在蓬瀛上，欲驾莲舟一叶归。

每当人们提到游西湖时，很快便想到了船，因为船是西湖最便捷的水上交通工具，于是便很自然地称"西湖游船"了。

唐代白居易筑堤以后，西湖作为游湖的初级阶段，湖面宽广，烟波浩渺。游船的式样相当古朴，大多由运输船改装而成，高档一点儿的，船头装着一块龙头，形似龙舟，就成为游船。白居易《答客问杭州》就说到游船上的龙头：

为我踟蹰停酒盏，与君约略说杭州。
山名天竺堆青黛，湖号钱唐泻绿油。
大屋檐多装雁齿，小航船亦画龙头。

所嗟水路无三百，官系何因得再游？

北宋苏堤建设之后，游船开始变化与进步，又出现了"螭头舫"，就是船首画螭头。螭，是古代没有角的龙。苏东坡诗中有"映山黄帽螭头舫"之句。游船外表又多涂红漆，多称"红船"。

南宋定都杭州，把西湖的旅游推到了高潮。游船的外形与装饰更加多样与华丽，不可胜数的游船，呈现出一种千姿百态的状况。

游船的形式更加多样化，有手划木桨船、小脚船、脚踏车船，还有依赖风力行驶的风船等。小脚手划船、瓜皮船等是西湖中数量最多的游船，这种船的船底形状似瓜，上张布篷，中放圆桌与藤椅，游人在船中可以一边品茗、下棋与聊天，一边鉴览西湖四周的山水风景，通过游湖达到观光、休闲的目的。

脚踏车船，这是一种高档游船。脚踏车船，装有车轮，不用橹篙，只用脚蹬踏，船速如飞。还有依赖风力行驶的风船等。有一些富豪之家还自造游船，更是给西湖游船增加了一道亮丽的风景。《梦粱录》卷十二载：

更有贾秋壑府（贾似道）车船，船棚上无人撑驾，但用车轮脚踏而行，其速如飞……

有赵节斋所造湖舫，名曰乌龙，凡遇撑驾，即风波大作，坐者不安，多不敢撑出，以为弃物。

豪家富宅，自造船支游嬉，及贵官内侍，多造采莲船，用青布幕撑起，容一二客坐，装饰尤其精致……

御舟，是专供皇帝后妃、太子等游湖使用的特制游船。《武林旧事》卷三《西湖游览》记载：

御舟四垂珠帘锦幕，悬挂七宝珠翠，龙船、梭子、闹竿、花篮等物。宫姬韶部，俨如神仙，天香浓郁，花柳避妍。

货物运输小船：这是一些穿梭于西湖湖面，给西湖四周的酒楼、游船运送包括食物、茶酒等物资的小船。《梦粱录》记载：

湖中南北搬载小船甚夥，如撑船卖买羹汤、时果；掇酒瓶，如青碧香、思堂春、宣赐、小思、龙游新煮酒俱有。及供菜蔬、水果、船扑、时花带朵、糖狮儿、诸色千千、小段儿、糖小儿、家事儿等船。更有卖鸡儿、湖、海蜇、螺头，及点茶、供茶果、婆嫂船、点花茶、拨糊盆、泼水棍小船，渔庄岸小钓鱼船。

在众多游船中，不泛能载数百人的大型游船，《梦粱录》卷十二《湖船》记载：

杭州左江右湖，最为奇特，湖中大小船只，不下数百舫。有一千料者，约长二十余丈，可容百人。五百料者，约长十余丈，亦可容三五十人。亦有二三百料者，亦长数丈，可容三二十人。皆精巧创造，雕栏画，行如平地。各有其名，曰百花、十样锦、七宝、戗金、金狮子、何船、劣马儿、罗船、金胜、黄船、董船、刘船，其名甚多，姑言一二。

有趣的是，各位船主都会给自己的游船取上一个富有诗情画意的名字。宋人周辉《清波杂志》卷十二对西湖游船的取名作了这样的描述：

顷年，西湖上好事者所置船舫，随大小皆立嘉名。如"泛星槎""凌

南宋·马麟《荷香消夏图》中的大游船

"风舸""雪蓬""烟艇",遍额不一,夷犹闲旷,可想一时风致。今贵游家有湖船,不患制名不益新奇,然红尘胶扰,一岁间能得几回领略烟波?但闲泊浦屿,资长年三老闭窗户以昼眠耳。园亭亦然。

"游"是休闲活动,所以,也可以把西湖游船称之为"休闲船"。乘坐休闲船,荡漾在风景如画的湖面上,欣赏着西湖四周及西湖的山光水色,是一件快意非常的事情。正因为如此,一些名人墨客在乘船游西湖时,留下了许多脍炙人口的美妙诗篇:

六月二十七日望湖楼醉书

北宋·苏轼

放生鱼鳖逐人来,无主荷花到处开。

水枕能令山俯仰,风船解与月徘徊。

意思是说躺在船上看山,但见山头在摇晃,忽上忽下,飘荡在风里的船似乎懂得同月亮一道漫步。

西湖的风光如此之美，使得文人雅士用手中的笔，记下他们亲临西湖的真切感受。

第三节　游园赏花文化

兴盛的花卉业

南宋罗大经《鹤林玉露》记载，词人柳永曾作词《望海潮》，其词描写了北宋杭州的繁华景象，仿佛在人们眼前展现了一幅宏伟的历史画卷，动人心弦，词中有一句："有三秋桂子，十里荷花。"

据说《望海潮》传到金国，金主完颜亮看了这首词，对杭州产生了浓厚的兴趣，派画师潜入杭州，把杭州城及西湖胜景画下来，制成画屏。完颜亮在画屏上题诗：

万里车书尽混同，
江南岂有别疆封？
提兵百万西湖上，
立马吴山第一峰！

绍兴三十一年（1161年）九月，完颜亮亲率十万大军挥鞭南下，不料，在瓜洲渡江作战时死于完颜元宜等人之手。南宋诗人谢处厚写了一首小诗：

谁把杭州曲子讴？
荷花十里桂三秋；
那知草木无情物，

牵动长江万里愁。

大意是说：谁唱杭州曲子荷花十里桂三秋？草木虽然无情，却引来金兵入侵之战，牵动长江万里愁，诗中流露出，这场战争是由杭州曲子荷花十里桂三秋引起的。

北方河山沦陷，南宋偏安江左，都城临安成了纸醉金迷的温柔之乡，游园赏花文化之盛达到了前所未有的程度，以至于让人担心这种表面的繁华掩盖了外族入侵的危机，南宋后期的于石《西湖》诗说：

西湖胜概甲东南，满眼繁华今几年。
钟鼓相闻南北寺，笙歌不断往来船。
山围花柳春风地，水浸楼台夜月天。
士女只知游赏乐，谁能轸念及三边。

北宋建都汴京（开封），南宋建都临安（杭州），这两个先后建立的都城，由于商业经济的发展，园林花卉的繁荣，游园赏花文化十分兴盛。

人们习惯把两宋都城相提并论，互相比较。其实，对于宋代来说，北宋也好，南宋也好，其政治制度与游园赏花文化都是沿袭传承的，因此临安的游园赏花文化与汴京的游园赏花文化有许多相似之处。大批北方人从汴京南渡至临安，临安的游园赏花文化就深深地打上了汴京的烙印。正如宋人林升《题临安邸》诗中的著名绝句：

山外青山楼外楼，西湖歌舞几时休？
暖风熏得游人醉，直把杭州作汴州。

都城临安，在浮华奢靡游赏玩乐的社会风气影响下，游园赏花文化的兴盛，促进了园林花卉事业的蓬勃发展，上至帝王，下至士大夫，无不大兴土木，广营园林，临安园林数量之多甲天下，建造之精美艺界闻名。

西湖就是一个大花园，西湖周围遍布各式园林，临安已成为人们艳羡的"乐国"。

南宋园林的蓬勃发展，直接导致园林的观赏树木与花卉的栽培技术在唐代的基础上又有很大发展，催花、嫁接与引种驯化技术都有很大进步，人工栽培的花卉越来越多，都城临安常见花卉就有百余种之多。

随着花卉栽培技术的普及，花卉行、花朵市、官巷花市、城西花团，应运而生。花市的发展，花卉交易的活跃，反过来又促进了花艺的提高。

钱塘门外溜水桥北的东西马塍是临安莳花种卉的栽培基地，那里土壤肥沃，灌溉方便，可培育出四时花卉，称为南花园。北去十余里的板桥是北花园。花农艺花如艺粟，往往发非时之品，称之为"唐花"。

一年四季，来这里买花、赏花者络绎不绝，花农每天都挑着花去花市或大街小巷叫卖，卖花之声，不绝于耳。南宋末年汤炳龙作《西湖杂咏》诗：

> 马塍鸡唱曙初回，
> 几处严关次第开。
> 多少卖花人已到，
> 剩将春色入城来。

在众多艺花人中，有一个叫孙惟信的人颇有名气，年轻时曾任监官，弃官游历江湖，后隐居临安，其人善诗文，有一手栽培花卉的绝活儿，平时以花为友，自号"花翁"，名重一时，对临安的卖花声赋诗咏叹：

曲巷深房忆帝州，卖花庭宇最风流。
窗纱破晓斜开扇，帘绣笼阴半上钩。

孙花翁去世后，徐集孙作诗《挽孙花翁》：

清气散乾坤，人亡名尚存。
玉寒埋葛岭，墨淡惨秦村。
井菊风号冢，山花月返魂。
子孙无处觅，吟客醉芳尊。

园林的兴盛与花木的发展，促进了游园赏花文化的繁荣，《梦粱录》卷十二《西湖》载：

春则花柳争妍，夏则荷榴竞放，秋则桂子飘香，冬则梅花破玉，瑞雪飞瑶。四时之景不同，而赏心乐事者亦与之无穷矣。

孟春赏梅

正月孟春，赏花活动主要有：玉照堂赏梅，从奎阁赏山茶，湖山寻梅。

杭州的梅花，早在唐代就已很出名，北宋时以孤山梅花为最，南宋时西溪梅花与孤山梅花并胜，西溪南宋辇道沿线、福胜院四周遍植梅花。当时梅花的栽植很普遍，学圃之士必先种梅，知名园林大多也都栽有梅花。

梅花种类繁多，有绿萼、千叶、香梅，红梅有福州红、潭州红、柔枝、千叶、邵武红等。腊梅以万松岭上擅心罄口者为佳。

早春梅花盛开，城中士女纷纷坐船到孤山赏梅。闹春景色明媚，花事方殷，正是公子王孙、五陵少年尽情玩乐之时。即便是普通百姓，也都要想办法筹措些许游资，带妻挟子，前往嬉游，不醉不归。

临安人买梅花有"争先为奇"的习惯，故花农们千方百计地抢季节，争取早日上市，以求卖个好价钱。如范成大《梅谱》载：

早梅，花胜直脚梅，吴中春晚二月始烂漫，独此品于冬至前已开，故得"早"名。钱塘湖上亦有一种，尤开早。余尝重阳日亲折之，有"横枝对菊开"之句。

行都卖花者，争先为奇。冬初所未开，枝置浴室中薰蒸，令折，强名早梅，终琐碎，无香。

在文人士大夫的赏花活动中，他们把花木的审美文化推向纵深发展，提高了花木的象征地位。北宋时期，杭州隐士林逋栽梅咏梅以后，梅花的知名度大大提高，对梅花的审美认识也别开生面，"疏影横斜"成了梅花形态的形象概括，"暗香浮动"成了梅花灵魂的绝妙写照。

南宋时期，范成大对钱塘湖上的早梅特别感兴趣，对古梅给予很高的评价，他在《梅谱》中说："梅，以韵胜，以格高，故以横斜疏瘦与老枝怪石为贵。"

在诗人、画家笔下，梅花的形态总离不开横、斜、疏、瘦四个字，所以赏梅有四贵之说，"贵稀不贵密，贵老不贵嫩，贵瘦不贵肥，贵含不贵开"，谓之"梅韵四贵"。

从"韵胜"与"格高"两方面确定梅花的审美优势，提高了梅花的审美品位。全社会爱梅艺梅赏梅咏梅蔚然成风,梅花成了全社会的最爱。在南宋都城临安广大文士庶民、僧侣道士爱梅、栽梅、赏梅之风盛行,把梅文化推向全面繁荣阶段,梅花压倒牡丹,被推为群芳之首,认为梅花是"具众美""集大成"的花魁,是君子德范的化身,文化象征意义充分展现,成为中华民族精神的象征。

张镃是一位雅士,非常追求精神生活方面的清雅之趣,他认为在万紫千红中,梅花最为完美,他在《玉照堂观梅二十首》诗之五中说:

群芳非是乏新奇,
或在繁时或嫩时。
唯有南枝香共色,
从初到底绝瑕疵。

张镃酷爱梅花,对梅花的审美感受特别强烈、细致、深入与丰富,将自己栽梅的情况写成很有心得的《约斋种梅法》,将品梅经撰写成风雅诙谐的《玉照堂梅品》,向世人提示赏梅的正确方法与方式,维护梅花观赏的高雅品位。

当时的南宋画家,作有大量的花鸟画。居于钱塘,在光宗、宁宗时历任画院待诏,画有《松寿图》等。

马远之子马麟,画风秀润超过其父,深得宁宗赵扩、恭圣皇后杨氏称赏,画有《梅花图》等。

刘松年,钱塘人,绍熙

南宋·马远《松寿图》

南宋·马麟《梅花图》局部

南宋·刘松年《四景山水图》

间（1190—1194）为画院待诏，常画西湖，多写茂林修竹等。

主要生活在南宋的周之翰写有《蓺梅赋》一篇，赋中明言：

春魁占百花头上，岁寒居三友图中。

这是目前花史上使用"岁寒三友"这一提法的最早材料，说明松、竹、梅结合在一起最初见于绘画作品，周之翰见之把它们连誉为"岁寒三友"，揭示了花木比德象征的新高度，松、竹、梅获得了鼎足而立的儒家道德人格的象征地位，把自然美的欣赏纳入到君子修身养性的道德实践之中。

二月花朝节

二月的杭州，是百花盛开的时期，《梦粱录》卷二《暮春》载：

是月春光将暮，百花尽开，如牡丹、芍药、棣棠、木香、酴醾、蔷薇、金纱、玉绣球、小牡丹、海棠、锦李、徘徊、月季、粉团、杜鹃、宝相、千叶桃、绯桃、香梅、紫笑、长春、紫荆、金雀儿、笑靥、香兰、水仙、映山红等花，种种奇绝。卖花者以马头竹篮盛之，歌叫于市，买者纷然。

二月十五日，是花朝节。杭州的花朝节始于唐朝，居民纷纷到郊外欣赏盛开的百花。南宋的花朝节更加热闹，那一天，城郊的花农纷纷用丝绸扎成各种花形，挂在树梢之外与自然花卉相配合组成花的海洋。故宋人称为"百花生日"。京城居民纷纷到西湖周边的皇家公园、贵戚园苑中品赏百花与休闲娱乐。皇城中的皇帝、后妃、皇子等也举行丰富多彩的赏花活动，表示与民同乐。吴自牧《梦粱录》卷一《二月望》说：

仲春十五日为花朝节，浙间风俗，以为春序正中，百花争放之时，最堪游赏。

钱塘门外玉壶、古柳林、杨府、云洞，钱湖门外庆乐、小湖等园，嘉会门外包家山王保生、张太尉等园玩赏奇花异木。特别是"包家山桃花开，浑如锦障，极为可爱"，观者纷集，络绎不绝。

二月是桃花盛开的时候，西湖两堤的桃花与杨柳是游人最喜欣赏的景观，很是有名。桃花品种有单叶、千叶、饼子、绯桃、白桃数种。下竺御园中的桃花极盛，也是当时的一大观赏点。周必大《丁酉二月二十日，同部中诸公游下竺御园，坐枕流亭，观放闸，桃花数万点。随流而下，继至集芳，亦禁籞也，海棠满山，郁李绕槛，殆不类人间世，遂赋绝句》：

万点红随雪浪翻，恍疑身到武陵源。
归来上界多官府，人与残花两不言。

可见当时这里的桃花是何等之美。

杏花在这个月里也是风行一时，陆游《临安春雨初霁》诗：

世味年来薄似纱，谁令骑马客京华。
小楼一夜听春雨，深巷明朝卖杏花。
矮纸斜行闲作草，晴窗细乳戏分茶。
素衣莫起风尘叹，犹及清明可到家。

由此可以看出，小贩们将杏花卖到城中的千家万户之中了。

三月赏牡丹

三月季春：花院观月季，花院观桃花，"花院"观月季，"斗春堂"赏牡丹芍药，"芳草亭"观草，"宜雨亭"北观黄蔷薇，"花院"赏紫牡丹，"艳香馆"观林檎花，"现乐堂"大花，瀛峦胜处赏山茶，仙绘幅楼下赏芍药。

在众多名花中，牡丹似乎受南宋皇帝宠爱，并时常举行盛大的赏花会。周密《武林旧事》卷二《赏花》：

> 禁中赏花非一……凡诸苑亭榭花木，妆点一新，……自梅堂赏梅，芳春堂赏杏花，桃源观桃，粲锦堂金林檎，照妆亭海棠，兰亭修禊。

直至钟美堂赏牡丹，整个赏花活动达到高潮。是时，钟美堂堂前三面，全部以花石围筑成台三层，上面各植以各种牡丹名花，总数达千余朵，花上标牙牌金字，花棚上覆盖以碧色的油绢幕布。后台分植玉绣球数百株，俨然如镂玉屏。堂内左右各列三层，雕花彩槛，护以彩色牡丹画衣，其间又排列着碾玉水晶金壶及大食玻璃、官窑花瓶等，花瓶上各插放着牡丹奇品，如姚魏、御衣黄、照殿红之类，总数达几千朵。此外，又以银箔间贴大斛，上面分别种上各种牡丹，总数也达数千盆之多，分别摆放在堂的四周。至于梁栋窗户之间，也用湘筒贮花，鳞次簇插，其总数何止万朵。堂中置设有牡丹图案的红锦地毯。

赏花活动结束之后，自宫中嫔妃以至太监，各赐以翠叶牡丹、分枝铺翠牡丹、御书画扇、龙涎、金盒之类，多少不等。甚至参与赏花活动的伶官、艺伎，也都会得到赏赐，俗称"随花赏"。

时人张抡作《壶中天慢》词：

> 洞天深处赏娇红，轻玉高张云幕。国艳天香相竞秀，琼苑风光如昨。露洗妖妍，风传馥郁，云雨巫山约。春浓如酒，五云台榭楼阁。
> ……

此外，在盛大庆典时，宫中还盛行赐花、戴花的习俗，而文武百官纷纷将皇上赏赐的插在冠帽上以示荣耀。当成群的百官头上插着牡丹、芍药、蔷薇等花行走在御街上，其场面是何等的壮观。

在民间，品赏牡丹花的风俗也非常盛行，其中尤受士大夫青睐，而士大夫中又以张镃为代表。据《齐东野语》记载，张镃曾自耗费巨资举办牡丹花会，时间选择在风清月夜，地点是景色优美的私家花园，表演牡丹花舞的数百名年轻貌美的家伎身穿彩服，载歌载舞，演奏的都是前辈的牡丹名词和当时流行的名曲，使宾客在烛光、香雾、美酒、名点、佳肴、美女等的氛围之中，享受一场奢侈豪华的牡丹花会。

花贩们也绝不会放过这赚钱的机会，杭州城的大街小巷，到处都有花贩的叫卖声。宋方岳《湖上八首》诗中就说：

今岁春风特地寒，百花无赖已摧残。
马塍晓雨如尘细，处处筠篮卖牡丹。

四月赏花

四月孟夏：芙蓉池赏新荷，蕊珠洞赏茶，满霜亭观橘花，艳香馆赏长春花，安闲堂观紫笑，群仙绘幅楼前观玫瑰，诗禅堂观盘子山丹，餐霞轩赏樱桃，南湖观杂花，鸥渚亭观五色罂粟花。

寒食节，家家门上插柳，外出游园赏花。诗人杨万里记临安寒食节游园赏花的盛况时说：

户户游春不放春，只愁春去不愁贫。
今朝道是游人少，处处园亭处处人。

《武林旧事》记载：

都城人家……若玉津富景御园，包家山之桃，关东青门之菜市，东西马塍，尼庵道院，寻芳讨胜，极意纵游，随处各有买卖赶趁等人，野果山花，别有幽趣。

时人感叹，"盖辇下骄民，无日不在春风鼓舞中，而游手末技为尤盛也"。

清明节观赏桃花，又是临安市民最爱的花事活动，临安的桃花，以下竺、包家山等地最盛，到下天竺观桃花的游客，仍然继续不断。杨万里《寒食雨中，同舍约游天竺，得十六绝句呈陆务》：

雨里匆匆怨出郊，晴时不出却谁教。
西湖北畔名园里，无数桃花只见梢。

小贩们也不放过这赚钱的好机会，贩起鲜花来了。何应龙《清明》诗便述此俗：

踏歌椎鼓近清明，小雨霏霏欲弄晴。
唤起十年心上事，春风楼下卖花声。

五月赏花

五月仲夏：烟波观碧芦，绮互亭观大笑花，南湖观萱草，鸥渚亭观五色蜀葵，水北书院采蘋，清夏堂赏杨梅，丛奎阁前赏榴花，艳香馆尝蜜林檎，摘星轩赏枇杷。

端午节，杭州的风俗，家家买桃、柳、葵、榴、蒲叶与时果，当在门前供养，即使家贫没有花瓶，也以小坛子当花瓶，插上一束鲜花供养着。当时正是葵榴斗艳，栀艾争香，菖蒲切玉，以酬佳景，不仅仅是富家巨室为然，即便是贫穷之家，也都乐在其中。

这个月里，都城的花事活动也很频繁，其时，城内外茉莉花盛开，城中戴花的人很多，特别是那些爱打扮的妓女，每人的头上都要插上一两朵鲜花，天天更换新鲜的花。周端臣《寒食湖堤》诗描述了临安这一风俗：

> 紫陌笙歌簇禁烟，几年无此好晴天。
> 画桥日晚游人醉，花插满头扶上船。

六月赏花

六月季夏：苍寒堂后碧莲……芙蓉池赏荷花，约斋赏夏菊。

西湖的荷花最为有名，曲院风荷是西湖十大名胜之一，成为赏荷胜地。

除曲院外，临安市民还喜欢在园林别墅等处种上碧莲、荷花，以作观赏之用。如杨万里的《大司成颜几圣率同舍招游裴园，泛舟绕孤山赏花，晚泊玉壶得十绝句》：

> 其三
> 岸岸园亭傍水滨，裴园飞入水心横。
> 旁人草问游何许，只拣荷花闹处行。

> 其五
> 西湖旧属野人家，今属天家不属他。
> 水月亭前且杨柳，集芳园下尽荷花。

> 其七
> 城中担上买莲房，未抵西湖泛野航。
> 旋折荷花剥莲子，露为风味月为香。

> 其九
> 人间暑气正如炊，上了湖船便不知。
> 湖上四时无不好，就中最说藕花时。

> 其十
> 游尽西湖赏尽莲，玉壶落日泊楼船。

莫嫌当处荷花少，剩展湖光几镜天。

《梦粱录》卷四载，六月初六日，显应兴福普佑真君诞辰：

贵戚士庶……是日湖中画舫，俱舣堤边，纳凉避暑，恣眠柳影，饱挹荷香，散发披襟，浮瓜沉李，或酌酒以狂歌，或围棋而垂钓，游情寓意，不一而足。

正因为都城市民对荷花的喜爱，才使得花农种植荷花有利可图。汪莘的《孟秋朔日天台刘允叔和叔乡人陈思敬饯饮钱塘门外双清楼上》诗：

西湖日日可寻芳，楼上凭栏意未忘。
斫取荷花三万朵，作他贫女嫁衣裳。

七月赏花

七月孟秋：西湖荷花泛舟，应铉斋东赏葡萄，与六月一样，主要是西湖泛舟的活动。

八月赏花

八月仲秋：秋湖山寻桂，现乐堂赏秋菊，众妙峰赏木樨，霞川观野菊，绮互亭赏千叶木樨，桂隐攀桂，杏花庄观鸡冠黄葵。其中，湖山寻桂是都城市民最热衷的花事活动。

桂花自唐代以来就是杭州名花，南宋临安的名园中，多栽种桂花，品种主要有金桂、丹桂、银桂，但红色甚少。当时四明士人史氏家中有木樨，变大红异香，于是便将此花献进宫中。高宗十分喜爱，命宫中画师画为扇面，并赋诗分赐群臣：

秋入幽岩桂影团，香深粟粟照林丹。

应随王母瑶池宴，染得朝霞下广寒。

当时的市民，有八月十五中秋节赏桂的风俗，《梦粱录·中秋》载：

此际金风荐爽，玉露生凉，丹桂香飘，银蟾光满，王孙公子，富家巨室，莫不登危楼，临轩玩月，或开广榭，玳筵罗列，琴瑟铿锵，酌酒高歌，以卜竟夕之欢。

当时的文人雅士，对桂花多有赞誉，如：

鹧鸪天·桂花
两宋之交·李清照

暗淡轻黄体性柔，情疏迹远只香留。何须浅碧深红色，自是花中第一流。

……

淡黄色的桂花，并不鲜艳，但体态轻盈。于幽静之处，不惹人注意，只留给人香味。不需要具有名花的红碧颜色。桂花色淡香浓，应属最好的。

霜天晓角·桂花
两宋之交·谢懋

绿云剪叶，低护黄金屑。占断花中声誉，香与韵、两清洁。

……

桂树的绿叶青翠欲滴，仿佛是用碧云剪裁出来的，青青的叶片低垂着，保护着它那像金子碎屑一样的黄色花朵。它独占了花中的美誉，无论是它那优雅的气质，还是幽郁的香气，两样都称得上是花中的极品，无谁能比。

九月重阳赏菊花

九月季秋：九日登高把萸，把菊亭采菊，苏堤上玩芙蓉，珍林尝时果，景全轩尝金橘。

九月九日重阳节，节日的主要活动除爬山登高、吃重阳糕等外，赏菊花和饮菊花酒也是必不可少的。赏菊习俗盛行于宋代，是日人人皆购菊花，客栈房舍皆装点成菊枷园亭。《梦粱录》卷五载：

今世人以菊花、茱萸，浮于酒饮之，盖茱萸名"辟邪翁"，菊花为"延寿客"，……年例，禁中与贵家皆此日赏菊，士庶之家，亦市一二株玩赏。

菊花酒是由菊花并茎叶酿之以黍米而成。俗云饮后可以治头风、明耳目、去痿痹、消百病，临安人饮之成风。《梦粱录》卷十六《茶肆》载：

今杭城茶肆亦如之，插四时花，挂名人画，装点店面。……向绍兴年间，卖梅花酒之肆，以鼓乐吹《梅花引》曲破卖之，用银盂杓盏子，亦如酒肆论一角二角。

市民们在这一天，都多多少少地要饮一点儿菊花酒，表示心意。并非简单拿菊花泡酒，据北魏贾思勰《齐民要术》所载"以九月九日日未出前，收水九斗，浸曲九斗"可知，在重阳节黎明时分，人们便采摘含苞待放的菊花,掺杂在黍米中浸曲酿制,直到次年重阳"瓮满好熟,然后押出,香美势力,倍胜常酒",才能酿成真正的重阳菊花酒。一年的春夏秋冬、悲欢离合都浓缩在菊花酒中。

《武林旧事》卷三《重九》载:

都人是月饮新酒,泛萸,簪菊,且各以菊糕为馈,以糖肉、秫面杂糅为之,上缕肉丝、鸭饼,缀以榴颗,标以彩旗。又作蛮王狮子于上,及糜栗为屑,合以蜂蜜,印花脱饼,以为果饵。又以苏子微渍梅卤,杂和蔗霜、梨橙玉榴小颗,名曰春兰秋菊。

重阳糕由糖面蒸制而成,里面嵌镶以猪肉、羊肉、鸭肉等斩成的"丝簇钉",或以果实(如石榴子、栗子黄、银杏、松子肉之类)为钉,上面再插五色小彩旗。宫廷蜜煎局还以五色米粉塑成狮蛮,以小彩旗簇之,下以熟栗子肉杵为细末,入麝香糖蜜和之,捏为饼糕小段,或加五色弹儿,皆入韵果糖霜,名之为"狮蛮栗糕",供衬进酒,以应节序。按宋代习俗,这种重阳糕一般在重阳节前一两日制作,店铺中也有出售。人们纷纷以此相馈赠。

宫中重阳节也要举办赏菊活动,但时间要早于民间一天,即以八日代九日。这一天,皇帝率文武大臣等在庆瑞殿赏菊,殿前早早放好上万盆金灿灿的菊花,五色缤纷的菊花与雕甍雅致的亭台水榭相映,构成了绚烂的秋色,灿然炫眼,耐人寻味。晚上则点菊灯,犹如元宵灯会。与此同时,宫中还要举行盛大的赏灯宴,席上皇帝赐宫妃、内侍和臣下等"糕酒"。宴席结束后,皇帝再赐给大家菊花或书画等物品。

都城最大的花圃——西马塍园子,在重阳节这一天要举行盛大的斗花活动,称为"斗花",即比较菊花品种的好坏,各个种植大户纷纷拿出自己培育或引进的奇异品种,总数达到八十余种。

城内最大的鲜花市场——和宁门外的鲜花市场，在节日来临之时要举办盛大的产品展销会，诗人杨万里《经和宁门外卖花市见菊》描述：

    病眼仇冤一束书，客舍葭莩菊一株。
    看来看去两相厌，花意索寞恰似无。
    清晓肩舆过花市，陶家全圃移在此。
    千株万株都不看，一枝两枝谁复贵。
    平地拔起金浮屠，瑞光千尺照碧虚。
    乃是结成菊花塔，蜜蜂作僧僧作蝶。
    菊花障子更玲珑，生采翡翠铺屏风。
    金钱装面密如积，金钿满地无人拾。
    先生一见双眼开，故山三径何独怀。
君不见，内前四时有花卖，和宁门外花如海。

从这首诗中可以看出，当时的和宁门外的鲜花市场是何等的繁

宋·佚名《陶渊明赏菊图》

华，以至诗人用夸张词句赞美市场"花如海"。花商们为了吸引买家的关注，平地上堆起了"千尺"高的菊花塔，气势非凡，有的则织起了玲珑剔透的"菊花障子"，犹如"生采翡翠铺屏风"，金光灿灿。面对"金钱装面密如积，金钿满地无人拾"的美景，买花、赏花的人纷至沓来，以至说不清花市到底是花海还是人海。

临安人对花卉有一种特别嗜好，这种嗜花风尚的热潮，不仅融入到他们的日常生活之中，丰富了精神生活，提高了审美意识，成为他们文化生活的重要组成部分，也促进了都市文化特别是花鸟画、山水诗等方面的发展，从而也反映了临安城市文明的发达程度。

参考文献

1. 宋·吴自牧：《梦粱录》。
2. 宋·周密：《武林旧事》，中华书局，2007年9月第1版。
3. 宋·林洪：《山家清供》，中华书局，2013年10月第1版。
4. 宋·洪迈：《夷坚志》，中华书局，1981年10月第1版。
5. 元·脱脱：《宋史》，中华书局，1986年6月第1版。
6. 清·毕沅：《续资治通鉴》，岳麓书社，1992年1月第1版。
7. 高洪兴：《缠足史》，上海文艺出版社，2007年4月第1版。
8. 杭侃：《两宋——在繁华中沉没》，上海辞书出版社，2001年11月第1版。
9. 梁志宾：《风雅宋：宋朝生活图志》，中国财政经济出版社，2014年9月第1版。
10. 吴钩：《风雅宋：看得见的大宋文明》，广西师范大学出版社，2018年6月第1版。
11. 徐吉军：《宋代衣食住行》，中华书局，2018年10月第1版。
12. 傅伯星：《大宋衣冠：图说宋人服饰》，上海古籍出版社，2016年10月第1版。
13. 陈丕西编著：《服饰文化》，中国经济出版社，1995年3月第1版。
14. 莫丽芸：《宋词里的衣食住行》，新世界出版社，2009年11月第1版。
15. 任凌编著：《时尚宋人》，哈尔滨出版社，2016年6月第1版。

16. 李开周：《食在宋朝：舌尖上的大宋》，四川文艺出版社，2019年5月第1版。

17. 杭州市旅游委员会、杭州古都文化研究会编：《南宋文化与旅游》，北京艺术与科学电子出版社，2012年6月第1版。

18. 政协杭州市上城区委员会编著：《品味南宋饮食文化》，西泠印社出版社，2012年12月第1版。

19. 许嘉璐：《中国古代衣食住行》，北京出版社，2011年2月第2版。

20. 沈冬梅：《茶与宋代社会生活》，中国社会科学出版社，2007年8月第1版。

21.《台湾故宫博物院藏画》，天津人民美术出版社、山东美术出版社，1998年12月第1版。

22.《中国历代仕女画集》，天津人民美术出版社，1998年8月第1版。